Isabelle et Rémy Samson

Comment créer
et entretenir vos

Bonsaï

BORDAS

SOMMAIRE

Les conseils que nous donnons au travers de ces pages sont le fruit de 29 années de soins attentifs et patients pour ces arbres miniaturisés. Nous avons voulu vous communiquer, avec notre passion, notre expérience. Mais il reste encore beaucoup à apprendre. Ces lignes directrices doivent, bien entendu, être adaptées à l'arbre en fonction du climat, de la situation géographique, de la température, des saisons. Il est parfois bon de laisser une place à l'intuition dans le cadre de lois rigoureuses. Chaque fiche donne des conseils précis pour créer, entretenir et soigner les principales espèces d'arbres les plus couramment traitées en Bonsaï. Un fond de couleur différente est utilisé pour différencier les Bonsaï d'extérieur (vert), d'intérieur (bleu) et d'orangerie (orange). Les Bonsaï sont classés dans l'ordre alphabétique de leur nom latin. Une table de correspondance des noms communs et des noms latins permet de retrouver les arbres également par leur nom commun.

Pour tous renseignements sur les Bonsaï :
Bonsaï Rémy Samson
25, rue de Chateaubriand, 92290 Châtenay-Malabry.

Direction éditoriale : Catherine Delprat
Direction artistique : Laurence Lebot
Édition : Valérie Herman
Maquette : Dominique Dubois et Didier Pujos
Illustrations fond de page : Nadège Boutinon
Dessins des parasites et maladies : Danièle Molez (p. 32-35)
Autres dessins : Valérie Decugis
Calligraphie japonaise : Jean-Noël Robert
Fabrication : Claire Svirmickas
Lecture, révision : Laurette Heitz
Couverture : Marie-Astrid Bailly-Maitre, Véronique Laporte

ISBN : 2-04-027248-8
Dépôt légal : mars 2001

LES PRINCIPES GÉNÉRAUX

Les différents arbres

LES PRINCIPES GÉNÉRAUX

Qu'est-ce qu'un Bonsaï ?

Le Bonsaï est un arbre miniaturisé cultivé sur un plateau. Le mot « Bonsaï » est japonais. Nous le considérerons comme invariable, pour lui conserver son caractère de mot transcrit phonétiquement. C'est la contraction de *bon-saï*, qui veut dire « arbre sur un plateau » ou « arbre dans un pot ».

Estampe japonaise de Hiroshige (ère Kaei, 1848-1853) représentant un paysage dans une coupe.

Une sculpture vivante

Créer un Bonsaï, c'est faire une œuvre d'art. Mais, à la différence d'autres formes artistiques, celle-ci n'est jamais finie : elle est vivante et se façonne tout au long de la vie, faisant apparaître sur la silhouette de l'arbre tous les traitements, bons ou mauvais, que l'artiste lui aura fait subir. Ainsi, il peut devenir perfection naturelle, transformant l'homme en créateur.
Il faut savoir conquérir la réussite de son Bonsaï : il ne se donne pas au premier venu, il requiert attention et bienveillance, et ne s'obtient qu'à force de patience, dans une très lente progression. Cette action a une vertu de réciprocité, car l'arbre agit sur l'homme en même temps que l'homme agit sur l'arbre.
Dans la pensée poétique de la Chine, l'arbre établit un lien entre le ciel et la terre. Quelle que soit sa taille, il véhicule un élément spirituel. Aussi les jardins sont-ils, en Chine et au Japon, travaillés comme les Bonsaï. En effet, l'équilibre recherché renouvelle l'harmonie de la nature et revêt un symbole qui, même s'il n'est pas perçu aisément par les Occidentaux, est un signe fondamental.

Naissance en Chine

La première mention de l'art du Bonsaï remonte à l'époque des Ts'in (IIIe siècle av. J.-C.). Puis, au cours de la dynastie Tang (qui régna sur la Chine de 618 à 907), on a représenté sur la tombe de Zhang Huai, second fils de l'empereur des Tang, Wu Zetian, une femme tenant des deux mains un Bonsaï. Au cours de la dynastie Song (960-1279), des annales font référence à un homme qui « savait créer dans un seul pot une impression d'immensité dans un petit espace ». De nombreuses peintures chinoises représentent des arbres naturellement « nanifiés » par les éléments et replantés dans des pots destinés à la décoration.
Mais ce n'est qu'au XIIe siècle, sous la dynastie des Song du Sud, qu'apparut, petit à petit, à force de travail et de modifications, le Bonsaï tel que nous le connaissons aujourd'hui. C'était alors un art réservé à la noblesse, pour son délassement. À la même époque, entre le Xe et le XIIe siècle, les moines bouddhistes auraient véhiculé les *p'en-tsai* (arbres prélevés dans la nature et replantés tels quels dans des pots décorés) à travers l'Extrême-Orient. Ensuite, les Ming (dynastie impériale

qui régna de 1368 à 1644) attribuèrent une grande importance au pot très décoré contenant l'arbre non travaillé. Le paysage en Chine ne saurait faire abstraction de ce que l'architecture vient y mettre : l'élément « sable » y évoque l'eau d'où toute vie est issue ; les roches qu'on y voit renvoient aux montagnes qui sont l'ossature de la terre. Ce sont elles qui représentent la puissance créatrice du sol. Mais la pensée, elle, est toujours mouvement. C'est ce que les arbres ont pour mission de suggérer. Dans toutes les plantations, un élément figure la sagesse. En Chine, comme par la suite au Japon, ce rôle est dévolu au Bambou.
Sous la dynastie des Ts'ing (qui régna après les Ming), le *p'en-tsai* n'est plus une occupation réservée à la noblesse, mais devient accessible à tous. À la même époque, on plantait aussi en Chine des *p'en-tsing*, véritables paysages miniaturisés.

Introduction au Japon

Sous la dynastie des Yuan (1276-1368), un fonctionnaire chinois aurait fui la domination mongole et émigré au Japon avec des *p'en-tsai* et des textes traitant de cet art.
Mais, dès le XIIe siècle, on voit au Japon les premières allusions au Bonsaï. Un rouleau du moine bouddhiste Honen sur lequel sont peints des Bonsaï est célèbre et date approximativement du XIIe siècle. Plus tard, Seami (1363-1444) raconte au théâtre l'histoire du régent de Kamakura, Hôjô Tokiyori, pour qui un pauvre, nommé Tsuneyo, avait brûlé trois Bonsaï qui représentaient ses seuls biens, afin de le réchauffer.
L'époque d'Edo (1615-1867) s'intéressa aux arbres colorés travaillés et cultivés sur des plateaux. Les *Bonkei* étaient des paysages sur des plateaux, et les Bonsaï, des arbres cultivés en pot. Dans les premiers, on retrouve les éléments maîtres de la nature (eau, montagne, sable, végétation). Dans les seconds, l'être, la créature sont au premier plan. Au Japon, les classes fortunées se sont, peu à peu, attachées aux Bonsaï. Les spécimens qu'elles ont pu obtenir sont regardés comme l'ornement de leur domaine. De là, on voit la culture du Bonsaï gagner peu à peu les diverses couches sociales, les dernières à s'y consacrer étant les classes populaires, cela depuis une centaine d'années. Aujourd'hui, le Bonsaï est répandu dans le Japon tout entier.

Apparition en Europe

C'est au XIXe siècle que le Bonsaï est apparu en Europe, grâce à des voyageurs qui découvraient l'Orient et qui ont mis l'art oriental à la mode. D'amusants fascicules traitaient de l'art du Bonsaï avec beaucoup de naïveté et de poésie. Ils avaient pour titre : *les Japonaiseries, Essais sur l'horticulture japonaise, le Jardin japonais*... En 1889, J. Vallot écrit un traité, dans le *Bulletin* de la Société de botanique de France, sur « les causes physiologiques qui produisent le rabougrissement des arbres dans les cultures japonaises ». Puis cet art tombe dans l'oubli. Après la Première Guerre mondiale, on redécouvre les Bonsaï. Des essais sérieux sur les procédés employés par les Japonais pour obtenir des arbres miniaturisés paraissent. Aussi bien en France qu'en Angleterre, on s'intéresse à cet art nouveau pour les Occidentaux. On émet des hypothèses, qui se trouvent coïncider avec la réalité.
Paul Claudel, alors qu'il était ambassadeur de France au Japon, a été surpris, assis, avec l'air absorbé, face à une forêt d'Érables travaillés en Bonsaï. Il contemplait ces arbres et il expliqua qu'il ne pouvait s'empêcher de s'imaginer dans l'un d'eux, ayant l'impression d'entendre les gazouillis des oiseaux dans les rameaux.

C'est en France, à l'Exposition universelle de Paris, en 1878, que furent présentées, pour la première fois en Europe, de véritables collections de Bonsaï.

Entre les deux guerres, le fleuriste parisien André Baumann importa à Paris quelques Bonsaï, pour répondre à la demande de personnes attirées par la culture extrême-orientale. Le Japon était de nouveau à la mode, mais ce fut éphémère.
Aujourd'hui, les pays d'Europe connaissent tous les Bonsaï. Il se crée des associations ou des clubs où les amateurs se retrouvent pour parler de leur passion, échanger leurs arbres, ou se donner leurs recettes. Les États-Unis ont, eux aussi, leurs amateurs et leurs spécialistes. Et chacun essaie d'adapter les espèces de son pays en Bonsaï.

Servante portant un p'en-tsai.
Peinture murale de la période Tang (VIIIe siècle) dans la tombe du prince Zhang Huai à Xi'an.

UN ARBRE MINIATURE

Le Bonsaï, comme tous les arbres, appartient au monde du vivant. Il se développe avec le soleil, l'eau, la terre, le climat propres à son essence. En raison de la limitation de son développement due à sa présence dans un pot, il ne peut pas s'étendre aussi librement qu'il le ferait à l'état sauvage. Il ne s'abreuve pas naturellement ; il faut le pincer, le tailler, et renouveler sa terre régulièrement. Ses besoins en ensoleillement, en air, en eau et en terre sont à prendre en grande considération. Comprendre la biologie de l'arbre permet d'apporter correctement au Bonsaï ce dont il a besoin pour sa croissance.

Les racines. Les racines poussent davantage la nuit que le jour, car l'ensoleillement ralentit la croissance. Elles ont tendance à grandir du haut vers le bas du pot. Elles subviennent aux besoins d'absorption, d'approvisionnement et de rejets de l'arbre. Elles rejettent les sécrétions fortement salées que laisse l'arbre. Le chevelu et les cellules de l'épiderme absorbent l'eau et les éléments nutritifs. Ceux-ci sont conduits à travers le xylème (le bois primaire constitué de vaisseaux ligneux) vers le feuillage. La transpiration apporte la majorité de l'humidité. Si la terre est trop sèche, les racines se fanent et n'absorbent plus l'eau ; si elle est trop humide, les racines pourrissent et perdent leur capacité d'absorption. Dans les deux cas, l'évaporation du feuillage continuant, l'arbre finit par mourir de déshydratation. L'humidité est nécessaire à son développement, comme la chaleur et l'oxygène, et ce de façon équilibrée. Le froid pénétrant dans la terre, un sol trop humide favorise le gel des racines. Des bactéries, comme des mycorhizes, se développent dans les racines, fixant l'azote dans les particules de la terre pour subvenir aux besoins de l'arbre. Elles vivent en symbiose avec l'arbre, le nourrissent.

◁ *Érable palmé* (Acer palmatum « deshojoh »). *Âge = 70 ans. Hauteur = 80 cm. Style « Nejikan ». Photo : avril. Les feuilles d'un beau rose tyrien au printemps ont tendance à verdir en été, avant de prendre des tons vifs d'orange, de rouge, de pourpre en automne.*

Pin à 5 aiguilles (Pinus pentaphylla). *Âge = 180 ans. Hauteur = 80 cm. Style « Fukinageshi ». Photo : janvier. La neige tombée recouvre l'arbre. Il faudra en débarrasser les branches pour éviter qu'elles ne cassent sous le poids.*

L'écorce, le tronc, les branches. Le tronc et les branches sont l'ossature de l'arbre. Ils en supportent le poids. Ce sont les éléments principaux d'une silhouette harmonieuse. Ils permettent de capter le soleil et l'air. L'écorce protège les vaisseaux internes. Ces vaisseaux sont les moyens de transmission par lesquels l'eau et les éléments nutritifs absorbés par les racines parviennent jusqu'au feuillage. Des divisions de cellules vigoureuses permettent au tronc de grossir. L'écorce est plus ou moins épaisse, en fonction de l'espèce ; elle varie de quelques millimètres à plusieurs centimètres et se modifie en vieillissant. C'est l'un des moyens permettant d'évaluer l'âge approximatif des Bonsaï.
Le bois et l'écorce d'un arbre sont constitués de différentes parties superposées, dont chacune a sa fonction.
Le *phloème,* ou *liber,* se trouve sous

Pommier (Malus micromallus). *Âge = 30 ans. Hauteur = 40 cm. Photo : octobre. Style « Nejikan ». Les fruits comestibles ont une taille légèrement inférieure à celle des pommiers de verger.*

l'écorce. La sève descendante s'y écoule. Son apparence est spongieuse.
Le *cambium* génère des cellules du *liber* vers l'extérieur, et des cellules du bois vers l'intérieur. C'est une couche tendre.
L'*aubier,* ou *bois vivant.* La sève ascendante y circule, et les réserves de substances nutritives y sont emmagasinées.
Le *duramen* est la partie centrale de l'arbre. De couleur plus sombre, il est composé du bois mort où s'accumulent les déchets. Il est la colonne vertébrale de l'arbre, le maintenant debout.

Le feuillage. Les feuilles, caduques ou persistantes, sont différentes, en fonction des espèces, et contribuent à les caractériser. Généralement vertes, elles peuvent être pigmentées par la lumière et prendre des teintes roses à rouge sombre.
Les feuilles sont à l'endroit où l'arbre traite la nourriture, absorbe l'eau et transpire. Elles transforment des substances absorbées dans l'atmosphère, et mélangées à la sève, en amidon et en sucre : c'est la photosynthèse. Leur autre fonction est le rejet dans l'air de la majeure partie de l'eau absorbée par les racines, par un phénomène de transpiration et d'évaporation. Celui-ci favorise la montée de sève et protège les arbres en cas de grosse chaleur.
Enfin, l'aspect général du feuillage est un baromètre de la santé de l'arbre. Une éclosion dense et régulière, d'un beau coloris, montre que l'arbre est en bon état, alors qu'une croissance décolorée, lente, voire déformée, indique une carence.

• La classification

Certains maîtres japonais classent les différentes tailles de Bonsaï en cinq catégories ; d'autres, en trois, car les catégories intermédiaires présentent peu de différences. Certains spécialistes donnent pour hauteur maximale 1,20 mètre. Mais cela est très contesté, d'autant qu'au palais impérial on peut admirer, lorsqu'on y est convié, des Bonsaï dépassant ce mètre vingt. On parle aussi au Japon d'une taille lilliputienne, appelée *Keshitsubu*. Des pots sont fabriqués exprès pour les Bonsaï de cette taille. Ceux-ci sont cependant très rares. Nous n'étudierons ici que les trois catégories principales de Bonsaï, car ce sont les plus courantes.

Le miniBonsaï. Cet arbre tient dans une main. Il mesure de 5 à 15 centimètres. Les Japonais l'appellent *Shôhin*. Il peut être tout jeune ou très âgé. Les mini-Bonsaï sont les seuls qui posent une difficulté du fait de leur petite taille. Ils sont fascinants, mais demandent un entretien vigilant. C'est en plaçant ces arbres dans de très petits pots et en les taillant souvent qu'on obtient une si petite taille. On les rempote plus fréquemment que les autres Bonsaï. Leurs pots, tout petits, contiennent peu de terre, et les arbres sont de ce fait plus délicats. Leur terre sèche plus vite ; il faut donc les arroser souvent. Mais un excès d'eau les fait immédiatement mourir, car leurs racines pourrissent.
Il faudra prêter une attention particulière à leur emplacement. En effet, le soleil, le vent et le gel peuvent facilement détruire cette catégorie de Bonsaï. Elle est cependant fort appréciée par les collectionneurs, d'une part, et les amateurs de Bonsaï ne disposant pas de beaucoup de place, d'autre part.

Le Bonsaï classique. Il mesure de 15 à 60 centimètres. Cette catégorie est parfois divisée en deux : les Bonsaï de 15 à 30 centimètres, appelés *Kotate-mochi* ou *Komono,* et les Bonsaï de 30 à 60 centimètres, appelés *Chûmono.* Mais fréquemment ces Bonsaï sont regroupés en une catégorie. Ce sont les Bonsaï « à deux mains ». Ils peuvent avoir entre cinq ans et plusieurs centaines d'années.

Le grand Bonsaï. Il mesure de 60 centimètres à 1,20 mètre, voire plus. C'est le Bonsaï « à quatre mains », car il faut généralement deux personnes pour le porter. On l'appelle *Ômono.* Autrefois, au Japon, il trônait à l'entrée des nobles propriétés en signe de bienvenue ou, tout simplement, de richesse. On en trouve de tous les âges.
Les dimensions de ces Bonsaï sont prises verticalement, du sommet de l'arbre à la base du tronc, à l'exclusion du pot. La classification se révèle difficile concernant les Bonsaï cascades ou semi-cascades, qui s'élèvent d'abord pour retomber ensuite. Souvent, les semi-cascades sont presque horizontaux. La solution est de mesurer ces arbres de leur cime au point le plus haut, c'est-à-dire au coude que forme le tronc avant de retomber.
Ainsi donc, en dehors de l'arrosage et de l'emplacement, plus délicats chez les mini-Bonsaï, on peut dire que les trois catégories de Bonsaï s'obtiennent et s'entretiennent de la même façon, demandant les mêmes soins – taille, rempotage, ligaturage, arrosage, température, ventilation, engrais.
Aucune dimension de Bonsaï n'est mieux ou moins bien qu'une autre. Tout est laissé à l'appréciation de chacun, selon son goût pour les miniatures plus ou moins petites, et la place dont il dispose. L'essentiel est que l'allure générale soit toujours celle d'un arbre équilibré et bien formé.

• Les symboles

Le Bonsaï symbolise l'éternité. Il abolit le temps et reflète l'harmonie entre l'homme et la nature, entre la terre et le ciel. L'anecdote souvent racontée est celle du vieux sage qui expliquait son visage jeune et lisse par sa dévotion au Bonsaï : en contemplant son œuvre, il ne pouvait vieillir, car, « si les fleurs fanent en hiver, chez lui elles sont toujours épanouies ».

Au Japon. Certains végétaux associés les uns aux autres sont plantés pour être offerts au nouvel an. Cette plantation n'est pas destinée à durer, mais elle a une signification spécifique et procure un grand bonheur à ceux à qui on l'offre. Cette tradition ancienne a encore cours aujourd'hui au Japon. Actuellement, la plantation est offerte aussi bien pour le nouvel an que pour Noël. Elle est appelée *Shô chiku-bai,* ce qui veut dire « Pin »,

De gauche à droite :
Érable palmé « deshojoh » (Acer palmatum « deshojoh »). *Âge = 15 ans.*
Hauteur = 30 cm. Style « Tachiki ».
Pin à cinq aiguilles (Pinus pentaphylla). *Âge = 300 ans.*
Hauteur = 1 m. Style « Tachiki ».
Orme de Chine (Ulmus parvifolia). *Âge = 10 ans. Hauteur = 12 cm. Style « Nejikan ». Photo : mai.*

« Bambou » et « Abricotier »japonais, et représente bonheur, longue vie et vertu. L'Abricotier doit être en fleur au moment où on l'offre, ce qui est possible, le nouvel an asiatique se fêtant en février. Aujourd'hui, pour offrir un Abricotier en fleur le 1er janvier, il faut le forcer, car sa floraison naturelle a généralement lieu dans la seconde quinzaine de février.

Pour obtenir l'Abricotier en fleur, le rentrer une quinzaine de jours dans une pièce chauffée (à 20 °C environ) et le vaporiser une ou deux fois par jour avec une eau à température ambiante pour activer la floraison. À ces trois espèces de base, on peut ajouter des fougères ou des herbes aux baies rouges qui symbolisent la richesse.

Parfois, on ajoute des végétaux bas et fleuris, forcés pour cette occasion : des Bambous miniatures, des Nandinas, par exemple, en harmonie avec les trois arbres de base. Certaines personnes plantent aussi une Orchidée pour animer l'ensemble.

En Thaïlande. Pour les Thaïlandais, les formes de l'arbre deviennent magiques et se réduisent à des signes évoquant des attitudes ou des caractères humains. Le traité de l'arbre, ou *K'long tamra mai dat,* parle de l'arbre-figure. (Voir dessins ci-dessous.)

Au Viêt Nam. Les Vietnamiens faisaient porter aux arbres les fatalités terrestres : on connaît un arbre qui symbolise ainsi une tortue, animal sacré qui porte le monde sur sa carapace.

Symboles thaïlandais
d'après le *K'long tamra mai dat,* traité pratique d'un poète thaï du XIXe siècle.

la danse

la force physique

la ruse

l'arbre japonais

le grotesque

la souplesse

le malin

l'athlète

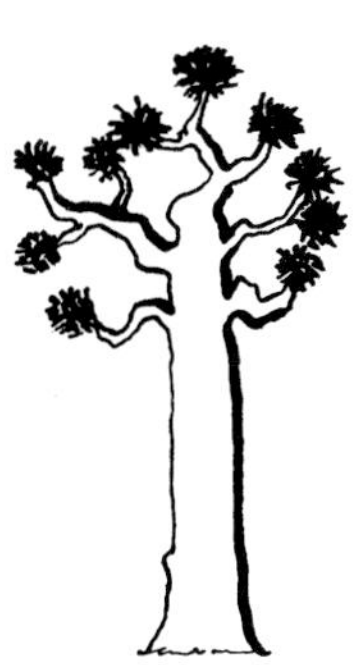
la forêt

la fanfare

l'obséquieux

le rideau

Les styles

Dans tout Bonsaï, on retrouve la forme du triangle (Dieu – terre – homme). Le Bonsaï lie la terre au ciel, il devient allégorie concrète en conduisant l'homme sur la route du spirituel. Ce triangle présente des inclinaisons différentes en fonction des Bonsaï. Il donne alors son style à l'arbre « nanifié ». On détermine, en effet, le style par le nombre de degrés de l'angle que forment une ligne verticale et une ligne tracée de haut en bas du tronc.
On regroupe donc les arbres par styles, en fonction de la silhouette de l'arbre. Il existe quatre styles principaux, les autres en découlant. De même, on regroupe les arbres suivant qu'ils sont seuls ou plusieurs dans une même coupe. On distingue ainsi quatre groupes.

Groupe 1 : Un seul tronc
Ces quatre styles sont les principaux.

直幹

• *le style « Chokkan »* droit classique : l'arbre s'élève verticalement vers le ciel.

斜幹

• *le style « Shakan » :* le tronc penche et peut aller jusqu'à la semi-cascade.

懸崖

• *le style « Kengai »,* ou *style cascade,* retombant.

蟠幹

• *le style « Bankan »,* le tronc s'enroule sur lui-même en torsade.

Il existe des styles dérivés :

立木

• *le style « Tachiki »* droit non classique.

半懸崖

• *le style « Han-Kengai »* semi-cascade.

文人木

• *le style « Bunjingi »,* ou style *du lettré :* l'arbre monte en oblique, avec un tronc dénudé, sauf au sommet.

箒立

• *le style « Hôkidachi » :* arbre en forme de balai.

娑羅幹

• *le style « Sabamiki » :* tronc fendu, déchiré, en partie dénudé.

娑娑幹

• *le style « Sharimiki » :* le tronc est écorcé à la façon d'un arbre mort.

吹流

• *le style « Fukinagashi » :* l'arbre évoque les arbres de nos bords de mer, infléchis par le vent, avec les branches d'un seul côté du tronc.

根上

• *le style « Neagari » :* les racines sont exposées.

根空

• *le style « Neku » :* les racines sont aériennes.

石上樹

• *le style « Sekijôju » :* les racines enserrent la roche et plongent dans la terre.

石付

• *le style « Ishitsuki » :* arbre planté sur la roche.

捩幹

• *le style « Nejikan » :* tronc partiellement tourmenté.

蛸造

• *le style « Takozukuri » :* style pieuvre.

Groupe 2 : Tronc multiples d'une seule racine

雙幹

• *le style « Sôkan » :* double tronc.

株立

• *le style « Kabudachi » :* troncs groupés sur une seule racine.

甲羅吹

• *le style « Kôrabuki » :* plusieurs troncs sur une même souche en forme de carapace de tortue.

筏吹

• *le style « Ikadabuki » :* souche formée par le tronc couché en forme de radeau.

根連

• *le style « Netsunagari » :* on voit sortir plusieurs troncs d'une seule racine au dessin sinueux.

Groupe 3 : Troncs multiples/forêt
Excepté les arbres plantés en couple, les Bonsaï sont toujours plantés en nombre impair (3, 5, 7, 9...).

雙樹

• *le style « Sôju » :* deux troncs.

三本寄

• *le style « Sambon-Yose » :* trois troncs.

五本寄

• *le style « Gohon-Yose »* : cinq troncs.

七本寄

• *le style « Nanahon-Yose » :* sept troncs.

九本寄

• *le style « Kyûhon-Yose »* : neuf troncs.

寄植

• *le style « Yose-Ue »* : troncs multiples, au-delà de neuf.

四間寄

• *le style « Yamayori »,* ou *« Yamayose » :* groupe naturel.

摑寄

• *le style « Tsukami-Yose »* : troncs multiples issus d'une même souche.

Groupe 4 : Il ne s'agit pas de Bonsaï au sens strict

• *« Bonkei » :* paysages.

• *« Kusamomo »* ou *Shitakusa :* plantations d'herbes ou de bulbes.

• *plantations d'herbes et de plantes saisonnières.*

COMMENT CHOISIR VOS BONSAÏ ?

Toutes les espèces peuvent être plantées en pot. Mais tous les arbres mis en pot ne donnent pas de beaux Bonsaï. Pour choisir un Bonsaï, il est nécessaire de s'assurer que l'élu possède en lui tous les atouts pour vivre longtemps, s'épanouir auprès de vous avec les soins appropriés que vous lui prodiguerez. Pour cela, voici ce que vous devez prendre en considération.

• LES PRINCIPAUX CRITÈRES

Les racines. On distingue les racines souterraines (à l'intérieur du pot et dans la terre) des racines apparentes, à la base du tronc, et des racines aériennes.
Les racines souterraines maintiennent l'arbre dans son pot. L'enracinement doit être établi. L'arbre doit posséder de bonnes racines, fermes, d'où partent de nombreuses radicelles munies d'un chevelu abondant, de couleur blanc-gris. Cela prouve sa bonne santé et montre que l'arbre se développe plus facilement.
Les racines apparentes, bases des racines, courent à la surface et apportent la stabilité. Elles doivent être vigoureuses, nombreuses, bien réparties autour du collet. La création ultérieure de racines autour du collet est très difficile ; ce sont elles qui donnent l'illusion d'un arbre âgé.
Les racines aériennes sont des racines semblables à des lianes, qui descendent des branches pour s'enfoncer dans le sol. Leur développement peut être favorisé par une entaille légère de l'écorce d'une branche basse, et en plaçant une paille de l'entaille au sol. Ces racines se développent essentiellement chez les arbres tropicaux, qui bénéficient d'une bonne hygrométrie. Il ne faut pas les couper.

Le collet. La base du tronc doit être généreuse, épanouie et belle naturellement. Son diamètre doit s'amenuiser vers le sommet. Il est parfois dit que la première branche doit se trouver à un tiers de la hauteur du tronc ; mais cela dépend des espèces, du style ou de l'effet recherchés. Pourtant, le choix du style de l'arbre dépend de la forme du collet : s'il est droit, l'arbre sera travaillé dans un style droit, incurvé ou anguleux, la silhouette sera inclinée, enroulée, tourmentée. Le collet ne doit porter aucune trace de blessure ou de cicatrice. Il est essentiel de choisir un arbre avec un beau collet.

Le tronc. Choisir un arbre dont l'écorce paraît âgée, et ne porte pas ou porte peu de cicatrices, et dont le tronc s'amenuise régulièrement du collet à la cime. Un tronc rond traduit souvent un collet harmonieux. La présence de cicatrices sur le tronc s'atténue mieux sur les arbres à feuilles caduques. Les blessures ont une influence directe sur la longévité d'un arbre. Non soignées, elles se propagent, et sont susceptibles de devenir des nids à parasites ou des vecteurs de maladies, les branches fanent, se dessèchent et perdent leur disposition. Un tronc est dit réussi lorsqu'il s'élève d'une base épaisse vers une cime fine. S'il ne s'amenuise pas, le sommet paraît lourd, et, malgré un collet bien fait, l'arbre peut donner l'impression de tomber. Qu'il soit droit, ou sinueux avec des formes irrégulières, en fonction du caractère de chaque essence, le tronc peut présenter une écorce gercée ou ridée qui confère à l'arbre un aspect âgé. L'épaisseur du tronc doit être proportionnée par rapport à sa hauteur.

Les branches. Les branches doivent croître vers le haut d'une façon équilibrée, dans le sens des aiguilles d'une montre ou dans le sens contraire. La progression des branches doit être régulière, pour éviter que brusquement elles ne soient trop minces ou trop longues. L'arbre doit être en mesure d'émettre rapidement des rameaux et des branchettes auxiliaires, fines et aux entrenœuds courts. Un arbre présentant dans sa partie basse des branches denses et dans sa partie haute des branches fines donne une impression de Bonsaï massif ; s'il porte quelques branches plus importantes au sommet, l'effet général est plus naturel. Souvent, les arbres à feuilles caduques avec des branches denses expriment mieux l'impression de robustesse. Quand un arbre porte plusieurs branches épaisses partant du même point, le fait d'en couper certaines peut entraîner des boursouflures disgracieuses, surtout s'il s'agit d'un conifère. Il vaut mieux effectuer ce travail d'élagage sur un arbre aux branches plus minces.

Le feuillage. Les feuilles sont souvent comparées au manteau de l'arbre et constituent généralement le point de mire. Aussi doivent-elles présenter un aspect ferme, sain, aux couleurs vertes et brillantes pour un arbre persistant, aux tons correspondant à la saison pour un arbre caduc. Les bourgeons drus sont en général rouges ou blancs, et présents dès l'automne.

Les fleurs et les fruits. Chez les arbres à fleurs, les fruitiers, et même chez certains conifères, la partie la plus colorée de l'arbre est la floraison. La dimension des fleurs doit être équilibrée par rapport à celle de l'arbre, même si la miniaturisation n'est pas en proportion, car il n'y a pas de transformation génétique. Les fleurs trop grandes, de même que les fleurs fanées, doivent être retirées. La floraison doit être longue, et les fleurs, bien épanouies.
Les fruits expriment le renouveau de la vie et résultent d'un effort. Ils mûrissent à leur rythme, après la floraison. Si vous choisissez un fruitier, assurez-vous que la fertilisation et la pollinisation sont aisées.

Aperçu du musée du Bonsaï de Châtenay-Malabry, où l'on peut contempler en permanence environ 7 000 Bonsaï.

Le coloris des fruits contraste avec celui du feuillage. La fructification doit être longue, et le volume des fruits, en proportion avec l'arbre. La plupart des fruits sont comestibles, mais acides et rarement savoureux, sauf ceux de la variété de Pommier Himekokoh, devenue très rare.

Les parasites. Les principaux ennemis de l'arbre sont les parasites. Ils le fragilisent et peuvent entraîner sa mort rapidement. S'il survit, il manque de vigueur. Il faudra lui donner de l'engrais longuement pour l'aider à se rétablir, et attendre qu'il soit guéri pour le fertiliser. Les soins sont difficiles. Les parasites colonisent les autres Bonsaï ou les plantes avoisinantes. Leurs attaques entraînent de graves dommages tels que des chutes de feuilles ou des dessèchements des rameaux et des branches. Les parasites peuvent causer des maladies.

Les maladies. Les maladies sont souvent la résultante d'un mauvais entretien ou de soins mal appropriés. Elles peuvent aussi apparaître à cause de la présence de parasites. Après la guérison, les feuilles anciennes et l'écorce gardent longtemps les cicatrices. On distingue les maladies virales de celles cryptogamiques (champignons) et de celles bactériologiques. Dans l'ensemble, ces maladies sont contagieuses.

Les prix. Il est préférable de privilégier la qualité à la quantité. L'achat d'un Bonsaï quelconque bon marché donne rarement satisfaction et revient cher, du fait de tous les soins à lui prodiguer pour son amélioration. Lorsque l'on débute, la tentation est grande d'acheter de nombreux petits Bonsaï. Or il est préférable de commencer une collection petit à petit, après avoir apprivoisé les besoins de chaque arbre. Fiez-vous à votre goût plutôt qu'à une mode, et développez de concert l'habileté et la connaissance. Il est toujours souhaitable d'acheter un Bonsaï chez un spécialiste, qui donnera, à tout moment, les conseils nécessaires.

Les différentes présentations

S'il s'agit d'un solitaire. *S'assurer que les racines* ne se chevauchent pas et s'étalent bien autour du tronc. *Soulever la motte* hors du pot pour vérifier que l'enracinement est bon et que le chevelu des racines est clair et touffu, et non mou. *Examiner le tronc :* que ses courbes soient naturelles, qu'il s'élève bien du sol, que son écorce corresponde à celle des grands arbres de la même espèce et paraisse saine. Ensuite, *vérifier la disposition des branches :* elles ne doivent pas s'entrecroiser, mais avoir la même direction ; elles doivent être fermes et solides, disposées élégamment à partir du tronc. *Les feuilles* doivent être petites, touffues, du coloris de la saison. Il est toujours préférable de choisir un caduc en hiver, quand l'absence de feuillage permet de distinguer sa silhouette et de voir ses qualités et ses défauts. *Si l'arbre porte des fruits ou est en fleur,* examiner les fruits et les fleurs pour vérifier qu'ils sont sains et miniaturisés : même si l'échelle n'est pas la même, ils doivent être petits (excepté pour la Glycine, car on n'arrive pas à miniaturiser ses fleurs). Dans un Bonsaï, il n'y a aucune transformation génétique.

Après avoir regardé ces détails, *observer l'allure générale* de l'arbre, de la cime au collet. Toujours bien regarder le sommet par rapport au pied, et dans son ensemble. *Voir s'il y a de la mousse* au pied, ce qui peut indiquer que le rempotage est ancien ; l'absence de mousse indique, en revanche, un rempotage récent. Soulever la mousse pour regarder l'état de la terre. L'arbre nouvellement rempoté est plus fragile, ses racines sont moins développées. Pour s'assurer que le rempotage est relativement ancien, et les racines, suffisamment développées, attendre que la motte soit sèche et extraire l'arbre de sa coupe : la motte ne doit pas se désagréger, la terre et les racines doivent être solidaires et former un tout. *Et puis, toujours s'assurer que la coupe* est suffisamment grande et en harmonie avec l'arbre, et qu'elle est percée dans le fond pour permettre au trop-plein d'eau de s'écouler ; que les trous de drainage ne sont pas obstrués.

S'il s'agit d'un groupe. *Examiner chaque arbre* individuellement (comme pour un solitaire), puis l'ensemble. Que l'effet paraisse esthétique et naturel. *Regarder la perspective :* les arbres doivent pencher dans le même sens, les courbes doivent être parallèles et complémentaires. *Comparer le diamètre et la hauteur* des différents troncs : ils doivent être variés et équilibrés. Les branches d'un arbre ne doivent ni gêner ni croiser celles du voisin.

S'il s'agit d'un arbre sur roche ou d'un paysage. *Être attentif à la roche et aux racines :* celles-ci, bien disposées, dégoulinent gracieusement sur la roche, en harmonie avec l'arbre. L'assise du Bonsaï est bien calée sur la roche. *Vérifier la disposition* des petites plantations d'herbes ou d'arbustes : elles doivent être à des niveaux différents, en fonction de leur épaisseur et de leur hauteur. L'association des couleurs des végétaux et de leurs fruits ou fleurs doit être harmonieuse.

Enfin, il faut d'abord et surtout un coup de foudre : il doit y avoir des correspondances entre l'arbre et votre personnalité. Suivez votre premier mouvement et choisissez l'arbre qui vous a plu au premier regard. Le Bonsaï est vivant *et doit être aimé et respecté* pour s'épanouir et embellir sans cesse.

COMMENT CRÉER VOS BONSAÏ ?

Genévrier rigide (Juniperus rigida). Âge = 120 ans. Hauteur = 55 cm. Style « Yamayori ». Photo : mai.

La production et l'entretien du Bonsaï comportent un rituel rigoureux dont les prescriptions sont immuables. Les premiers Bonsaï étaient des arbres prélevés dans la nature : des arbres que de mauvaises conditions de vie avaient miniaturisés naturellement. Aujourd'hui, en Europe comme au Japon, il est interdit de prélever ainsi des végétaux. Cependant, on peut créer soi-même son Bonsaï, de différentes façons.

• OBTENTION PAR GRAINES OU SEMIS

Cette méthode exige beaucoup de patience et de méticulosité, mais elle produit des arbres particulièrement beaux. Presque tous les Bonsaï peuvent être obtenus à partir de graines. Il n'existe pas de graines spécifiques de Bonsaï. On peut prendre des graines aussi bien sur des Bonsaï que sur des arbres « normaux ». On peut acheter des graines ou les récolter sur les arbres mêmes. On les prélève en automne ; tous les fruits, les glands, les baies, les faines et les noix, sont porteurs de graines qui, plantées, donnent, cinq à sept ans plus tard, de beaux arbres miniaturisés dans la forme souhaitée.

Les conditions de germination sont différentes pour chacun de ces éléments, dès le semis. Certaines graines seront plantées immédiatement, car elles germent dès leur récolte. D'autres devront être conservées au frais et au sec avant d'être plantées. D'autres encore peuvent germer dès l'automne ou l'hiver, mais doivent, pour conserver leur capacité de germination, être enterrées quelques jours dans du sable humide. Beaucoup de ces graines ont besoin d'une période de repos. On les stratifie (c'est-à-dire qu'on les dispose en couches dans du sable humide), de six mois à un an, en les abritant du gel et de la chaleur. Certaines graines doivent simplement être conservées dans le bac à légumes du réfrigérateur. La durée peut aller d'un jour à un mois ; il faut ensuite qu'elles trempent pendant vingt-quatre heures dans de l'eau tiède. Il y a deux moments particulièrement favorables pour ensemencer ces graines : soit le printemps, soit de la fin de l'été au milieu de l'automne. Les fiches de la 2e partie de ce livre expliquent quand et comment semer la graine pour chaque espèce.

Une graine à l'écorce dure peut être entaillée, pour que sa germination soit facilitée. On ne sèmera pas ensemble des graines d'espèces différentes, parce que leurs besoins, en eau, chaleur, lumière, peuvent être différents.

Pour semer, procurez-vous d'abord une cagette percée en son fond, afin de permettre au trop-plein d'eau de s'écouler.

Stratification.

Semis.

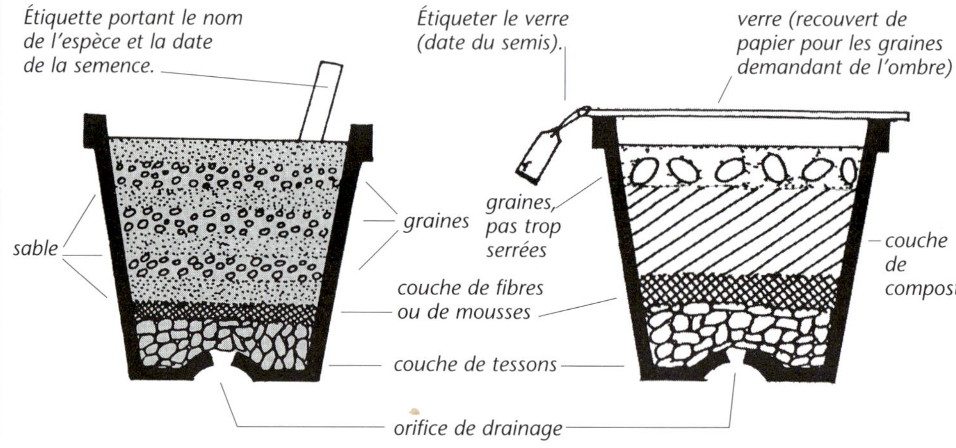

Obtention par semis.

1 - Un tamis est indispensable pour affiner le mélange terreux destiné au semis.

2 - Remplissage d'un godet traditionnel en terre avec le mélange terreux tamisé.

3 - Les graines qui ont été stratifiées sont déposées sur le mélange terreux.

4 - La couche de terre recouvrant les graines est fonction de la grosseur de celles-ci.

5 - Si, comme ici, les graines sont assez grosses, il est bon de tasser la terre qui les recouvre. On utilise là une « pelle » traditionnelle.

1

2

3

4

5

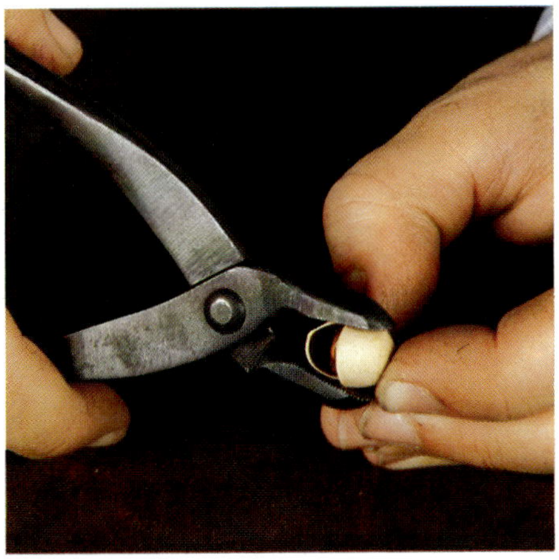

6

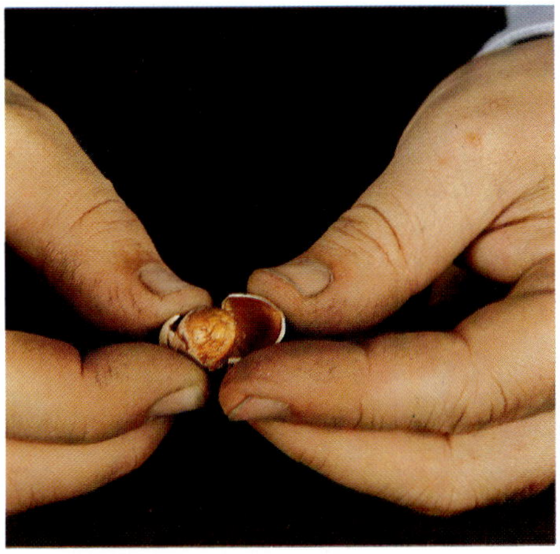

7

8

6 - Si les graines (ici celles du Ginkgo) sont protégées par une véritable coque, il faut briser celle-ci avec une pince.

7 - Une fois la coque brisée, il faut extraire délicatement la graine de son enveloppe protectrice.

8 - Les graines extraites de leur coque peuvent maintenant être semées. La germination étant facilitée, la stratification est superflue.

9 - Une rondelle de papier est déposée ici à la surface de la terre du godet.

10 - Cette rondelle évite le ravinage de la terre au moment de l'arrosage.

9

10

Remplissez-la de compost constitué de 50 % de tourbe et de 50 % de sable de rivière. Remplissez-la aux trois quarts seulement, et sans trop tasser, de façon à permettre à l'eau et à l'air de circuler. Ensuite, dans ce mélange, que vous aurez tamisé, placez les graines en les espaçant. Couvrez-les avec le mélange, tassez légèrement, puis arrosez en pluie fine, abondamment. Enfin, recouvrez la cagette d'une vitre et placez-la à l'ombre et à l'abri du gel.
Dès l'apparition des premiers germes (plus ou moins rapide, selon les espèces), entrouvrez la vitre, afin de laisser l'air circuler. Retirez-la dès l'apparition des premières feuilles. Au printemps, après que la tige a grandi, plantez chaque semis dans un petit pot de culture, et habituez-le progressivement au soleil. Au bout de deux années, vous commencerez à travailler cette jeune pousse en Bonsaï, en taillant les branches (au printemps et en été) et les racines (au printemps). Trois à cinq ans plus tard, l'arbre ainsi obtenu par semis aura le style désiré et une silhouette élégante sans grosse coupe sur le tronc, ni boursouflure ; ses rameaux seront harmonieusement équilibrés.

• Obtention à partir de jeunes plants de pépinière

On peut aussi obtenir d'heureux résultats à partir de jeunes plants achetés en pépinière. Ils auront entre deux et trois ans, et présenteront un tronc ou une silhouette intéressants. Il faut choisir des sujets pas trop hauts avec une bonne ramification. Les arbres invendables pour des jardins d'ornement, car ils sont malingres ou rabougris, sont souvent de bons matériaux pour créer des Bonsaï. Il faut dépoter les arbres, tailler leurs racines d'au moins un tiers. Le nouveau pot dans lequel on les placera doit être d'assez grande dimension.
La bonne saison est le printemps. Le traitement se poursuit, dès lors, comme pour un arbre qu'on vient de rempoter. Il intéresse surtout le tronc et les racines. Pour ces dernières, on doit veiller à ce qu'elles s'étalent autour du tronc en éventail, sans se chevaucher. On doit très tôt élaguer les branches basses du tronc, en sachant que l'arbre prend là sa silhouette définitive.
Cette silhouette détermine presque aussitôt l'allure de l'arbre. Quant à sa hauteur, on la fixe dès ce moment, en coupant la tête. Le bois mettra quelque temps à durcir : la durée varie selon les essences.
Quand le bois aura durci, on le ligaturera, de façon à diriger son tronc et ses branches. Cela peut prendre plus ou moins de temps, selon l'espèce. C'est alors que l'arbre revêtira la forme qu'on veut lui donner, et qu'on pourra vraiment l'appeler un Bonsaï.

Bouture de Bonsaï d'intérieur.

Ensemble du matériel nécessaire pour bouturer : terre, sable, godets, hormone et reprise, et, bien sûr, des boutures fraîchement cueillies.

Le compost terreux utilisé pour bouturer est composé de sable et de terreau, qu'il faut brasser jusqu'à obtenir un mélange de couleur homogène.

Avant de procéder au bouturage, il faut bien humidifier le mélange.

Les boutures ne doivent pas excéder une dizaine de centimètres. Ici, coupe d'un rameau de Ficus.

Les feuilles situées à la base de la bouture (partie qui sera enterrée) doivent être éliminées.

Taille d'une partie des feuilles de la bouture. Elle doit être effectuée avec un sécateur parfaitement affûté, pour ne pas blesser les tissus.

Obtention par bouturage

Cette méthode demande moins de temps et de patience que celle par semis. On sait, par définition, que le bouturage consiste à repiquer en terre, soit directement, soit après un stage dans l'eau, des tiges sans racines prises sur la plante mère. Ce procédé est valable aussi pour les Bonsaï : quand on taille les branches, celles-ci peuvent donner des boutures d'environ une dizaine de centimètres. Il existe des hormones liquides ou en poudre qui favorisent l'enracinement, si la bouture a été trempée dedans quelque temps.

On sait comment se prépare une bouture : la branche de la plante mère doit être taillée juste au-dessus d'une insertion foliaire ; on coupe la partie molle de la tête. La tige gardée doit avoir 6 à 8 feuilles, et ne doit pas dépasser 10 centimètres. On l'enfonce de 3 centimètres dans un mélange de sable et de tourbe, à l'intérieur d'un pot de culture.

Une bouture s'arrose abondamment et, pour sa protection, doit être recouverte d'un plastique arrondi placé sur le pot. Pour pousser, elle exige de la lumière, mais doit être tenue à l'abri du soleil et du gel. Pour conserver au sol l'humidité nécessaire, il faut le vaporiser de façon régulière.

Lorsque de nouvelles pousses apparaissent sur la tige, des racines se développent et la bouture a pris. Retirer alors le plastique et habituer cette nouvelle plantation au soleil. Lui donner un peu d'engrais au printemps et bien la protéger du gel l'hiver suivant. Après un ou deux ans, travailler la bouture pour en faire un Bonsaï.

Veiller à ne pas faire pourrir la bouture et le début de racinage par un excès d'eau. Il faut doser l'humidité, et c'est là que réside la difficulté.

Le bouturage peut être pratiqué presque tout au long de l'année, en fonction des espèces choisies. Mais les boutures faites au printemps et au début de l'été prennent mieux et plus vite que celles faites à la fin de l'été et en automne, car la sève circule plus abondamment et avec plus de force au moment du réveil de la végétation. Pour réussir la bouture, sélectionner de préférence des rameaux de l'année, aoûtés.

Pour certaines espèces, il faut parfois choisir des rameaux de deux ans. /Voir 2e partie/.

Bouture de caduc.

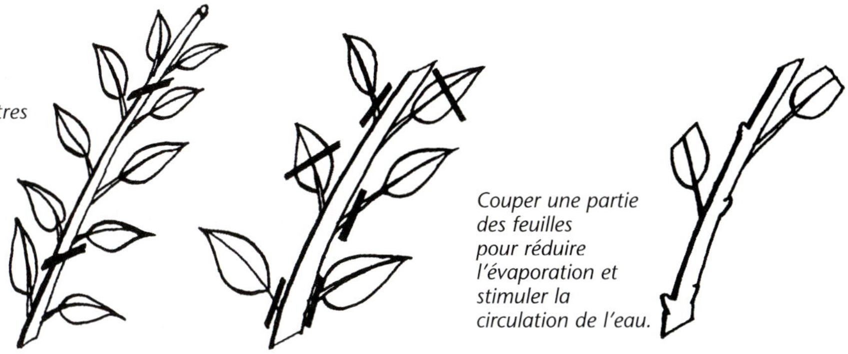

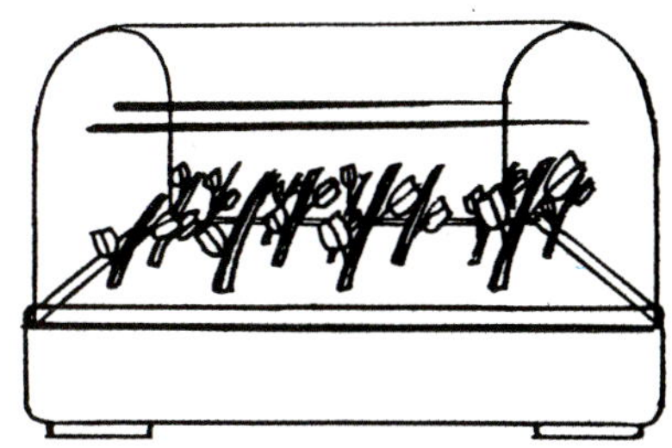

Bouture de conifère.

Préparation d'une bouture de Cèdre : les aiguilles situées à la base sont enlevées.

La base de la bouture est enduite de poudre aux hormones de multiplication. Les chances d'enracinement sont, de ce fait, nettement accrues.

Pratiquer un trou dans la terre avec un crayon, puis placer la bouture.

Presser fortement la terre autour de la bouture, pour assurer un contact parfait. Arroser abondamment et tasser de nouveau.

• Obtention par marcottage

Le marcottage est la multiplication végétative par marcotte. La marcotte est une branche issue de la plante mère. Elle peut provenir soit d'une branche enfoncée dans la terre, où elle produit des racines adventives, soit d'une branche entaillée sur l'arbre d'où naissent les racines aériennes. La branche « racinée » est séparée de la plante mère et est appelée « marcotte ».

Le marcottage simple. Il se pratique surtout sur les arbres aux branches souples ou retombantes. Replier la branche à marcotter vers le bas, dépouiller la partie à enterrer des feuilles ou des aiguilles, soit en retirant totalement le limbe à l'aide de ciseaux, soit en les prenant entre le pouce et l'index. Inciser la partie inférieure sur une longueur de 5 centimètres environ, pour favoriser l'enracinement. Enterrer la branche en la recouvrant complètement de terre. Maintenir la terre humide en arrosant dès qu'elle commence à sécher. La fréquence de l'arrosage et la quantité d'eau dépendent de la région et du climat. À l'apparition de nouvelles racines, détacher la branche de son arbre en la taillant avec une incision franche. Replanter cette branche dans le mélange approprié à l'espèce /Voir fiches de la 2e partie/ et la considérer comme un arbre nouvellement rempoté dont il faut tenir compte des desiderata.

Le marcottage aérien. Il se pratique surtout sur les arbres dont les branches poussent plus droites. Il offre le grand avantage de préformer l'arbre sur la plante mère. Il se pratique généralement au mois d'avril. Ne pas choisir une branche trop grosse, car elle aurait des difficultés à raciner ; choisir une branche de 5 centimètres de diamètre. Le marcottage aérien s'obtient par une incision verticale de 4 à 5 centimètres pratiquée sur une branche. Il faut faire tenir dessus quelque temps un morceau de bois ou un peu de mousse, pour empêcher une cicatrisation prématurée, puis recouvrir le tout avec un emplâtre de tourbe et de sphagnum humide contenu dans un sac en plastique pourvu de trous, mais hermétiquement clos aux extrémités. Au bout de trois à cinq mois, les racines se seront suffisamment développées. Retirer alors le sac en plastique et trancher la marcotte proprement avec un petit sécateur ou des ciseaux, selon l'épaisseur de la marcotte et la dureté du bois. Il faut aussitôt l'empoter dans un compost qui convient à l'espèce. Tout se passe ensuite pour elle comme si elle était un Bonsaï que l'on vient de rempoter.

Le marcottage simple.

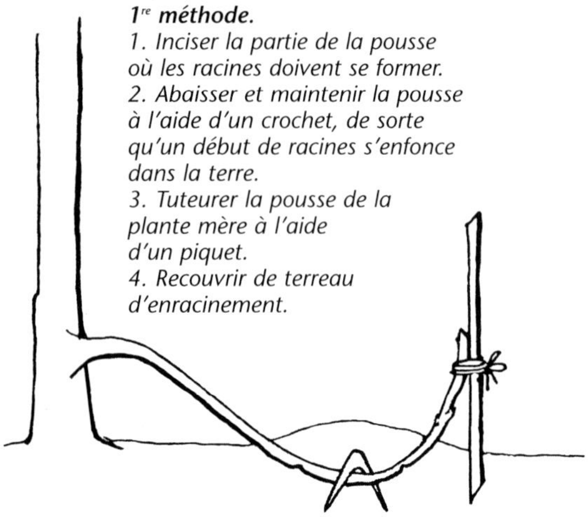

1re méthode.
1. Inciser la partie de la pousse où les racines doivent se former.
2. Abaisser et maintenir la pousse à l'aide d'un crochet, de sorte qu'un début de racines s'enfonce dans la terre.
3. Tuteurer la pousse de la plante mère à l'aide d'un piquet.
4. Recouvrir de terreau d'enracinement.

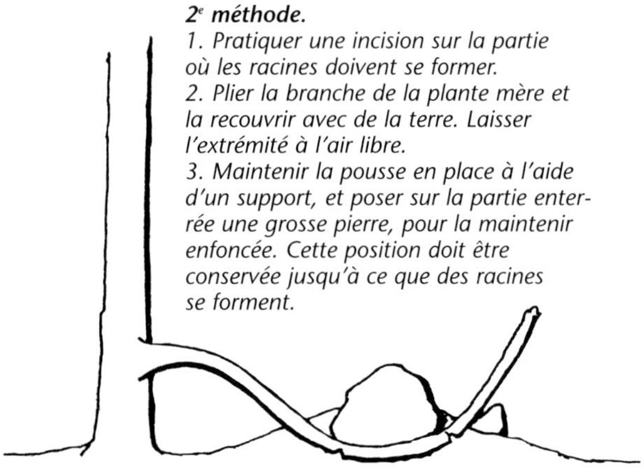

2e méthode.
1. Pratiquer une incision sur la partie où les racines doivent se former.
2. Plier la branche de la plante mère et la recouvrir avec de la terre. Laisser l'extrémité à l'air libre.
3. Maintenir la pousse en place à l'aide d'un support, et poser sur la partie enterrée une grosse pierre, pour la maintenir enfoncée. Cette position doit être conservée jusqu'à ce que des racines se forment.

Le marcottage aérien.

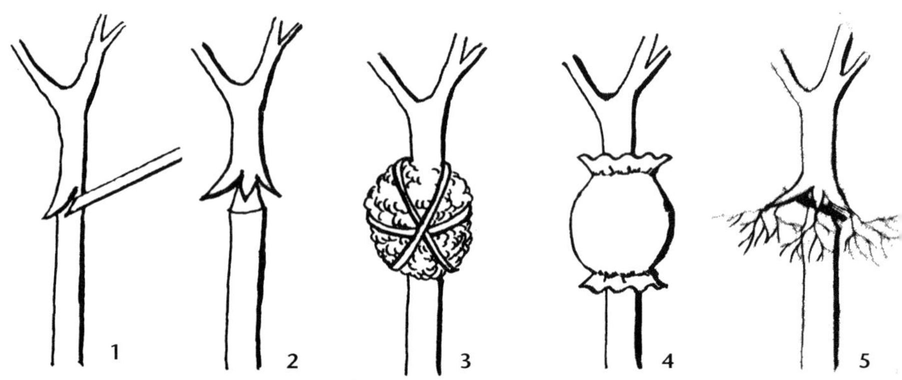

1. Avec un greffoir bien acéré, pratiquer deux incisions circulaires sur la plante mère.
2. Retirer l'écorce entre ces deux incisions.
3. Avec un pinceau, appliquer de la poudre d'hormones. Recouvrir de mousse humidifiée.
4. Protéger le tout avec un sac en plastique pourvu de minuscules trous, hermétiquement clos à ses extrémités.
5. Une fois les racines développées, trancher la marcotte.

Plante mère (au stade 4).

Obtention par greffage

Greffer consiste à implanter sur un végétal (porte-greffe) une partie d'un autre végétal (greffon) qui remplacera, par la suite, en totalité ou partiellement, la partie aérienne, tout en conservant à l'arbre son individualité.
Dans la plupart des cas, le greffon et le porte-greffe doivent appartenir à la même espèce. Toutefois, au Japon, il est courant de greffer des Pins blancs sur des Pins de Thunberg, pour les faire croître plus vite.
Le meilleur moment pour la greffe est celui de la montée de la sève, donc le printemps. Cette méthode a des avantages et des inconvénients. Elle ne donne pas de résultats plus harmonieux. En effet, sur le tronc, au point de greffe, apparaissent des boursouflures. Cependant, nos arboriculteurs recourent surtout à ce procédé pour leurs fruitiers, car il permet de faire naître sur le même végétal des fleurs de couleurs différentes. Le *Prunus,* en particulier, peut porter des fleurs blanches, roses et rouges, en même temps.
La greffe est appropriée pour sauver des Bonsaï dont les racines ont été endommagées. C'est également le moyen utilisé pour les végétaux qu'on ne parvient pas à reproduire par d'autres méthodes. Autre avantage de la greffe : alors que, dans la reproduction par semis, des variations pourraient naître, la production par greffage conserve tous les caractères d'origine de l'arbre.
Le mastic à greffer protège les parties de l'arbre mises à vif contre les intempéries et les attaques de parasites ou de maladies. Les greffes doivent ensuite être ligaturées en fonction de leur forme. La ligature sera à la fois souple et résistante, pour ne pas faire bouger le greffon ni blesser l'écorce, et pour maintenir l'ensemble uni. Il peut être nécessaire de tuteurer les arbres greffés pour les protéger du vent.
Il existe de très nombreuses manières de greffer : nous n'envisageons ici que celles qui varient dans leur méthode et qui sont les plus courantes. (Beaucoup de variétés de greffes ne divergent, en effet, que par la manière de couper.)

La greffe en fente permet d'implanter de nouvelles branches sur l'arbre. Cette méthode ne se pratique qu'avec des branches fines. Au printemps, fendre le porte-greffe verticalement sur une longueur de 3 à 5 centimètres et y glisser un rameau taillé en coin allongé de 5 centimètres, que l'on aura prélevé soit sur le même arbre, soit sur un arbre de la même espèce. Après avoir mis le greffon bien en place, on ligature et on passe du mastic à cicatriser.

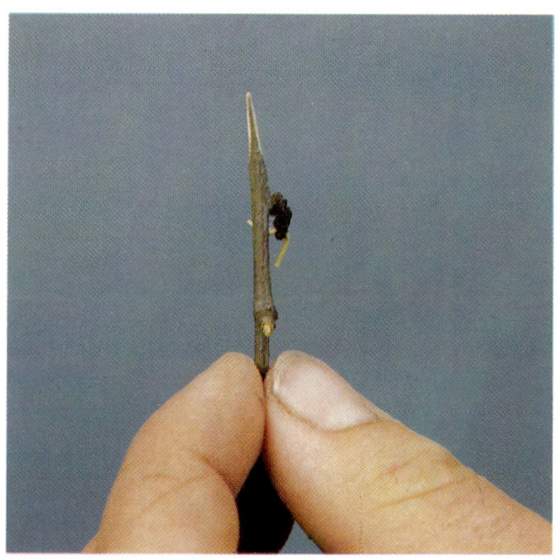

L'extrémité inférieure des greffons est taillée en biseau double avec le greffoir.

Fendre de porte-greffe avec la lame du greffoir, en vue de la réalisation d'une greffe en fente traditionnelle. Désinfecter la lame à la flamme.

Le ou les greffons sont introduits dans la fente verticale pratiquée dans le porte-greffe. Cette fente ne doit pas être trop profonde.

Après la mise en place du greffon, ligaturer la greffe avec du raphia.

La greffe est engluée avec du mastic à greffer. Utiliser pour cela une baguette de bois.

La greffe latérale se pratique sur des arbres à feuilles persistantes. En été, faire une entaille de 5 centimètres environ sur la partie basse du tronc du porte-greffe (afin que, par la suite, la terre dissimule le point de greffe), tailler le rameau (greffon) en biseau et le coulisser dans l'entaille. Le greffon repartira au printemps suivant. Couper alors le porte-greffe en biais, au-dessus du greffon, pour les séparer.

La greffe latérale.

1. Fendre verticalement le porte-greffe ; enfoncer le greffon dans cette fente.

2. Ligaturer et engluer avec du mastic à greffer.

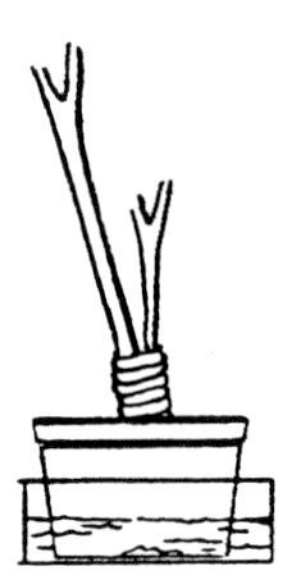

3. Rempoter et attendre qu'une nouvelle pousse se développe.

4. Couper alors le porte-greffe.

La greffe par approche.

Rapprocher deux branches de deux arbres, ou deux branches du même arbre. Écorcer légèrement les deux parties qui se touchent. Ligaturer avec du raphia.

La greffe par approche, qui copie directement la pratique de la nature, est la plus ancienne et la plus simple. Elle permet de réunir des arbres entre eux, afin de remplacer par la suite des branches manquantes, ou de protéger des végétaux difficiles à obtenir par les autres méthodes de multiplication. La greffe par approche se pratique au début du printemps, pour rester proche du cycle naturel. Laisser le greffon attaché au porte-greffe jusqu'à ce qu'ils ne forment plus qu'un. Greffon et porte-greffe peuvent provenir du même arbre. Retirer l'écorce du greffon et celle du porte-greffe sur une longueur de 3 centimètres. Les faire coïncider en les appliquant l'un sur l'autre. Enrouler avec du raphia et enduire de cire à greffer.

La greffe aura pris à la fin de l'automne. Séparer alors le greffon du porte-greffe, en coupant la partie du porte-greffe juste au-dessus du point d'approche, et la partie du greffon juste en dessous (ceci pour éviter un renflement trop important). Comme après toute coupe de greffe, passer du mastic cicatrisant pour permettre à la coupe de s'atténuer plus vite et pour éviter l'installation de parasites et de maladies.

La greffe de racines s'effectue au printemps. Elle est nécessaire aux arbres dont les racines sont abîmées : elle aide les boutures qui végètent à repartir en les greffant sur les racines d'une autre espèce, et permet de diminuer un arbre dont le tronc est trop étiré par rapport aux branches. Choisir des racines au chevelu sain et bien développé. Agir comme pour la greffe en fente, en remplaçant le rameau par les racines. Ligaturer et passer du mastic cicatrisant. Lorsque la greffe a pris (les racines se développent), tailler le haut du porte-greffe.

Parfois, on peut procéder par incrustation. Le greffon est alors la racine greffée, et il n'y a rien à couper. Mais ce sont, essentiellement, des techniques utilisées par des professionnels de l'arboriculture ou de l'horticulture.

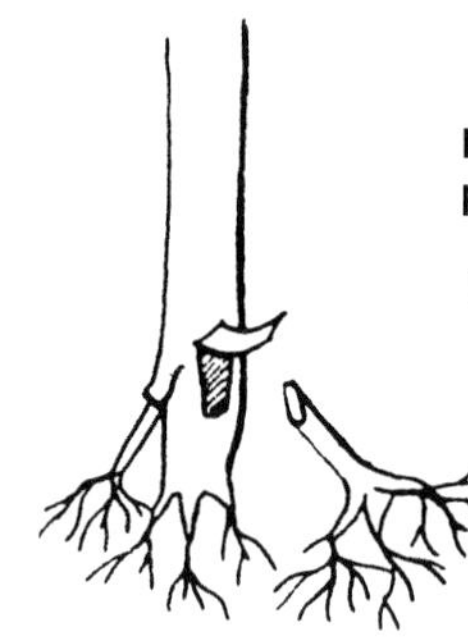

La greffe de racines par incrustation.

1. Inciser l'écorce.

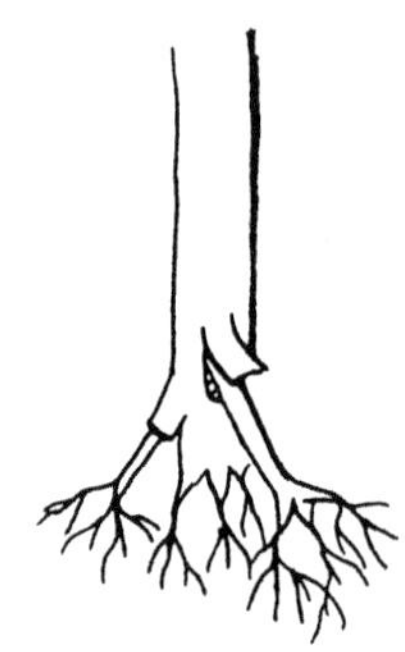

2. Insérer le greffon.

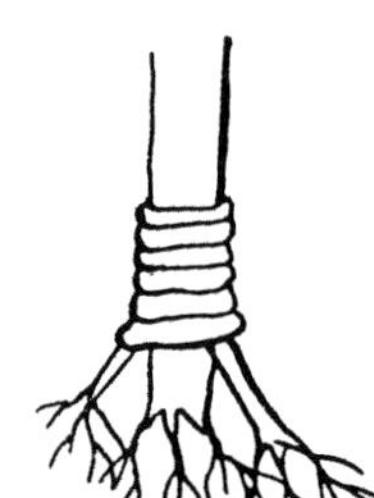

3. Ligaturer avec du raphia.

4. Entourer la partie greffée d'un mélange de sable et de tourbe, et recouvrir d'un sac en plastique.

La greffe en écusson est l'une des plus employées. Cette technique permet de réunir un arbre mâle et un arbre femelle pour obtenir un arbre mixte qui donnera des fruits. Cette greffe se pratique lorsque les bourgeons sont aoûtés et que la sève est en circulation. Après avoir bien humidifié le porte-greffe en l'ayant vaporisé, l'inciser en T. Implanter un œil détaché d'une branche du greffon. Ligaturer la greffe avec du raphia et passer de la cire à greffer. Veiller à ne pas vider l'œil pendant l'opération. Quand le pétiole tombera (généralement, au printemps suivant), la greffe aura pris. On peut greffer à différents endroits pour avoir plus de chances que la greffe prenne et pour obtenir plusieurs rameaux.

La greffe en écusson.

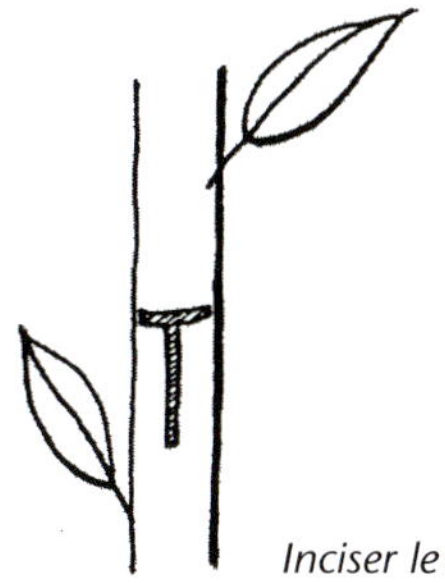

Inciser le tronc en T.

Écarter l'écorce.

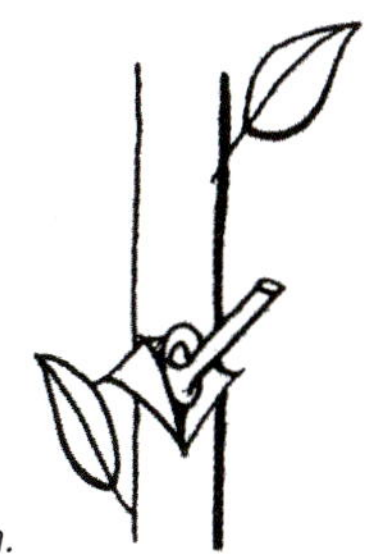

Insérer le greffon.

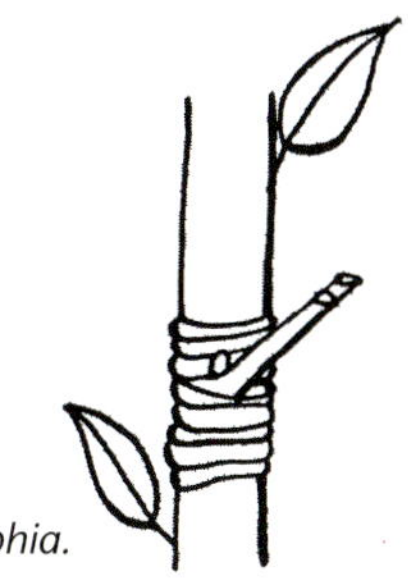

Ligaturer avec du raphia.

La greffe en couronne ne s'emploie que pour les gros arbres. C'est celle qu'on utilise pour obtenir des Bonsaï à troncs multiples, et pour améliorer l'allure des vieux arbres. Elle se pratique au printemps. Le diamètre du greffon doit être plus petit que celui du porte-greffe. Entailler le tronc du porte-greffe sur une longueur de 3 centimètres environ et y insérer le greffon. On peut ainsi insérer plusieurs greffons sur le porte-greffe. Cercler avec du raphia et passer de la cire à greffer.

À l'aide de la spatule du greffoir, écarter les lèvres de chaque incision verticale pratiquée dans l'écorce.

Les greffons sont taillés en simple biseau à l'une de leurs extrémités, ceci afin de les mettre en contact avec le cambium du porte-greffe.

Les greffes sont enfilées délicatement dans les fentes verticales pratiquées dans l'écorce du porte-greffe.

Comme pour la greffe en fente, le ligaturage doit être effectué de préférence, pour ne pas blesser l'arbre, avec du raphia.

Là aussi, la greffe doit être engluée. Le mastic favorise la cicatrisation et préserve les plaies des parasites et des maladies.

Comment entretenir vos Bonsaï ?

Nous allons voir maintenant, par rubriques, les grands principes des soins à prodiguer aux Bonsaï. Toutes ces rubriques fournissent des informations générales. Des indications spécifiques pour chaque espèce sont données dans les fiches de la seconde partie.

• Le choix de l'emplacement

Une fois qu'on a obtenu un Bonsaï, il faut étudier le meilleur emplacement pour que l'arbre s'épanouisse, choisir la poterie qui le mettra en valeur, voir quels outils seront nécessaires pour continuer à le travailler, et quels soins il faudra lui prodiguer au fil des années.

La première question est de savoir s'il s'agit d'un Bonsaï vivant en extérieur ou d'un Bonsaï vivant en intérieur. Il faut, bien sûr, se poser cette question en fonction du lieu où l'on habite. Le Grenadier *(Punica granatum),* qui sera Bonsaï d'extérieur à Marseille, sera Bonsaï d'intérieur à Bruxelles. Quand l'environnement, les températures, l'ensoleillement et toutes les conditions atmosphériques de votre région sont trop différents de ceux de l'environnement naturel de l'arbre, il faut tenter de reconstituer ces conditions. Cela demande beaucoup de vigilance : la part de l'apport humain est combinée avec la part laissée aux éléments naturels.

Les Bonsaï d'intérieur proviennent des régions tropicales ou subtropicales, où ils vivent dehors. Mais ils s'adaptent dans les appartements européens. C'est nous-mêmes qui avons introduit, en 1979, les Bonsaï d'intérieur en France. Depuis lors, leur succès n'a cessé de croître. Ils permettent au grand nombre de personnes qui n'ont ni jardin, ni terrasse, ni balcon, ni même rebords de fenêtres, de posséder un Bonsaï. Selon qu'il s'agit d'un Bonsaï d'intérieur ou d'extérieur, les problèmes qui se posent sont différents.

• *Les Bonsaï d'extérieur* sont placés en hauteur sur des tablettes ou des tabourets : à même le sol, ils risqueraient davantage d'être envahis par des parasites et, même, d'être endommagés par un animal familier. En outre, les racines des Bonsaï ne plongeront pas dans la terre, et, pour les soigner, il est plus commode de les avoir à hauteur d'yeux. Ils prennent alors leur véritable dimension et leur véritable échelle.

• *Les Bonsaï d'intérieur* sont placés à la lumière, dans une pièce normalement chauffée. Plus il fait chaud, plus il faudra arroser. La coupe choisie doit mettre le Bonsaï en valeur et s'harmoniser avec les tons de la pièce. Le Bonsaï doit s'intégrer au décor et donner à la pièce une ambiance sereine. Il faut prévoir les ustensiles nécessaires à l'entretien et au bon développement du Bonsaï, ainsi qu'une table, un guéridon, ou tout autre meuble qui le mette en valeur. Pour éviter qu'il ne laisse des traces sur ce meuble, placer un plateau ou une soucoupe (sans eau). Si l'on possède plusieurs Bonsaï, on peut les disposer habilement sur une étagère prévue à cet effet, en éloignant suffisamment les rayonnages les uns des autres pour que la cime de l'arbre ne touche pas l'étagère du dessus et qu'ils aient un espace assez grand pour respirer et prendre toute leur dimension.

Attention aux animaux domestiques qui risquent de détériorer les Bonsaï d'intérieur, et aux courants d'air, que les Bonsaï ne supportent pas. D'autre part, les Bonsaï n'aiment pas être changés continuellement de place. Il leur faut, en effet, un certain temps d'adaptation. Lorsqu'un Bonsaï arrive quelque part, il commence par faire quelques feuilles jaunes, qui tombent. Mais, au bout d'une quinzaine de jours, il se stabilise et s'habitue à son nouvel habitat. Les coins des pièces, même à côté d'une fenêtre, sont sombres. Essayer de placer les arbres le plus possible à la lumière. Éviter les différences de température : ils aiment les températures constantes. Ne pas les laisser près d'un chauffage trop fort, sur

une cheminée allumée..., ils se dessécheraient vite et mourraient.
Les Bonsaï d'intérieur s'adaptent à tous les styles de mobilier. Si vous possédez des plantes vertes en quantité, évitez de les placer au milieu de celles-ci, car ils seraient perdus. Et si, par malheur, une plante était porteuse d'un parasite ou d'une maladie, ils seraient immédiatement contaminés.

• La maîtrise de la croissance

Ensoleillement. Les Bonsaï d'extérieur, qui sont des espèces vivant sous nos climats, ont les mêmes exigences que les arbres poussant à l'état naturel : certaines espèces préfèrent la mi-ombre, d'autres, le plein soleil. Les Bonsaï d'intérieur ont besoin de plus ou moins de lumière, selon l'espèce. On se rappellera que de simples voilages suffisent à diminuer la luminosité dans une pièce. Mais tous ces arbres craignent les coups de soleil et il faut se garder de les exposer à des sources de chaleur, par exemple une cheminée en marche.

Température. Les Bonsaï d'extérieur sont des espèces qui poussent naturellement dans nos régions. Toutefois, certaines espèces, plus proches des arbres d'orangerie, sont plus délicates ; d'autres, très vigoureuses, résistent aux intempéries. Les Bonsaï d'extérieur subissent les cycles saisonniers de nos régions. On peut être amené à rentrer les arbres fragiles en hiver, si le gel les menace ; par exemple, certaines espèces d'orangerie qui craignent le froid. De toute façon, il ne saurait être question de laisser les Bonsaï à l'intérieur durant plus de trois jours en hiver. En effet, la chaleur de l'appartement déclenche la circulation de la sève. Au-delà de trois jours à l'intérieur, l'arbre à feuilles caduques bourgeonne, les feuilles apparaissent. Évidemment, ce printemps artificiel est fatal à l'arbre, qui épuise ses réserves et ne tarde pas à dépérir. En règle générale, plus la différence entre les températures extérieure et intérieure est grande, plus il est dangereux de rentrer l'arbre. En été aussi, le séjour à l'intérieur d'un Bonsaï d'extérieur est limité. Une semaine reste un maximum, à condition de vaporiser l'arbre quotidiennement et de le placer à la lumière. Quand on rentre un Bonsaï, il ne faut surtout pas le mettre devant une fenêtre ouverte ou le ressortir la nuit. En effet, à l'intérieur, l'arbre n'est plus soumis aux différences de température entre le jour et la nuit, ni aux différences d'hygrométrie : il donnera des signes de faiblesse. Il faut toujours essayer de respecter le mieux possible les cycles naturels journalier et saisonnier de l'arbre, pour lui garantir une bonne santé. En hiver, cependant, lorsque la température descend en dessous de 0 °C, les racines du Bonsaï, protégées seulement par la petite quantité de terre du pot, sont soumises au gel. C'est pourquoi, en dessous de – 5 °C, on enveloppera la coupe jusqu'à la base du tronc avec une couverture de papier, de laine ou de paille, ou encore de feuilles mortes, pour garder les racines au chaud et à l'abri du gel. On pourra installer l'arbre dans une caisse debout, faisant office de niche, si possible abritée des vents glacés. On pourra également creuser un trou dans le sol et enfouir l'arbre et sa coupe jusqu'à la base du tronc. Plus simplement, on peut se contenter de rentrer le Bonsaï dans une pièce froide, même peu lumineuse, durant les grands froids. Il faut alors surveiller l'humidité de la terre, arroser légèrement selon les besoins, et vaporiser. Pour les Bonsaï d'intérieur, le problème est tout autre : ils supportent une température élevée, mais craignent un froid inférieur à 12 °C. Dans les régions méditerranéennes, certaines espèces peuvent être sorties l'été, à condition qu'elles soient vaporisées et arrosées en conséquence.

Ventilation. Les Bonsaï d'extérieur, déjà adaptés aux rigueurs de nos climats, supportent plus facilement les effets du vent ; cependant, pour certaines espèces, une situation abritée, surtout en hiver, est préférable pour une bonne croissance de l'arbre : elle évite à la fois le phénomène de déshydratation et les coups de froid que pourraient provoquer les rafales de vent. Pour les Bonsaï d'intérieur, on évitera soigneusement les courants d'air.

Céramique. La céramique n'a pas seulement un caractère d'utilité, elle revêt aussi un caractère esthétique lié à celui de l'arbre.
• *La matière.* La tradition retient la faïence ou le grès. Mais, pour conserver la porosité des parois, il ne faut pas que l'intérieur soit émaillé. L'émail, en revanche, peut figurer à l'extérieur, avec des teintes qui sont le plus souvent blanc-beige, marron, céladon, bleu cobalt surtout, noires exceptionnellement.
• *Les couleurs et les motifs.* Du choix de l'arbre dépend le choix de la couleur et des motifs. Certaines poteries sont unies. Certaines poteries chinoises sont ornées de motifs peints ou sculptés. Veiller à ce qu'il y ait un lien entre l'arbre et les motifs, et à ce que ces derniers ne nuisent pas à l'élégance de l'arbre.
• *La grandeur.* La céramique met l'arbre en valeur. Les exigences de proportionnalité sont rigoureuses. Un bac trop vaste ne permet pas aux racines d'absorber toute l'humidité du sol, d'où un risque de pourrissement. Mais un pot trop petit

Présentation de Bonsaï d'intérieur.
Photo : novembre.
De gauche à droite, au niveau du sol :
Serissa (Serissa japonica). *Âge = 6 ans ;*
Podocarpus (Podocarpus maki). *Âge = 7 ans ;*
sur les étagères : Ophiopogon ; Bambou (Bambusa multiplex) *;*
Figuier (Ficus retusa). *Âge = 10 ans.*

Choix de coupes.

Certaines de ces coupes ont été choisies par Rémy Samson, au Japon et en Chine ; d'autres ont été réalisées par des céramistes français.

Proportion des coupes.

Si l'arbre est plus large que haut, la longueur de la coupe sera légèrement supérieure aux 2/3 de l'envergure maximale de l'arbre ; elle ne doit jamais être égale à la largeur ou à la hauteur de l'arbre.

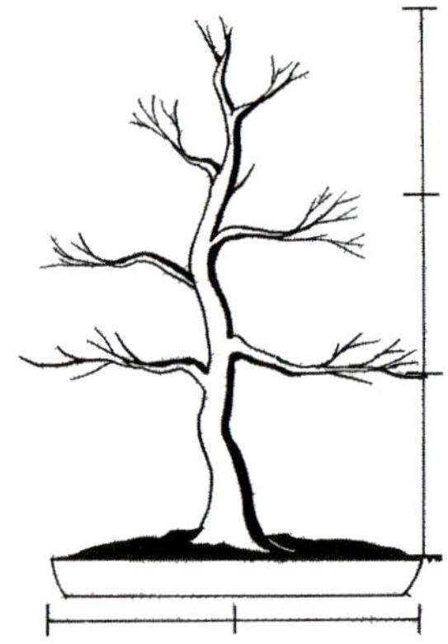

En règle générale, la longueur de la coupe doit excéder légèrement les 2/3 de la hauteur de l'arbre.

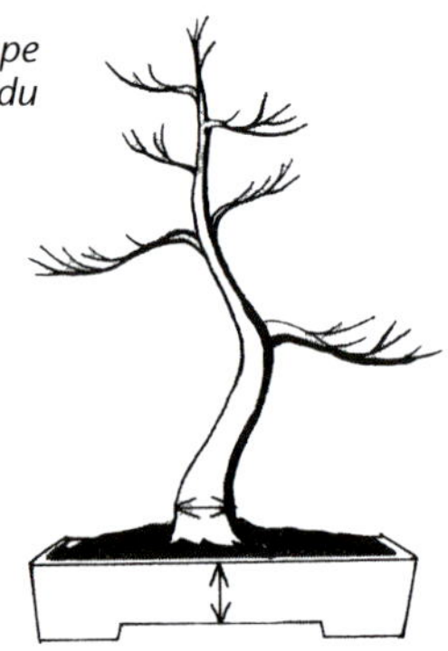

La profondeur de la coupe sera égale au diamètre du tronc, sauf pour les cascades et les troncs multiples.

La largeur de la coupe sera un peu inférieure à l'envergure maximale de l'arbre.

atrophie les racines, et, d'autre part, l'arbre est sous-alimenté.

• *La forme.* Comme tous les pots de culture, la poterie a le fond percé (un ou plusieurs trous, selon la taille). Ainsi s'élimine l'excès d'eau. La forme du pot, évidemment, est en harmonie avec la forme de l'arbre – et en harmonie avec le goût du propriétaire. Certaines espèces sont pleinement en valeur dans des coupes plus profondes, des coupes ovales ou rectangulaires, ou rondes. Certains styles d'arbres demandent certaines formes : une cascade sera dans un pot profond, généralement rond, carré ou hexagonal ; une forme balai sera dans une coupe ovale très plate ; une forêt sera généralement empotée dans une coupe dont la largeur équivaut aux deux tiers de la hauteur du plus grand de ses arbres. En règle générale, l'envergure moyenne de la poterie est égale à l'envergure des branches de l'arbre ; cependant, elle peut toujours être légèrement plus grande.

Nettoyage. Pour que les Bonsaï conservent un aspect sain et esthétique, il est nécessaire de les nettoyer : retirer régulièrement les feuilles mortes, les aiguilles jaunies des conifères au moyen d'un petit balai-brosse et des doigts, brosser la terre, enlever les mauvaises herbes, gratter la mousse qui envahit le tronc. Ces opérations doivent être effectuées aussi lors du rempotage. Couper les branches mortes à l'aide de ciseaux ; toujours bien colmater les plaies ou les coupes avec du mastic cicatrisant. Bassiner le feuillage est aussi un aspect du nettoyage ; ce n'est pas une opération purement esthétique, cela permet de garder l'arbre en bonne santé, en évitant que parasites et maladies ne s'installent, et en aérant son feuillage et son sous-sol. Cela nettoie l'arbre et son feuillage en enlevant la poussière.

Croissance. Les Bonsaï sont des arbres vivants et, comme tels, ils continuent à grandir (c'est pour cela qu'on doit les tailler). Généralement, les conifères ont une croissance plus lente que les caducs, et, parmi les caducs, certains grandissent plus vite que d'autres : c'est la raison pour laquelle on les taille plus ou moins. La croissance est fonction de chaque arbre et elle sera étudiée pour chacun dans la 2e partie de l'ouvrage.

Rempotage. Quand un Bonsaï n'est pas rempoté, sa terre se détériore, tant sur un plan physique que chimique.

Détérioration physique. Au fur et à mesure de leur développement, les racines emplissent le pot. Elles créent alors une pression, détériorant la structure du sol friable nécessaire au maintien de l'humidité et à la respiration du système racinaire. Les arrosages réguliers, le gel hivernal, la pression causée par le développement des racines, le déclin de la porosité dû à l'âge et aux déchets organiques rejetés, appauvrissent le sol et ses capacités d'aération. Les pores du chevelu des racines se bouchent et gênent le drainage. Ce processus entraîne la détérioration des racines, qui ont du mal à se nourrir.

Détérioration chimique. Lorsque les proportions des micro-éléments du sol sont inadéquates, celui-ci s'acidifie. Le dioxyde de carbone se transforme en acide carbonique, le calcium se dissout dans l'eau pour donner du bicarbonate de calcium. Un arrosage régulier, parfois trop fréquent, et l'apport d'engrais, même s'ils sont indispensables, aident à l'accélération du processus d'acidification.

Le Bonsaï, arbre miniaturisé, a bien sûr une croissance limitée. Cependant, il grandit et, à chaque rempotage, on augmente la taille du pot. Le printemps est la saison du rempotage, lorsque la végétation repart. Le délai est :

- de 3 à 5 ans pour les conifères ;
- de 2 ou 3 ans pour les caducs ;
- de 1 ou 2 ans pour les fruitiers ;
- de 2 ans pour les Bonsaï d'intérieur.

La fréquence varie aussi en fonction de l'âge : plus un Bonsaï est âgé, moins souvent il a besoin d'être rempoté. Le temps est venu de rempoter quand on sent que les racines butent et tendent à chasser l'arbre. Comme nous l'avons dit, un pot devenu trop exigu n'offrirait plus assez de nourriture au Bonsaï ; celui-ci dépérirait. Le rempotage offre une bonne occasion pour nettoyer les racines en taillant leurs radicelles. On sortira l'arbre du pot après avoir laissé sécher la terre. On émiettera la motte en la secouant doucement et on allongera les racines à l'aide d'un bâtonnet ou d'un petit râteau. Le pot suivant sera de dimension tout juste supérieure au précédent. Il faut qu'un grillage en plastique recouvre l'orifice d'évacuation. On éparpillera, au fond, du gravier recouvert d'une couche de terre à gros grumeaux, puis d'une seconde couche à granulométrie moyenne. Au préalable, on aura taillé environ le tiers ou les deux tiers du chevelu des racines à l'aide de ciseaux, en ayant pris garde de ne pas blesser la ou les racines maîtresses. En replaçant l'arbre dans son pot, on peut le fixer avec un fil de cuivre, si l'on veut mieux le maintenir. Dans ce cas, on fait passer le fil sous le pot : il entre à l'intérieur du pot par les trous de drainage. On achève de remplir celui-ci avec une terre de granulométrie moyenne, en s'assurant qu'elle descend bien entre les racines. Répandre une terre plus fine au-dessus, qu'on tassera légèrement pour permettre à l'air et à l'eau de circuler. La terre de surface doit être tamisée très finement et bien arrosée, mais en pluie fine. L'arbre reste fragile 6 semaines environ. Protégez-le du soleil et des gelées nocturnes encore possibles, en l'abritant.

Enfin, le rempotage permet de prévenir les attaques de parasites. Les parasites laissent des œufs dans le sol et abîment le Bonsaï. Si leur présence n'est pas décelée, si leurs attaques ne sont pas arrêtées, l'arbre souffre et peut mourir. Le rempotage devient indispensable, il faut tailler les racines mortes et les détruire, laver les racines vivantes en diluant du zinc et du manganèse, qui désinfectent et tuent les germes.

Terre. Chaque espèce demande une composition du sol qui lui est propre. Un Pin ne pousse pas dans la même terre qu'un Érable, qu'un Pommier ou qu'un Ficus. Il faut donc, lors du rempotage, faire un mélange correspondant aux exigences de l'arbre. Les mélanges terreux pour chaque espèce sont à respecter. Il n'existe pas de terre toute faite pour Bonsaï. Certains arbres peuvent demander des mélanges proches ou semblables. Pour chaque arbre, des précisions seront données dans la 2e partie de l'ouvrage.

Pour favoriser une bonne circulation de l'air et de l'eau, et une bonne perméabilité du sol, la terre doit être disposée dans le pot en couches de granulométries s'affinant du fond à la surface. Pour cela, il faut tamiser le mélange terreux, c'est-à-dire effectuer le mélange avant de tamiser, et non tamiser chaque composant. La terre doit être homogène, pour que les racines respirent, s'abreuvent, se construisent, afin de bien ancrer l'arbre et de lui donner son équilibre. L'air et l'eau s'écoulent mieux lorsque la terre est bien drainée, ce qui est le cas quand l'ensemble est tamisé. Plus la proportion de particules fines est élevée, plus la terre retient l'eau utile, surtout dans une terre profonde.

Le sol est la portion de surface de la terre qui est composée principalement de roches désintégrées et de déchets organiques en quantités variables. Un sol dont la teneur en hydrogène dépasse la concentration d'hydroxyde est un sol dit acide. Quand la concentration est égale (son pH = 7), on dit qu'il est neutre. Un pH inférieur à 7 indique donc un sol acide. L'acidité est souvent due à de la tourbe. Un sol dont le pH est supérieur à 7 est appelé alcalin. Il est souvent implanté dans les lieux à faibles précipitations. L'argile, le sable et l'humus sont des types de sol naturels.

- *L'argile* est constituée de très petites particules qui proviennent de l'action chimique et de l'érosion de la roche. Elle contient surtout du silicate de potassium et des agglomérats d'aluminium. Lorsqu'elle est rouge, elle contient aussi des minéraux ferreux ; noire, des substances charbonneuses.
- *L'« akadama »* est un mélange terreux japonais. Il est composé de granulés d'argile, qui favorisent un très bon drainage, permettant une bonne oxygénation des racines. Son pH (de 6,5 à 6,9) est de légèrement acide à neutre. Il résiste au tassement et à la décomposition dans le temps.
- *Le sable* de rivière ou de montagne est un composant indispensable dans le mélange terreux pour Bonsaï. Le sable de rivière, qui a des grains assez ronds, sert davantage aux Bonsaï déjà formés, tandis que le sable de montagne, dont les grains sont irréguliers, est plus propice aux pré-Bonsaï. Il ne faut jamais utiliser du sable d'origine maritime.
- *L'humus,* constitué de matières végétales décomposées et très lentement incorporées à la matière minérale du sol, est de couleur sombre et de texture spongieuse. Il est important, du fait de sa réelle capacité d'échanges nutritifs. On l'appelle « terre végétale ». L'humus brut est la terre de bruyère. Très acide (son pH = 3), elle est siliceuse et résulte de la décomposition lente de végétaux en milieu privé d'oxygène, sur des roches pauvres et très acides.
- *Le « kanuma »* est un mélange terreux japonais composé d'argile issue d'un milieu privé d'oxygène, dont le pH est acide. Ce mélange est idéal pour les Azalées, les Rhododendrons et les plantes de terre de bruyère ; il peut être utilisé tel quel.
- *Le « kyriu »* est aussi un mélange terreux japonais, composé d'argile et de gravier, recommandé pour les conifères comme pour les Orchidées.
- *La tourbe,* constituée de matière organique d'origine végétale déshydratée et pressée, possède une bonne capacité d'humidité et des propriétés de rétention d'éléments nutritifs. C'est un bon garde-manger !

Prélever de la terre dans des champs ou des jardins, pour son mélange, nécessite de prendre des précautions. Il faut tout d'abord retirer la première couche de terre sur une vingtaine de centimètres, puis s'assurer qu'il n'y a ni insectes, ni graines herbacées. Il faut également tamiser la terre et ne garder que la plus fine granulométrie ; la stériliser en l'ébouillantant ou en l'enfermant hermétiquement dans un sac en plastique que l'on exposera en plein soleil pendant plusieurs jours.

Voici quelques principes concernant les mélanges terreux. Pour chaque arbre, des précisions sont données dans la 2e partie de l'ouvrage.

- Pour les conifères : 1/3 de terreau, 1/3 de terre végétale, 1/3 de sable de rivière.
- Pour les caducs : mélange, à parts égales, de terre végétale et de sable de rivière.
- Pour les fruitiers et arbres à fleurs : mélange, à parts égales, de terre végétale et de terreau.
- Pour les arbres à terre de bruyère : 1/2 de terre de bruyère, 1/4 de terreau et 1/4 de tourbe.

• Pour les Bonsaï d'intérieur : 1/4 de terreau, 1/4 de terre de bruyère, 1/4 de sable de rivière et 1/4 de terre végétale.

La taille des branches.

Les branches en pointillé sont supprimées.

Les branches conservées sont parfois raccourcies.

La taille des racines.

Les racines sont taillées sur environ les 2/3 de leur longueur.

Taille. La taille consiste à sectionner les pousses, les feuilles et les branches. La taille est une opération fondamentale dans l'art du Bonsaï. C'est elle qui donne à l'arbre sa forme et la lui conserve : la taille est, en effet, une opération à pratiquer de façon répétée. Elle ne sert pas qu'à fortifier, mais également à « miniaturiser ». Elle assure à l'arbre une meilleure circulation de la sève.

On distingue différents niveaux de taille :

• *Le pinçage* consiste à couper les nouvelles pousses au moment de leur éclosion. Il se pratique surtout sur les conifères et sur certains caducs à croissance lente.

• *La taille des feuilles* se fait en été, sur un arbre en bonne santé, tous les 2 ou 3 ans, mais jamais l'année du rempotage. C'est une façon de créer artificiellement un second printemps, et les feuilles ainsi nées revêtiront l'arbre d'une parure de bel automne. Couper toutes les feuilles avec de bons ciseaux, et protéger l'arbre d'un excès de vent ou de soleil. On peut aussi découper de moitié le feuillage des arbres à grandes feuilles, pour favoriser la « miniaturisation » de ces feuilles. Enfin, on peut retirer une partie des feuilles sur un Bonsaï trop touffu, afin de permettre au feuillage de respirer, et d'empêcher le centre de s'abîmer.

• *La taille des branchages.* La sève ayant naturellement tendance à monter, cette taille permet aux branches inférieures d'être mieux irriguées. Elle permet ainsi à la sève de circuler dans l'ensemble des branches, et évite que l'arbre ne croisse en hauteur. Par la suite, on obtient une bonne ramification.

La taille des branchages se pratique du printemps à l'automne. Avec de bons ciseaux, on taille les branches au-dessus d'une insertion foliaire, en laissant 2 ou 3 feuilles par branche.

• *La taille de structure* est la taille qui permet aux caducs d'avoir une silhouette parfaite et de ne pas avoir des rameaux trop grands au printemps suivant.

S'il existe des branches qu'on trouve indésirables ou inesthétiques, la taille de structure que l'on pratique doit se faire en hiver sur les Bonsaï à feuilles caduques. C'est à cette saison que l'on voit le mieux la structure de l'arbre avec ses qualités et ses imperfections. (Il est d'ailleurs conseillé d'acheter un Bonsaï caduc en hiver.) Si une branche dénature l'aspect de l'arbre, coupez-la avec une bonne scie au ras du tronc, et appliquez du mastic cicatrisant sur la coupe. D'autre part, si les feuilles n'ont pas été taillées en été, il faudra procéder à une taille d'hiver, pour redonner une forme à l'arbre avant que le bois ne soit trop dur. Pour pratiquer cette taille, coupez les rameaux trop allongés.

Ligaturage. Le Bonsaï est une vraie sculpture dont la forme s'obtient non seulement par la taille de ses rameaux, mais aussi par le ligaturage, qui devient indispensable lorsque l'on veut donner un style défini au Bonsaï. Le ligaturage consiste à entourer tronc et branches avec du fil de cuivre ou de laiton pour tuteurer le Bonsaï. Il a pour objectif de former l'arbre. En outre, il ralentit la croissance en limitant la montée de la sève. On entoure le tronc et/ou les branches avec du fil de cuivre, de bas en haut, en spirale, dans le sens de la croissance. Prenez garde de ne pas trop serrer : la sève ne passerait plus du tout, et l'arbre ne serait donc plus alimenté. Il faut veiller à ne pas coincer les aiguilles ou les feuilles entre l'arbre et le fil de cuivre. Une fois le fil enroulé autour de la branche, courbez-la délicatement pour obtenir la direction souhaitée. Pour renforcer une courbe, on peut coincer un morceau de bois entre le tronc et la branche, comme une attelle, ou tendre une ficelle entre le pot et la branche, en prenant garde de ne pas casser la branche en tendant la ficelle trop fortement. Mais il faut qu'elle soit tendue, et non lâche, pour être efficace. Pour accentuer la courbure du tronc ou des grosses branches, on peut recourir à un serre-joint, mais avec délicatesse. Protégez l'écorce avec un morceau de mousse ou de chiffon. Placez le serre-joint à l'endroit de la courbure désirée et fixez-le délicatement en vissant progressivement. Évitez de faire craquer le bois. Mais serrez pour que ce soit efficace. Cette opération se pratique à la même époque que le ligaturage. Il importe également de ne pas laisser le fil de cuivre s'incruster dans l'écorce. Retirez-le à l'aide d'une pince, en prenant garde de ne pas blesser l'arbre. Si l'écorce est blessée, passez du mastic cicatrisant.

Le ligaturage.

Comment ligaturer le tronc.

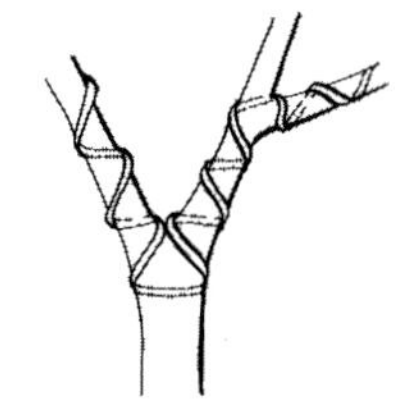

Comment ligaturer deux branches opposées.

L'arbre après le ligaturage.

Comment donner une forme sans ligature.

Différents types de haubanage.

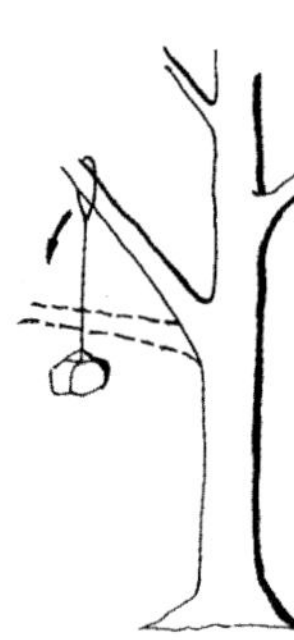

Comment diriger une branche par suspension.

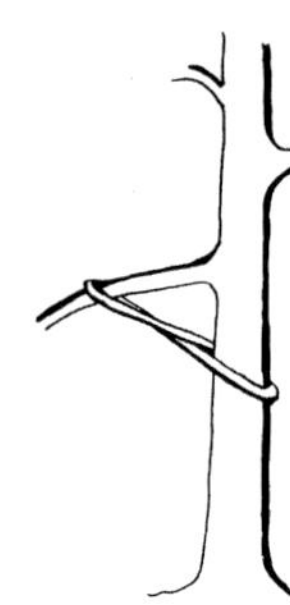

Comment diriger une branche par arrimage.

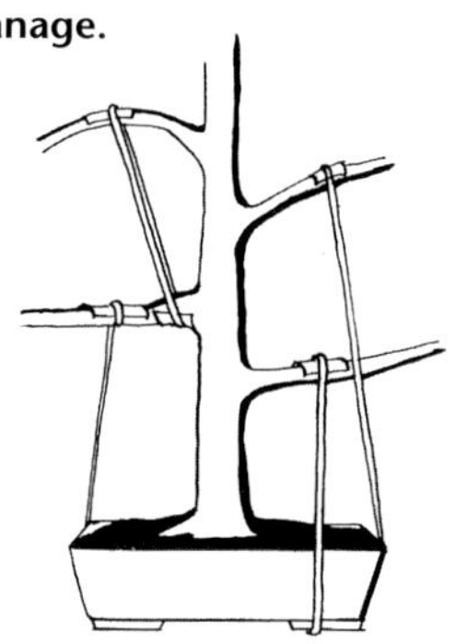

Les branches sont arrimées au pot, ou les unes aux autres.

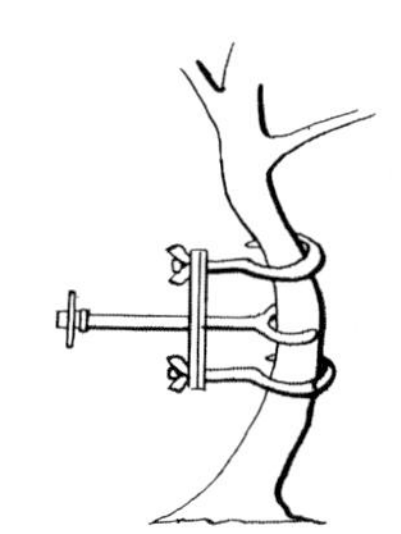

On peut aussi utiliser un tord-tronc.

Le ligaturage se pratique à différentes époques en fonction des espèces :

- les Conifères se ligaturent en hiver et gardent leur fil de cuivre de huit à dix mois ;
- les caducs se ligaturent au printemps et gardent leur fil de cuivre de quatre à six mois ;
- les fruitiers se ligaturent en juin-juillet et conservent leur fil de cuivre de trois à quatre mois ;
- les Bonsaï d'intérieur se ligaturent lorsque les jeunes pousses sont aoûtées. Retirez le fil au bout d'un mois environ, car l'écorce est fragile. Recommencez l'opération deux mois plus tard si la forme désirée n'est pas obtenue, car l'écorce est particulièrement délicate.

Vous recommencerez l'opération tous les ans, jusqu'à l'obtention de la forme attendue.

En cas de pluie abondante, incliner le pot afin d'éviter que la terre ne soit détrempée.

Arrosage. L'eau est un élément nutritif capital qui est à doser : ni trop ni trop peu. Notons, cependant, qu'un Bonsaï se remet plus facilement d'un manque d'eau que d'un excès d'eau. Nous l'avons dit, les racines pourrissent par excès d'eau, la sève ne circule plus et n'alimente plus l'arbre. On voit les feuilles se dessécher ; elles tombent. L'arbre meurt. L'arrosage doit être dosé en fonction du climat et du volume de la coupe. On prendra garde à l'état de l'arbre : s'il est en mauvaise santé, il absorbe moins d'eau, sa végétation étant ralentie. On tiendra compte aussi du soleil et du vent : leur action desséchante doit déterminer la fréquence des arrosages. Il faut qu'entre deux arrosages on s'assure que la terre est asséchée, mais non desséchée. Si un Bonsaï a manqué d'eau, il faut lui en donner d'abord une petite quantité, attendre environ une demi-heure avant de lui en redonner, en plus grande quantité cette fois. On doit éviter de laisser une soucoupe emplie d'eau sous le pot d'un Bonsaï, ce qui pourrirait les racines. Il suffit en hiver d'un arrosage hebdomadaire, fait le matin, pour permettre au Bonsaï d'extérieur de ressuyer avant la nuit. Si l'on veut évacuer un excès d'eau, on le fait en inclinant le pot. Ne jamais arroser en cas de gel. Si l'arbre reçoit l'eau de pluie (la meilleure), veiller à ce que la motte ne soit pas détrempée. Si cela arrivait, enlever le trop-plein d'eau en inclinant la coupe. En cas de gel suivi de dégel, surveiller la motte afin qu'elle ne soit pas détrempée. Si, en été, on doit arroser deux fois par jour, on évitera de le faire en plein soleil. N'oubliez pas que l'eau apporte des éléments nutritifs aux Bonsaï : ne leur donnez donc jamais de l'eau déminéralisée. La fréquance et la quantité de l'apport d'eau des Bonsaï d'extérieur ne ressemble pas à celles des intérieurs. Les arroser 1 ou 2 fois par semaine, en fonction de la chaleur, de la lumière et aussi de la dimension du pot. Plus il y a de chaleur et de lumière, plus le pot est petit, et plus il faut arroser. Après une taille ou un rempotage, diminuer l'apport d'eau. En été et en hiver, où il fait plus chaud dans les appartements, on arrosera plus et plus souvent qu'au printemps et en automne.

L'arrosage, qui peut sembler simple, est une opération complexe et délicate. Les arbres ont besoin d'eau pour constituer leurs tissus.

L'arrosage se fait à l'aide d'un arrosoir muni d'une pomme, pour mouiller l'arbre en pluie. Il ne faut pas tremper un Bonsaï dans une bassine pleine d'eau : cela chasse les éléments nutritifs (en particulier l'azote) contenus dans le sol et tasse la terre, la rendant compacte. La circulation de l'air et de l'eau dans les racines est alors gênée.

Cependant, si l'arrosage d'un Bonsaï a été négligé, que ce dernier ait eu très soif et qu'il soit desséché, vous devez verser sur le sol un verre d'eau, puis attendre une dizaine de minutes, renouveler l'opération, attendre une quinzaine de minutes, tremper le Bonsaï dans l'eau le temps que la terre s'imbibe correctement. Laissez-le s'égoutter, puis remettez-le à son emplacement habituel. Après une période de sécheresse, éviter l'excès d'eau. Si l'apport dépasse la quantité absorbable, l'eau envahit tout l'espace et chasse l'air. Les racines s'asphyxient.

La carence en eau ralentit la croissance de l'arbre, avant que n'apparaisse son flétrissement. Il faut donc mouiller la terre sans la détremper. Le dosage est d'autant plus difficile que l'on ne peut pas donner d'indications de fréquence ni de quantité.

Il est conseillé d'arroser aux heures plus fraîches, pour éviter au Bonsaï d'être saisi par une eau plus froide que la température de l'air. Au printemps et en automne, arroser le matin ; en été, arroser en fin d'après-midi. Penser aussi que le mouvement de l'eau est vertical. Il est donc nécessaire de répartir uniformément l'eau sur la surface de la terre. La terre sèche d'abord en surface. Un sol profond et frais met plus longtemps à ressuyer qu'un sol mince et sableux.

Vaporisation. La vaporisation, ou brumisation, est différente de l'arrosage, elle le complète. L'une ne saurait remplacer l'autre. Bassiner les Bonsaï est une opération essentielle (le bassinage, c'est la vaporisation avec une pomme très fine). Cela rafraîchit l'arbre, lui apporte une atmosphère humide et le nettoie de la poussière. Il est bon, tout en bassinant le feuillage, d'arroser autour, car ensuite l'eau, en s'évaporant, recréera une humidité ambiante à l'arbre. Les Bonsaï d'extérieur doivent être bassinés l'été. La fréquence du bassinage dépend de la région et du climat. Les Bonsaï d'intérieur supportent une vaporisation quotidienne. Ces arbres sont habitués à une hygrométrie élevée, et la vaporisation leur redonne l'humidité de l'air qui leur est nécessaire. Il est conseillé de placer le pot sur un plateau couvert de cailloux, qui permet ainsi l'évaporation du trop-plein d'eau. Dans le cas d'un arbre en fleur, vaporiser le bois et le feuillage en prenant garde de ne pas vaporiser les fleurs.

On vaporise avec un vaporisateur manuel ou à pression préalable. En aucun cas, la vaporisation ne sert à mouiller le feuillage. Celui-ci a une très faible capacité d'absorption. Il faut donc procéder en brumisant l'eau autour de l'arbre et de ses feuilles, et non sur le feuillage. De plus, lorsque l'on vaporise l'arbre, l'eau s'égoutte dans la terre, l'empêchant de s'assécher. Un pourrissement des racines et des problèmes fongiques au niveau du sol en résulteraient.

Engrais. L'engrais a une double action : nutritive et tonique. Il renouvelle dans la terre des éléments nutritifs absorbés par les Bonsaï. On utilise un engrais organique à décomposition lente (poudre d'os, sang desséché, arêtes de poissons, corne torréfiée), afin de ne pas brûler l'arbre. L'engrais peut être en poudre, en boulettes, ou liquide. On peut maintenir en place l'engrais en boulettes à l'aide d'un petit panier en plastique que l'on retourne et plante dans la terre. L'engrais liquide minéral peut être dilué dans l'eau d'arrosage, quand on veut donner un coup de fouet au Bonsaï. On donne indifféremment l'engrais en poudre ou en boulettes. On donne de l'engrais, du début du printemps à la fin de l'automne, avec une interruption en juillet-août.

Dans l'emploi de l'engrais, *insistons sur trois choses à ne pas faire :*

• ne pas en donner pendant l'hiver ;

• ne pas en donner aux arbres en mauvais état ;

• ne pas en donner aux arbres qu'on vient de rempoter.

Mais en prévision de la période hivernale, qui sera sans engrais, on augmente parfois la dose en automne. L'engrais fait jaunir la mousse, s'il est en épaisseur : on soulèvera donc la mousse pour y placer la dose d'engrais. Plus la quantité de terre est limitée, plus l'apport d'engrais doit être fréquent. Un excès d'engrais est plus nocif qu'une carence. L'engrais est administré de la façon suivante :

• *Engrais en poudre :* une ou deux cuillères à café de poudre éparpillées sur la terre du Bonsaï, une fois par mois pour les Bonsaï d'extérieur, tous les quinze jours pour les Bonsaï d'intérieur.

• *Engrais en boulettes :* on pose une boulette d'engrais solide (deux pour les grands pots) sur la terre, assez loin du tronc, et on la laisse se résorber au fur et à mesure des arrosages. La ou les boulettes peuvent être placées soit à l'air libre, soit dans un panier en plastique à claire-voie.

• *Engrais liquide :* il peut être dilué dans l'eau d'arrosage. On peut aussi planter dans la terre une bouteille d'engrais qui le dispensera goutte à goutte.

Implantation de la mousse. Un Bonsaï vivant dehors, avec une humidité ambiante correspondant à ses besoins, développe un tapis de mousse sur son sol. Il est possible de favoriser ce développement.

La mousse est d'abord présente pour conserver l'humidité indispensable à la vie de l'arbre ; elle ne doit pas l'étouffer. Il ne faut jamais utiliser l'épaisse mousse des forêts ; elle risque d'asphyxier l'arbre en gênant son évaporation. De surcroît, il n'est pas sûr que son implantation tienne, et sa décomposition pourrait entraîner des problèmes fongiques.

Pour aider un Bonsaï à obtenir un tapis de mousse, vous devez récupérer la mousse fine qui se développe sur les vieux murs, sur les bancs, sur les vieilles pierres, l'étaler sur un journal, la laisser sécher, puis après avoir gratté la surface du sol, la saupoudrer sur la terre légèrement humide en l'éparpillant. La mousse va alors germer et se développer petit à petit.

Si l'on souhaite un effet rapide de sol moussu, on peut l'installer par placage dès sa récolte. Il faut préparer la terre en griffant délicatement la surface, poser les plaques récoltées et tasser légèrement, recouvrir du mélange terreux correspondant à l'espèce et finement tamiser toute la surface du sol, balayer doucement pour uniformiser le sol et vaporiser en insistant pour favoriser une bonne reprise.

La mousse ne doit pas monter sur le tronc. Vous devez gratter et brosser régulièrement le collet afin que la mousse n'y séjourne pas, car elle pourrait être la cause d'attaques de parasites, de maladies et surtout de pourritures.

La terre d'un Bonsaï d'intérieur a plus de mal à se couvrir d'un tapis de mousse. En intérieur, l'air est souvent très sec, et le degré hygrométrique trop bas empêche non seulement la mousse de se développer, mais de plus, la dessèche. Il faut un équilibre entre lumière, soleil, humidité de l'air pour qu'elle soit présente. Souvent, lorsqu'un Bonsaï d'intérieur est sorti en été, la mousse germe à nouveau ; mais une fois l'arbre rentré, elle jaunit, se dessèche et disparaît.

Genévrier (Juniperus chinensis). *Âge = 70 ans. Style « Sekijôju ». On voit ici le détail des racines enserrant la roche et « dégoulinant », telle une cascade pour s'étaler harmonieusement sur le sol.*

Les techniques spéciales

Certaines techniques, artificielles sur les Bonsaï, permettent de copier ce qui existe à l'état naturel et qui est dû aux conditions atmosphériques en général : la foudre qui tombe sur un arbre et le casse ; des branches mortes battues par la pluie et le vent… Ces techniques confèrent au Bonsaï un aspect plus âgé et lui apportent parfois une finesse dans la silhouette en l'embellissant. Ces techniques sont le *jin* et le *shari*. Elles tendent aussi parfois à recréer des scènes naturelles telles que des arbres qui poussent dans l'anfractuosité d'une roche ou des paysages de forêt. Ces techniques, certes artificielles, sont toujours, en revanche, respectueuses des lois de la nature.

« Jin ». Technique de vieillissement artificiel sur une grosse branche d'un Bonsaï âgé. Écorcer la branche du Bonsaï à l'aide d'un couteau, la passer ensuite au papier de verre fin. Épointer l'extrémité de la branche et passer un produit décapant pour bois qui, tout en protégeant la branche, la blanchira. En traitant la tête de l'arbre en *jin,* on donne une impression d'arbre plus petit. Le *jin* permet ainsi de diminuer la hauteur des arbres trop allongés.

« Shari ». Technique semblable au *jin* qui s'applique aux Bonsaï âgés. Retirer seulement une bande d'écorce (et non une branche entière) sur le tronc ou sur une branche maîtresse, et procéder comme pour un *jin.* Éviter également

que le produit décapant ne pénètre sous l'écorce.
Ces deux techniques ne se pratiquent que sur de beaux sujets âgés. Repasser tous les deux ou trois ans le produit décapant, pour reblanchir la branche en la protégeant d'attaques éventuelles.

Plantation sur roche.
• *Bonsaï enraciné dans la roche.*
Choisir une pierre en rapport avec l'arbre, qui sera petit. La même roche peut sans inconvénient porter plusieurs arbres de taille et d'espèce dissemblables. La pierre a des cavités dans lesquelles on fixe les Bonsaï, après avoir choisi le dos et le devant. Il faut fixer l'arbre à la roche, avec un fil de cuivre, de préférence. Au printemps, remplir d'un mélange de terre approprié, appliquer sur le dessus de la masse, et maintenir le tout à l'aide d'un bas de soie qu'on laissera une année sur l'arbre. On peut compléter cette plantation en y ajoutant des herbes ou des fougères. Protéger du vent, du plein soleil et du froid, comme pour un Bonsaï rempoté. Une fois ces Bonsaï incrustés dans la roche, on ne peut les décrocher de leur support. Il ne peut être question de les rempoter. Mais il faut, de temps en temps surfacer la terre. Ils peuvent se dessécher vite : il faut donc les arroser en pluie fine. Ils craignent, plus que d'autres, le gel, qui décollerait leurs racines de leur support.
• *Bonsaï dont les racines enserrent la roche.*
Pour soutenir et fixer l'arbre, il faut choisir une belle roche. Quelques racines pénétreront dans la roche. Planter les racines dans le mélange de terre approprié à l'espèce, après les avoir harmonieusement réparties autour de la roche. Maintenir le tout à l'aide d'un bas enroulé autour de l'arbre jusqu'aux racines. Le bas va enserrer la terre et les racines contre la pierre. L'application de sphagnum humide sur la terre maintiendra les racines dans un état de fraîcheur favorable à leur développement. Protéger du vent et du soleil, comme pour un Bonsaï rempoté. Attendre deux mois avant de donner de l'engrais. Choisir une coupe assez plate, sur laquelle on calera la roche et dans laquelle on plantera les racines. Le rempotage et le mélange terreux sont fonction de l'espèce. Ces plantations se font au printemps.

Les forêts. Les forêts occupent une place un peu particulière pour les amateurs. Elles correspondent au rêve, à l'évasion. Elles peuvent être créées à partir de jeunes plants, ou à partir d'arbres d'âges différents, toujours plantés en nombre impair. Leur style peut varier (droit classique, non classique, battu par le vent, sur roche). Les Bonsaï sont de même espèce. Les forêts se plantent au printemps. Choisir une coupe plate, allongée. Choisir des arbres en bon état, tailler les racines et les branches. Planter les plus grands arbres derrière, les moyens sur les côtés, les plus petits devant, pour créer une perspective. Si l'on veut copier de plus près les données réelles, on peut placer un arbre mort, traité ou non en *jin.* Les branches plus longues sont tournées vers l'extérieur ; il faut éviter que les arbres ne se masquent les uns les autres. Pour donner une impression de réalité, il faut varier l'espacement entre les arbres. Il est capital de placer d'abord celui qu'on appelle l'arbre principal. Il peut être fixé à la coupe, à l'aide de fil de laiton, tout comme les autres. Chaque arbre a ses racines enveloppées d'une boule de terre humide. Quand tous les arbres sont disposés, combler avec le mélange terreux. Lorsqu'on tassera légèrement cette masse de terre, il faudra veiller à laisser assez d'espace pour que l'air et l'eau circulent. Bien arroser. Considérer ce Bonsaï comme un arbre nouvellement rempoté. Petit à petit, un tapis de mousse se forme. La forêt terminée a souvent une forme triangulaire.

Les outils

Il existe un outillage spécifique pour chaque opération. Cependant, il n'est indispensable que si l'on possède plusieurs espèces et si l'on effectue soi-même tous les soins. Sinon, une bonne paire de ciseaux étroits suffit pour tailler branches, feuilles ou racines, sans pour autant endommager l'arbre. Il est nécessaire d'avoir aussi du mastic cicatrisant à appliquer sur les écorchures et les coupes subies par l'arbre. Il est indispensable de toujours nettoyer les outils après utilisation, si possible avec de l'alcool, et de les ranger soigneusement. Cela évite de véhiculer parasites et maladies. De plus, cela les empêche de rouiller et, donc, d'abîmer les arbres.

Scie, pelle, griffes avec pincette et spatule, brosses et balai.

Ciseaux à feuilles et à bourgeons, sécateurs, pinces à branches, à ligature et à fil de cuivre.

Cylindre doseur, tamis, arrosoir sur table tournante, table tournante avec blocage, fil de cuivre, lance d'arrosage.

Comment soigner vos Bonsaï ?

Les Bonsaï peuvent être atteints par les mêmes maladies et envahis par les mêmes parasites que les arbres dans la nature. Pour prévenir ou enrayer ces attaques, il est nécessaire d'effectuer des contrôles réguliers sur l'arbre. En cas d'incertitude quant au diagnostic ou au traitement, on ne doit pas hésiter à recourir à un spécialiste.

• Conseils généraux

Les parasites et les maladies peuvent s'installer aussi bien au niveau des racines que du tronc, des branches et des feuilles. Il faut donc localiser l'attaque. Certains parasites reviennent régulièrement, tels les cochenilles, les pucerons, les araignées ; il est donc recommandé de traiter préventivement certaines espèces. Les fourmis ne sont pas des parasites. Elles prouvent la présence de pucerons dont le miellat (sucre) attire les fourmis. Mais il vaut mieux les chasser en rinçant la terre. Les vers de terre ne sont pas nocifs. Toutefois, il est préférable de les enlever, à cause des galeries qu'ils creusent dans la terre. Des produits de traitement, fongicides ou insecticides, se trouvent dans le commerce ; ils sont parfois polyvalents, parfois spécifiques à une attaque. De toute façon, avant d'acheter un produit, il vaut mieux être sûr de ce que l'on doit traiter.
Avant de traiter, il faut arroser abondamment le Bonsaï, la veille ou plusieurs heures avant d'administrer le produit. Si le Bonsaï est assoiffé, les fongicides ou insecticides n'ont aucune action sur lui. Par ailleurs, il est conseillé de protéger le sol avec un plastique lorsque l'on vaporise des produits de traitement ou que l'on arrose avec une solution. Souvent, les produits utilisés sont nocifs pour l'homme. Il est donc recommandé de se laver les mains et de ne pas porter les feuilles au visage.
Une bonne hygiène s'impose. N'utiliser que des outils et des récipients propres. Toujours bien cicatriser les plaies des Bonsaï à l'aide de mastic ou de goudron. Un arbre blessé et non soigné attrape plus facilement des parasites et des maladies. En le soignant (rempotage, taille, ligaturage), veiller à ne pas le blesser. Détruire systématiquement les feuilles et les branches des arbres malades et parasités. Éviter, lors des rempotages, de réutiliser l'ancienne terre : elle peut être contaminée.
Si l'on fait vivre un Bonsaï correctement en recréant les conditions naturelles de son environnement, il n'a aucune raison d'être malade. Lorsqu'un Bonsaï a des feuilles jaunes qui se dessèchent et tombent, avant de penser aux parasites et aux maladies, il convient de s'interroger sur les conditions de vie de ce Bonsaï et sur son entretien : un excès d'eau fait souvent jaunir, sécher et tomber les feuilles. Le manque de lumière fait s'étioler un arbre. Un soleil trop direct et trop violent brûle les feuilles. Ce n'est qu'*après avoir mis en cause l'entretien* que l'on peut penser aux parasites ou aux maladies.
Vous trouverez ci-après les descriptions des parasites et des maladies que l'on rencontre le plus fréquemment, et les remèdes que l'on peut appliquer.

• Les parasites

Tétranyque tisserand ou araignée jaune

Acarien jaune sur Érable trident.

• *Symptômes.* Les araignées jaunes se trouvent à la face inférieure des feuilles et piquent le feuillage. Le limbe jaunit. Il peut devenir gris argent lors de fortes attaques. L'arbre risque de se dessécher. Des toiles tissées (d'où le nom) protègent les araignées.
• *Remèdes.* Bien vaporiser le feuillage en insistant sur la face inférieure. Dès les premières attaques, utiliser des insecticides à action acaricide, ou des acaricides spécifiques. Varier les produits pour éviter l'accoutumance. Au besoin, faire un traitement préventif au début du printemps.

Araignée rouge

Acarien rouge sur Bougainvillée.

• *Symptômes.* ***Chez les Conifères.*** Les aiguilles se décolorent ; elles passent du jaune au roux, puis deviennent brunes, et finalement tombent. Des toiles fines sont accrochées au branchage et gênent l'assimilation chlorophyllienne. Des œufs sont déposés à la base des aiguilles et dans les fissures de l'écorce. ***Chez les arbres à feuilles caduques.*** Des œufs hibernent sur les rameaux et peuvent former des rougeurs sur l'écorce. Au printemps, on remarque des piqûres sur le limbe. Les acariens se trouvent principalement à l'envers des feuilles. Celles-ci deviennent gris argent, puis brunes en cas de forte attaque. On peut observer sur leur face inférieure de petites taches décolorées, puis les feuilles finissent par tomber. Les araignées sucent la sève de l'arbre, qui s'affaiblit.

• *Remèdes.* Bien bassiner les Conifères quand l'air est sec et chaud. Tailler et détruire les rameaux. À la fin de l'hiver, avant le départ de la végétation, pulvériser des huiles jaunes pour détruire les œufs. Au printemps, pulvériser des acaricides à action systémique. En été, si nécessaire, utiliser des acaricides spécifiques. Dans certains cas, la lutte est délicate, car il y a risque de phytotoxicité. On se rappellera qu'une hygrométrie élevée gêne le développement des acariens, alors qu'une hygrométrie faible et une température élevée favorisent leur développement. On veillera donc à bien bassiner le feuillage. En été, on arrosera copieusement.

Chenilles

Les chenilles sont les larves des papillons. Elles se nourrissent des tissus de l'arbre et l'affaiblissent. Parfois, elles peuvent lui être fatales. On distingue plusieurs groupes :

Bombyx

• *Symptômes.* Des fils de soie relient les aiguilles ou les feuilles les unes aux autres. Dans le feuillage, un nid à l'aspect spongieux a fait donner à ces chenilles le nom de « spongieuses ». Les aiguilles et les feuilles sont rongées.

• *Remèdes.* Dès l'apparition de traces de bombyx, pulvériser des insecticides de contact.

Cossus ou zeuzères

• *Symptômes.* Papillons nocturnes qui rongent l'écorce du tronc et des branches, la perforent et creusent des galeries ascendantes. Un amas de sciure est déposé à l'entrée. Présence de chenilles rouges ou jaunes.

• *Remèdes.* Tailler les parties envahies. Enfoncer un fil de fer dans les galeries. Il peut être entouré d'un coton imbibé de sulfure et de carbone. Boucher l'orifice avec du mastic cicatrisant.

Tordeuses

Chenille tordeuse sur feuilles de Lilas.

• *Symptômes.* Les jeunes pousses, les fleurs, les bourgeons, les feuilles sont rongés. Des fils de soie enveloppent les feuilles et les roulent en forme de cigare. Les dégâts sont nocturnes. Les chenilles sont parfois visibles.

• *Remèdes.* Au printemps, pulvériser des insecticides à base de parathion.

Mineuses

• *Symptômes.* Le feuillage est creusé de galeries, le limbe est perforé. Les cavités sont cernées de grains noirs. L'assimilation chlorophyllienne diminue.

• *Remèdes.* Pulvériser des insecticides organo-phosphorés.

Géomètres

• *Symptômes.* Le feuillage est rongé, les bourgeons sont perforés. Des fils soyeux relient le feuillage au sol, permettant aux chenilles de rejoindre la terre.

• *Remèdes.* À la fin de l'hiver, utiliser des produits huileux contre les œufs. Au printemps, utiliser des insecticides de synthèse à base de lindane ou de parathion.

Hyponomeutes

• *Symptômes.* Le feuillage est emprisonné dans des toiles. De nombreux fils de soie relient les feuilles entre elles. Sur l'arbre, on peut voir un cocon. Les feuilles tombent. Les chenilles sont parfois visibles au revers des feuilles.

• *Remèdes.* Tailler les rameaux envahis. Avant le débordement, utiliser des huiles jaunes. Au milieu du printemps, lors de la mue des chenilles, utiliser des insecticides de contact organo-phosphorés.

Il existe d'autres espèces de chenilles qui détériorent les Bonsaï, mais qui sont moins communes. Elles sont traitées, pour chaque espèce, dans la 2e partie de l'ouvrage.

Cochenilles diaspines et lécanines

Cochenille sur Cognassier.

Les cochenilles diaspines sont des insectes immobiles vivant en colonie sur les feuilles, les fruits et les branches. Elles sont protégées par un bouclier d'environ 3 millimètres, gris-marron ou brun foncé.

• *Symptômes.* Sur les feuilles, les branches et le tronc, on remarque de nombreux encroûtements. Lorsqu'on soulève une croûte, on découvre une cochenille. Présence d'un miellat qui brûle le limbe. Souvent, un champignon noir, la fumagine, colonise les parties recouvertes par l'exsudat des cochenilles. Le tronc se déforme, les branches meurent, les feuilles (les aiguilles chez les Conifères) jaunissent et tombent. L'arbre dépérit, l'assimilation chlorophyllienne diminue.

• *Remèdes.* Nettoyer les feuilles et les tiges avec une éponge imbibée d'eau et d'alcool. Tailler et détruire les rameaux envahis. Laisser les coccinelles se nourrir des cochenilles. À la fin de l'hiver et au début du printemps, utiliser des huiles de pétrole et des insecticides organo-phosphorés pour asphyxier les cochenilles. À la fin du printemps et au début de l'été, pulvériser des insecticides organo-phosphorés, pour détruire les larves mobiles. Mais la lutte est difficile, car les cochenilles sont protégées par un bouclier. Prendre garde de ne pas brûler les feuilles. Mettre l'arbre à l'écart, afin de ne pas contaminer d'autres Bonsaï ou d'autres plantes. Attention aux végétaux fragiles : un traitement trop violent peut leur être fatal.

Cochenilles farineuses ou pseudo-coccines

Cochenille farineuse sur Peuplier blanc.

• *Symptômes.* Présence de miellat, sur lequel se développe la fumagine. L'assimilation chlorophyllienne diminue, et l'on constate un ralentissement de la végétation et l'apparition de boucliers blancs, farineux et mobiles. Les feuilles jaunissent et tombent.

• *Remèdes.* Dès les premiers symptômes, pulvériser des insecticides organo-phosphorés.

Pucerons

Pucerons verts, pucerons noirs, pucerons galligènes.

• *Symptômes.* Des œufs hibernent sur l'écorce. En avril, on découvre des larves à l'extrémité des pousses. Les pucerons, visibles à l'œil nu, colonisent les jeunes

Puceron vert sur Hêtre.

pousses tendres, dont ils sucent la sève. Chez les Conifères, les aiguilles se crispent ; elles se déforment et se tachent d'argent. Les aiguilles se dessèchent et finissent par tomber. On remarque du miellat, cause de fumagine. Le limbe, brûlé par le miellat, jaunit. La fumagine peut se développer sur le limbe. La croissance de l'arbre est ralentie, des nécroses apparaissent. S'il s'agit du puceron galligène, des galles se forment en plus sur les pousses. Le puceron noir est le vecteur de maladies à virus.

Puceron noir sur Bouleau blanc.

• *Remèdes.* Lors de l'arrosage, projeter un jet violent sur le feuillage, pour que les pucerons se détachent. Utiliser des insecticides d'origine végétale (par contact, ingestion ou inhalation), des insecticides organo-chlorés (par contact, ingestion), des insecticides organo-phosphorés systémiques. Pour détruire les œufs d'hiver du puceron vert, fixés sur les écorces des arbres d'extérieur, effectuer un traitement préventif (des huiles jaunes), en fin d'hiver, avant l'apparition des feuilles. Bien pulvériser le tronc et les branches, après les avoir humidifiés. En cours de végétation, dès l'apparition des pucerons sur les pousses, effectuer 2 pulvérisations d'insecticide sur toutes les parties, atteintes ou non, à 10 jours d'intervalle. Renouveler les applications, si nécessaire. S'il s'agit de pucerons galligènes, pulvériser, à la fin de l'hiver, des huiles jaunes d'origine minérale. Au début du printemps, utiliser des insecticides d'origine organo-chlorée ou organo-phosphorée.

Pucerons lanigères

Puceron lanigère sur Pommier.

• *Symptômes.* Le puceron lanigère s'établit sur les parties ligneuses de l'arbre, aériennes comme souterraines, et provoque des galles par ses piqûres. Des champignons peuvent se développer, la croissance est ralentie.
• *Remèdes.* Supprimer les galles et désinfecter les plaies avec une solution cuprique, puis mastiquer. En hiver, pulvériser des huiles de goudron. Au réveil de la végétation, utiliser des huiles jaunes ; à l'éclosion des bourgeons, de l'oléoparathion. Enfin, en cours de végétation, pulvériser des insecticides.

Scolytes

Insectes coléoptères cylindriques, noirs ou bruns, de 1 à 5 millimètres de long, ils vivent dans le bois ou sous l'écorce des arbres, où ils creusent des galeries. Ils sont très nuisibles. Les Conifères sont leurs principales victimes.

Scolyte. Aspects externe du tronc et interne des galeries. (Insecte grossi.)

• *Symptômes.* Dans le bois, une galerie longitudinale entre l'écorce et l'aubier abrite des œufs. Les larves creusent des galeries perpendiculaires à la première. Un champignon se développe dans ces galeries. L'écorce est perforée par l'adulte qui veut s'envoler. Elle peut aussi se décoller. La circulation de la sève est perturbée, des branches meurent. Ces insectes véhiculent la maladie hollandaise de l'Orme.
• *Remèdes.* Couper et détruire les branches atteintes. Enrichir le sol de potasse et de phosphore. Pulvériser, à la mi-avril, sur le tronc et les branches, des insecticides à base de parathion et de lindane, pour détruire les adultes sur l'écorce, et, si nécessaire, pulvériser une seconde fois en juillet. Pour détruire les larves, pulvériser, à la fin de l'hiver, des émulsions huileuses ou des éléments d'oléoparathion.

Nématodes

Les nématodes sont des vers qui, en piquant les racines, provoquent un ralentissement de la croissance.

Kystes provoqués par la présence de nématodes sur des racines.

• *Symptômes.*
Les nématodes à kystes causent des pourritures et entraînent un important développement des radicelles.
Les nématodes à galles provoquent des galles par leurs piqûres. Les galles, en forme de chapelet, protègent les vers et déforment les racines.
Les nématodes ectoparasites arrêtent la croissance, les piqûres entraînent un jaunissement du feuillage, de la base vers la cime de l'arbre. Ils peuvent être les vecteurs de maladies à virus.
Les nématodes des racines construisent des nids qui nécrosent les racines, lesquelles sont alors détruites. Le feuillage jaunit. Il se peut que des champignons apparaissent.
• *Remèdes.* Tailler les feuilles jaunies. Incorporer dans la terre des nématocides. Après avoir humidifié l'arbre, pulvériser des bouillies à base de parathion. Les nématodes se déplacent dans les terrains humides dont la température est comprise entre 16 et 20 °C. Éviter de trop humidifier le sol.

Les maladies

Oïdium, ou « blancs »

Maladie causée par un champignon.
• *Symptômes.* Les parties aériennes de l'arbre (feuilles, tiges, bourgeons floraux) présentent des taches (mycélium) à l'aspect farineux blanchâtre. La tache s'agrandit, et le feutre épaissit. Le limbe se

Oïdium sur feuille de Chêne pédonculé et sur feuille de Saule.

déforme. Des granulations noires peuvent apparaître sur les feuilles, qui se dessèchent. L'arbre perd sa vigueur. Le champignon se développe lorsque la température est élevée, et l'atmosphère, sèche.
• *Remèdes.* Tailler et brûler les rameaux atteints. Retirer les feuilles mortes. Pulvériser des fongicides minéraux ou de synthèse. Si l'on a déjà constaté la présence d'oïdium l'année précédente, il faut, dès le printemps, avant l'ouverture des bourgeons, commencer par un traitement préventif. Le soufre est particulièrement utile pour la lutte préventive.

Pourridié

Pourridié sur Érable.

Détail des racines.

Affection grave produite par le mycélium d'un champignon. Cette maladie est due aux piqûres d'insectes ou aux plaies causées par la taille.
• *Symptômes.* Les racines brunissent et dépérissent. Sous l'écorce, on remarque des plaques blanches (mycélium) et des cordonnets noirs (rhizomorphes). Les pousses sont chétives, les feuilles (ou les aiguilles des Conifères) tombent, les branches meurent, et l'arbre dépérit. À la base de l'arbre, des champignons au chapeau jaune, aux écailles brunes et aux lamelles blanches sortent en automne. Des taches se propagent sur l'arbre.
• *Remèdes.* Dès l'apparition des premiers symptômes, utiliser des fongicides, tout en sachant que la lutte est difficile et que, souvent, elle n'empêchera pas l'arbre de mourir.

Pourriture des racines, des feuilles et des bourgeons

• *Symptômes.* Les racines et le collet sont envahis par de la pourriture et des plaies chancreuses qui peuvent entraîner une réduction du système radiculaire. La pourriture, de couleur marron, est spongieuse. Le feuillage se décolore, brunit et

Pourriture des racines sur Cyprès.

sèche. Les aiguilles des Conifères tombent. Alors, l'arbre peut dépérir très rapidement.
• *Remèdes.* Éviter que de l'eau ne stagne dans le pot. Éviter les blessures au collet de l'arbre. Au besoin, désinfecter la terre. Utiliser des fongicides à base de manèbe ou des fongicides systémiques.

Rouilles

Rouille sur Pin et sur feuille de Magnolia.

Maladies causées par un champignon.
• *Symptômes.*
Sur les rameaux. Au mois de mai, de longues taches jaunes apparaissent sur l'écorce des jeunes pousses. Des boutons sortent, puis crèvent en dégageant une matière orange.
De la résine coule au niveau des plaies. Le rameau grandit en S. La pousse peut se dessécher, ce qui perturbe la croissance de l'arbre.
Sur les feuilles. De nombreuses taches jaunes ou brunes apparaissent sur les feuilles. Celles-ci se dessèchent.
Sur les aiguilles des Conifères. Des taches rouges apparaissent sur les aiguilles. La deuxième année, en avril-mai, des vésicules blanches, sur les aiguilles, se fendent en dégageant une poudre orange, puis se cicatrisent. La troisième année, de nouvelles vésicules entraînent la chute des aiguilles.
• *Remèdes.* Tailler et brûler les parties atteintes, et nettoyer les chancres. Effectuer 1 ou 2 pulvérisations d'un fongicide spécial contre la rouille, à 10 ou 15 jours d'intervalle. Attention aux traitements trop violents ou trop répétés : ils peuvent provoquer des brûlures.

Taches foliaires

• *Symptômes.* Des taches apparaissent sur les feuilles. Ces taches peuvent être blanches, puis brunes, en forme de triangle. Elles peuvent aussi être grises, et des auréoles noires se forment sur les lésions. Des parties du feuillage se dessèchent, et des granulations apparaissent au centre.
• *Remèdes.* Tailler et détruire les feuilles malades. Pulvériser des fongicides à base de cuivre. Ne pas trop mouiller le feuillage. Éviter de bassiner et d'arroser en plein soleil.

Verticilliose

Maladie causée par un champignon qui pénètre au niveau des racines et du collet, à la faveur des blessures de l'arbre.
• *Symptômes.* Les feuilles s'affaissent à la base de l'arbre. Le limbe jaunit. Les feuilles se recroquevillent. Les arbres perdent leur vigueur. La sève alimente mal les parties supérieures de l'arbre.
• *Remèdes.* Éviter l'excès d'engrais azotés. Supprimer les mauvaises herbes. Soigner les blessures de l'arbre. Détruire les feuilles mortes. Désinfecter le sol et pulvériser des fongicides minéraux sur le tronc et le collet. Éviter l'excès de tourbe chez les jeunes sujets.

Verticilliose sur feuilles de Tilleul.

Les différents arbres

ÉRABLE PALMÉ

Caduc. Famille des Acéracées. Originaire des régions tempérées froides de l'hémisphère Nord, l'Érable palmé est un arbre particulièrement séduisant, du fait des teintes variées de son feuillage. En hiver, lorsqu'il est dénudé, il reste très beau par la répartition de sa ramure. Les feuilles sont opposées et palmatilobées. Le fruit est une samare double, formée de deux graines prolongées par une aile membraneuse. Le feuillage, généralement vert, peut être panaché vert-blanc ou vert-rose. Il peut être rose tyrien ou pourpre au printemps ; à l'automne, il donne tous les tons du jaune au brun, en passant par le rouge et l'orange. En été, l'Érable palmé a tendance à reverdir.

LES STYLES

LES ESPÈCES

Acer palmatum rubrum. Feuilles palmées en forme de main. Les bourgeons sont rouges. Il fait un automne précoce et son feuillage prend des teintes rouges ou jaunes. Il contient beaucoup de sucre, ce qui explique que son feuillage soit d'autant plus coloré qu'il y a plus de soleil.

Acer palmatum (« Asahi zuru »). Feuillage panaché de vert et blanc rosé.

Acer palmatum deshojoh. Feuillage rouge sang au printemps, devenant vert de la fin du printemps à l'automne, avant de prendre des couleurs automnales éclatantes.

Acer palmatum seigen. Très proche de l'*Acer deshojoh*, mais d'un rouge moins intense, plus rose.

Acer palmatum tamahime. Très petites feuilles vert clair, fonçant quelques semaines après leur éclosion.

Acer palmatum dissectum atropurpureum. Les feuilles, divisées très finement, donnent l'impression de lacets et sont toujours rouges.

Acer palmatum aureum. Les feuilles ont cinq lobes. Elles deviennent jaunes à l'automne, mais restent toujours marginées de rose. Il existe tant de variétés et cultivars qu'ils ne peuvent être nommés dans cet ouvrage.

CRÉER

Par graines. Après la chute des fruits, ramasser les graines. Les nettoyer et les étendre pour les faire sécher. Seules les graines dont l'embryon est vert sont bonnes : on le voit en les incisant. Débarrasser les graines de leurs ailes. Les conserver au sec. Avant de planter les graines, en mars, les stratifier 3 jours dans du sable humide. Les planter sous châssis, en protégeant les jeunes pousses des gelées. Les maintenir au sec en été. Quand les pousses ont 2 ans, les replanter au printemps.

Par marcottage simple. Choisir un rameau jeune, le défolier sur la partie à enterrer. Le coucher sur sa longueur, dans un sillon, au début du printemps. Entailler au-dessus des yeux pour favoriser le racinage. Recouvrir de terre maintenue légèrement humide. Cette méthode est très longue (il faut attendre 2 ans), et elle n'est pas toujours concluante.

Par marcottage aérien. En avril, entailler l'écorce sur le tronc ou la branche à marcotter avec un couteau propre et tranchant. Saupoudrer la fente d'hormone d'enracinement, la coincer avec une boule de mousse ou de gravier. Entourer la fente de sphagnum humide et envelopper le tout dans un sac en plastique hermétique. Recouvrir ce sac avec une toile ou avec du papier d'aluminium, pour protéger des rayons directs du soleil et d'un excès de chaleur. De nouvelles racines apparaissent au printemps suivant. Tailler alors la marcotte, la mettre en pot précautionneusement et la placer à l'ombre.

Érable palmé (Acer palmatum).
Var. « Deshojoh ». Âge = 15 ans.
Hauteur = 20 cm. Style « Shakan ».
Photo : avril.
D'avril à juin, les feuilles sont rouge sang. L'été, elles tendent à devenir vertes pour prendre, à l'automne, des teintes orange feu chatoyantes.

Par bouturage. En juin, prélever des boutures d'Érable (sur arbre ou sur Bonsaï) : les écorcer légèrement. Les planter dans 2/3 de tourbe et 1/3 de sable. Étêter la partie molle. Il est conseillé d'utiliser une hormone d'enracinement avant de planter. Préparer un très bon drainage pour éviter la stagnation de l'eau. Cette méthode donne de bons résultats.

Par greffage. Toujours choisir un porte-greffe appartenant au même groupe (les variétés et cultivars sont, en effet, répartis en différents groupes) que la variété à greffer, en raison d'incompatibilités. Greffe en écusson à l'extérieur. Greffe en placage latéral, en serre froide.

• *Greffe en écusson sur des rameaux aoûtés.* Dès la mi-juin. Ne pas choisir un porte-greffe trop fort, afin que l'écorce ne recouvre pas les yeux : greffer sur le bois de l'année. Si la première greffe a échoué, on peut encore recommencer en août.

• *Greffe en placage.* En août, le porte-greffe doit être de l'épaisseur d'un crayon. Les greffons sont des rameaux aoûtés d'une année. Passer du mastic cicatrisant. Garder en serre à l'humidité. En 4 semaines, la greffe a pris. Aérer. Il faut attendre encore un an avant de couper le porte-greffe juste au-dessus du point de greffe.

• *Greffe anglaise.* Elle est possible au tout début du printemps si le porte-greffe et le greffon ont un œil qui tire la sève du côté opposé à la section, afin d'empêcher tout dessèchement.

Entretenir

Ensoleillement. Maintenir l'*Acer palmatum* à la mi-ombre. Il peut supporter un plus grand ensoleillement, à condition que la base de ses racines soit toujours humide. Le soleil direct peut griller l'extrémité des feuilles, mais l'arbre a besoin de lumière.

Température. Protéger du gel au-dessous de – 3 °C. Redoute les chaleurs sèches.

Ventilation. Protéger du vent, qui dessèche. Une bonne ventilation autour de l'arbre empêche le développement de l'oïdium en été.

Céramique. Planter ce Bonsaï dans une coupe plate et allongée, pour permettre aux racines de s'étaler et de recevoir la chaleur en été. Généralement, la coupe est ovale, parfois elle est rectangulaire. Un très bon drainage est indispensable.

Nettoyage. Après la chute des feuilles, retirer les feuilles mortes du sol ou de l'arbre. Au début de l'hiver, supprimer les branches mortes.

Acer palmatum

Taille des feuilles d'un Érable.

1 Les feuilles de cet Érable palmé (Acer palmatum) *doivent être complètement pincées.*

2 Pour éliminer le plus gros des feuilles, on utilise d'abord les ciseaux.

3 On utilise ici des ciseaux à feuilles spéciaux, qui font partie de la panoplie de base.

4 On achève le pincement de toutes les feuilles.

5 Au bout de quelques semaines, une nouvelle génération de feuilles apparaît. Elles sont plus petites que les précédentes.

Croissance. Lente.

Rempotage. Au printemps, tous les 3 ans environ. Tailler la moitié des racines. Si nécessaire, les laver à l'eau. Bien retirer les radicelles mortes ou abîmées, et les vieilles racines.

Terre. 2/3 de terre végétale et 1/3 de sable de rivière. Un sol trop alcalin gêne le développement de l'Érable palmé. Un sol calcaire, compact, sec, voire pierreux, convient.

Taille.

- *Pinçage.* Tailler les bourgeons terminaux en ne laissant que deux nœuds. Tailler les bourgeons latéraux en ne laissant qu'un nœud. Attendre que les bourgeons repoussent pour retailler. Pincer les nouveaux bourgeons, avant qu'ils ne deviennent trop minces, permet de sculpter délicatement l'arbre sans laisser de cicatrices.
- *Taille des feuilles.* Tailler les feuilles permet d'obtenir un arbre au feuillage dense, touffu et petit, et aux extrémités fines. Ne pas défolier un arbre l'année de son rempotage, ni s'il est chétif. La défoliation se fait en juin ; la taille des feuilles se fait pendant la période de végétation, généralement un an sur deux.

Acer Palmatum (Érable palmé).
Âge = 15 à 50 ans. Hauteur = 80 cm.
Style « Gohon-Yose ».
Photo : juin.

• *Taille des branches.* En période de végétation, tailler les branches en ne laissant qu'une ou deux paires de feuilles par rameau. Lorsqu'une branche pousse trop vite, la tailler et retirer les bourgeons et les feuilles sur la partie restante.
• *Taille de structure.* Elle se pratique en hiver, lorsque l'arbre est dénudé. Étudier sa silhouette. Avec la pince, tailler à ras du tronc, de façon concave, les branches qui se chevauchent, qui poussent à la verticale du tronc, ou qui sont parallèles. N'en laisser qu'une sur deux. Une bonne taille de structure donne une meilleure ramification au printemps.

Ligaturage. La forme de l'Érable palmé est généralement donnée par la taille. Mais il peut être nécessaire de ligaturer. Protéger alors l'écorce avec du raphia, car elle est fragile et peut être cassée par le fil de cuivre. Ligaturer lorsque l'arbre est en pleine sève, et retirer le fil au bout de 6 mois.

Arrosage. L'Érable ne demande pas beaucoup d'eau à chaque arrosage. Il peut sécher entre deux arrosages. Il lui faut cependant une humidité constante à la surface des racines. Mais attention : un excès d'eau les fait tout de suite pourrir.

Vaporisation. Le feuillage a besoin d'un air humide : il faut donc le bassiner fréquemment, surtout s'il est exposé à un vent sec ou au soleil.

Engrais. Au printemps et à l'automne, donner de l'engrais organique à décomposition lente. Attendre 2 mois après un rempotage, et ne pas donner d'engrais à un arbre affaibli.

DIAGNOSTIQUER ET SOIGNER

PARASITES

Érinoses.
SYMPTÔMES. Granulations rouges et vertes sur la face supérieure du feuillage, revers feutré beige, gris ou brun. Un duvet épais gaufre les feuilles qui se déforment. Apparition de galles.
REMÈDES. Pulvériser des insecticides à base de parathion ou de lindane, et du soufre lors de grandes attaques.

Scolytes. Voir p. 34.

Cossus et zeuzères (chenilles). Voir p. 33.

Géomètres (chenilles). Voir p. 33.

Bombyx et noctuelles (chenilles). Voir p. 33.

Cicadelles.
SYMPTÔMES. Feuillage taché de blanc dû à des piqûres. Le limbe se décolore, la croissance des tiges est ralentie, les feuilles peuvent tomber. Présence d'insectes verts au revers des feuilles.
REMÈDES. Tailler les rameaux envahis. Pulvériser des insecticides de contact, ou des insecticides organo-phosphorés systémiques.

Cochenilles. Voir p. 33.

Pucerons. Voir p. 33.

MALADIES

Oïdium. Voir p. 34.

Chancre.
SYMPTÔMES. Au niveau des cicatrices ou des fentes entre les ramifications, une plaie se creuse, se boursoufle, se craquelle et fait mourir la branche. Les branches voisines se défendent en développant des bourrelets. Le chancre laisse voir le bois, et des points rouges apparaissent.
REMÈDES. Tailler et détruire les rameaux malades. Cureter les chancres. Badigeonner avec un fongicide. Recouvrir avec du mastic à greffer. Lors de la chute des feuilles, pulvériser des bouillies à base de fongicide.

Maladie du corail.
SYMPTÔMES. Branches et rameaux sèchent brusquement. Un champignon se développe dans les tissus ligneux. Apparition de taches rouges et de lésions chancreuses sur les parties mortes.
REMÈDES. Tailler puis détruire les parties malades. Badigeonner les plaies avec un fongicide cuprique.

Balai de sorcière.
SYMPTÔMES. Les bourgeons se développent si vigoureusement que les branchages prennent un aspect buissonnant.
REMÈDES. Tailler les rameaux malades.

Maladie des taches noires de l'Érable ou taches d'encre.
SYMPTÔMES. Taches décolorées sur le limbe. Une croûte noire auréolée de jaune se développe au centre.
REMÈDES. Détruire les feuilles mortes. Apporter de l'azote à l'engrais. Pulvériser des fongicides minéraux à base de cuivre. Recommencer lors de l'éclosion des bourgeons.

Dessèchement des rameaux.
SYMPTÔMES. Les pousses et les jeunes rameaux sèchent. Des chancres se forment sur les rameaux.
REMÈDES. Tailler et détruire les branches malades ou mortes.

Cercosporiose.
SYMPTÔMES. Taches brunes sur les pousses des jeunes arbres. L'arbre dépérit petit à petit.
REMÈDES. Pulvériser des fongicides à base de cuivre et de zinèbe.

Verticilliose. Voir p. 35.

Taches foliaires. Voir p. 35.

Anthracnose.
SYMPTÔMES. Taches couleur de brique sur les feuilles et parfois sur le limbe. Dessèchement du feuillage.
REMÈDES. Retirer les feuilles mortes. Pulvériser des fongicides à base de cuivre.

Pourridié. Voir p. 35.

Défoliation.
Les feuilles devenues trop grandes doivent être taillées.

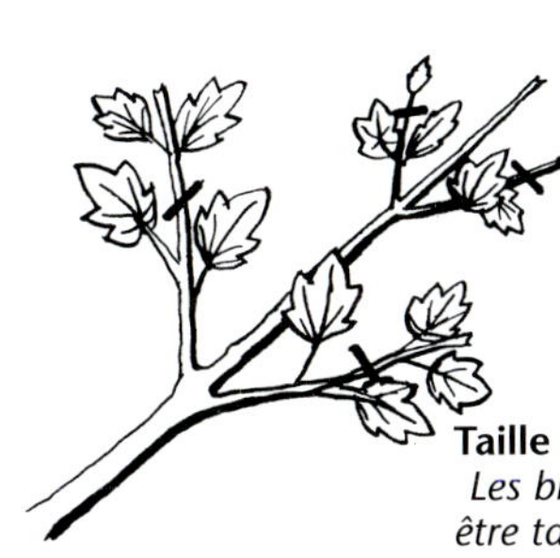

Taille des branches.
Les branches doivent être taillées au-dessus d'une insertion foliaire.

ÉRABLE TRIDENT OU DE BURGER

Caduc. Famille des Acéracées. Originaire des régions tempérées froides de l'hémisphère Nord. L'*Acer trifidum*, de l'est de la Chine, peut atteindre 12 mètres. Son tronc vertical beige clair voit son écorce s'exfolier par plaques en vieillissant. Les feuilles en forme de trident sont vertes au printemps et en été ; jaune-orange, voire rouges, à l'automne. Les fruits (samares) sont ailés.

CRÉER

Par semis. Récolter les graines, les nettoyer, les faire sécher et les semer à la fin de l'automne. On peut aussi les stratifier immédiatement et les conserver au frais. Planter au chaud. Protéger les jeunes pousses des risques de gelées. Replanter les pousses au printemps de la deuxième année.

Par bouturage. En juin, prélever des boutures, les écorcer légèrement, les planter dans 2/3 de tourbe et 1/3 de sable, après les avoir trempées dans une hormone d'enracinement. Tailler la partie molle de la tête. Préparer un très bon drainage, pour éviter une stagnation néfaste de l'eau. L'*Acer trifidum* s'enracine facilement.

Par marcottage aérien. En avril, entailler l'écorce de la partie à marcotter avec un couteau propre et tranchant. Saupoudrer la marcotte d'une hormone d'enracinement. Coincer la fente à l'aide d'une boule de mousse ou d'un caillou. Entourer la marcotte de sphagnum humide et envelopper l'ensemble dans un sac en plastique hermétique. De nouvelles racines apparaissent au printemps suivant. Tailler la marcotte délicatement et la mettre en pot. Le nouvel arbre reste fragile une année.

Par marcottage simple. Méthode plus longue et qui donne moins de résultats. Procéder comme d'habitude.

ENTRETENIR

Ensoleillement. Supporte le plein soleil. Toutefois, dans les régions très ensoleillées, placer à la mi-ombre l'été.

Température. À protéger impérativement du gel. Ne redoute pas la chaleur.

Ventilation. Ne redoute pas le vent. A besoin d'une bonne circulation d'air autour de lui. Planté au Japon comme arbre d'ornement le long des avenues, il résiste bien à la pollution.

Céramique. A besoin d'un pot assez profond, sauf lorsqu'il est planté sur roche ou en groupe. La céramique peut être rectangulaire ou ovale. Elle est souvent couleur de terre ou de couleur émaillée en contraste avec le feuillage.

Nettoyage. Bien faire tomber toutes les feuilles à la fin de l'automne, et débarrasser le sol des feuilles et branchages morts pour éviter toute attaque de parasites ou de maladies. Brosser délicatement le tronc.

LES ESPÈCES

Acer Monspessulanum, (Érable de Montpellier), originaire d'Asie occidentale, que l'on rencontre aussi en Europe méridionale. Proche de l'Érable champêtre, il peut atteindre une dizaine de mètres. De croissance moyennement rapide, il reste ramifié à la base, et sa cime est arrondie. L'écorce est gris foncé, striée de brun. Il porte un feuillage caduc, glabre, petit, vert clair, entier, avec trois lobes arrondis, marcescent. Il fleurit discrètement : ses fleurs jaune pâle sentent le miel. Il n'a aucune exigence de sol. Il apprécie un terrain calcaire comme un terrain pierreux et sec.

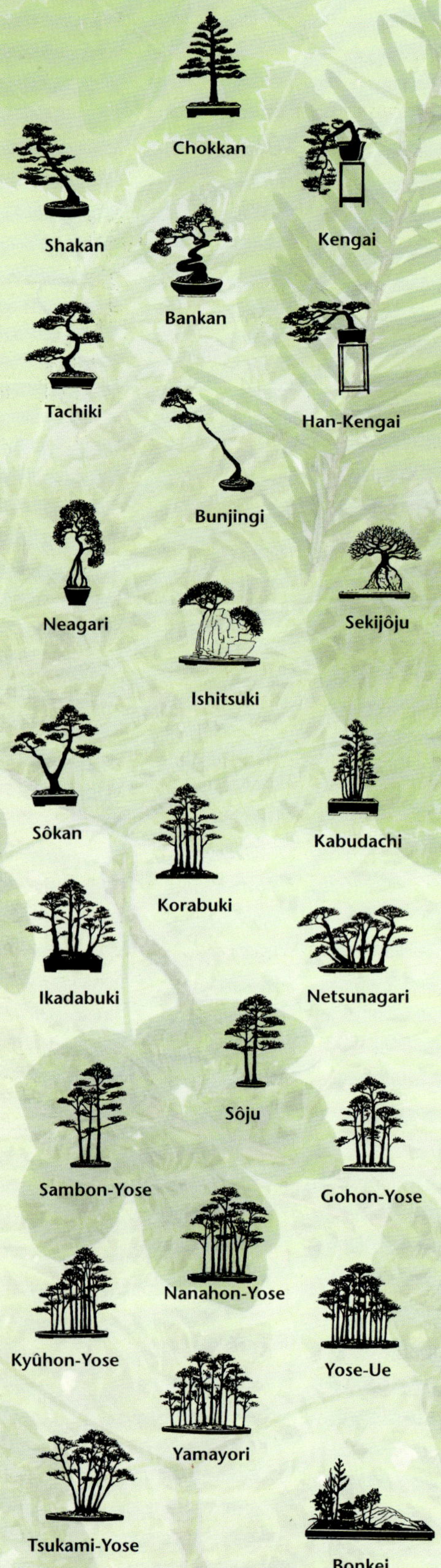

LES STYLES

Érable trident (Acer trifidum).
Âge = 18 ans. Hauteur = 40 cm.
Styles « Yose-Ue » et « Sekijôju ». Photo : mai.
Il est difficile de trouver un style prédominant à cette plantation : un groupe d'Érables (« Yose-Ue ») a été planté sur une roche, de telle manière que les racines soient exposées sur cette roche (« Sekijôju »).

Croissance. Les arbres jeunes ont une croissance rapide. Elle se ralentit avec l'âge.

Rempotage. Tous les 2 ou 3 ans, dans un pot de dimension supérieure au précédent. Tailler entre la moitié et les deux tiers du chevelu des racines. Bien retirer toutes les racines abîmées ou mortes.

Terre. 2/3 de terre végétale et 1/3 de sable de rivière. Tout sol calcaire, sec et pierreux convient. Éviter un sol trop alcalin.

Taille.
• *Pinçage.* Pincer les bourgeons terminaux, à chaque fois qu'ils apparaissent, en ne laissant que 2 nœuds par rameau.
• *Taille des feuilles.* Tailler les feuilles qui ont tendance à devenir trop grandes du printemps à l'automne. Cet arbre est très rarement défolié.
• *Taille des branches.* Bien couper les rameaux, généralement sur un tiers de leur longueur, pour conserver sa forme à l'arbre.
• *Taille de structure.* Bien rabattre les branches avant le départ de végétation, en février, pour obtenir une meilleure ramification. Retirer les branches qui déparent l'arbre. Passer du mastic cicatrisant sur les grosses coupes.

Ligaturage. La forme de l'Érable trident est essentiellement donnée par la taille. Mais il peut être nécessaire de ligaturer l'arbre pour perfectionner certains styles. Le ligaturage se fait alors en juin-juillet-août, en protégeant l'écorce avec du raphia, pour ne pas casser les branches.

On distingue parfaitement les ligatures sur cet Acer trifidum, *ici en hiver.*

Arrosage. Abondant du printemps à l'automne. Réduire la fréquence et la quantité en hiver.

Vaporisation. Bassiner le feuillage au printemps et en été, mais jamais en plein soleil. Le bassinage permet de débarrasser le feuillage d'éventuels parasites.

Engrais. De mars à novembre, avec une interruption en juillet-août, utiliser un engrais organique à décomposition lente. Attendre 6 semaines après un rempotage, et ne pas donner d'engrais à un arbre en mauvais état.

DIAGNOSTIQUER ET SOIGNER

PARASITES

Mêmes parasites que sur l'*Acer palmatum*. Voir p. 38.

MALADIES

Mêmes maladies que sur l'*Acer palmatum*. Voir p. 38.

VIGNE VIERGE

Caduc. Famille des Vitacées. Originaire d'Amérique du Nord et du Centre, ainsi que de l'est de l'Asie. Les *Ampelopsis* sont des lianes d'ornement dont l'écorce ne s'exfolie pas. Les sarments sont des vrilles volubiles. Le feuillage trilobé, vert vif, plus brillant dessous, peut être panaché vert-beige. La fructification a lieu en septembre-octobre. Les fruits ne sont pas comestibles. La Vigne vierge perd ses feuilles un bon mois en hiver, généralement en janvier.

CRÉER

Par semis. Récolter les fruits quand ils sont mûrs. Dégager les graines, les laver, les sécher, les stratifier. Planter au printemps, sous verre ou en serre.

Par bouturage. Au printemps, après débourrement et avant que les nouvelles feuilles ne soient dures, tailler un rameau, l'étêter et le planter à la chaleur et à la lumière.

Par marcottage simple. En avril-mai, en serre ou dans une pièce lumineuse et chaude.

ENTRETENIR

Ensoleillement. Beaucoup de lumière, surtout pour les variétés panachées.

Température. Un intérieur chaud convient à la Vigne vierge, mais elle peut être sortie en été. En hiver, elle supporte que la température descende jusqu'à 12 °C.

Ventilation. La Vigne vierge ne supporte pas les courants d'air. Toutefois, il importe d'aérer la pièce dans laquelle elle se trouve.

Céramique. Choisir une céramique moyennement profonde. Très souvent, elle sera émaillée.

Nettoyage. Bien nettoyer le feuillage, enlever la poussière qui bouche les pores. À la chute des feuilles, retirer les feuilles sèches et mortes. Supprimer les drageons et rejets de la base du tronc.

Croissance. Lente mais régulière. La ramification des branches est difficile.

LES ESPÈCES

Ampelopsis bravipedunculata. Liane vigoureuse aux sarments noueux, aux rameaux volubiles, aux jeunes pousses pubescentes. Le feuillage est trilobé, vert vif et brillant dessous. Les fruits en grappe à l'automne sont d'abord mauves, puis violets et brillants.

Rempotage. Tous les 2 ans, au mois d'avril, tailler la moitié des racines et replacer dans un pot de dimension supérieure au précédent, si nécessaire.

Terre. 1/4 de terreau, 1/4 de terre de bruyère, 1/4 de terre végétale et 1/4 de sable de rivière. Le sol doit être frais.

Taille.
• *Taille des rameaux.* Après que l'arbre a retrouvé ses feuilles, laisser pousser les rameaux de 3 à 5 yeux, puis travailler en ne laissant qu'un ou deux yeux. Recommencer tout au long de la période de végétation. Lors de la dernière taille, en automne, laisser les rameaux un peu plus longs.
• *Taille des feuilles.* On peut défolier un arbre en parfait état, à la fin du printemps ou au début de l'été, pour qu'il repousse plus touffu, avec des feuilles plus petites.
• *Taille de structure.* En janvier, lors de la défoliation, tailler les sarments désordonnés et abîmés, ou ceux qui sont inutiles.

Ligaturage. Rarement pratiqué, il se fait du printemps à l'été. Commencer à enrouler le fil lorsque les nouvelles pousses ont durci.

Arrosage. Arroser en fonction de la lumière et de la chaleur. Donner davantage d'eau en été. Diminuer nettement les arrosages lorsque l'arbre n'a pas de feuilles.

LES STYLES

Vigne vierge (Ampelopsis brevifolia *'Variegata'*).
Âge = 10 ans. Hauteur = 15 cm.
Style « Neagari ». Photo : octobre.
Le caractère panaché du feuillage disparaît progressivement lors des tailles successives.

Vaporisation. Autour du feuillage et du tronc tous les jours, surtout si l'arbre est à l'intérieur. Éviter de vaporiser si la Vigne vierge est exposée au soleil.

Engrais. Au printemps et à l'automne, donner, à la Vigne vierge, un engrais organique à décomposition lente. Ne pas donner d'engrais à un arbre malade.

DIAGNOSTIQUER ET SOIGNER

PARASITES

Cochenilles. Voir p. 33.

Pucerons. Voir p. 33.

MALADIES

Mildiou.

SYMPTÔMES. Les feuilles présentent des taches jaunes et, sur leur face inférieure, de la poussière blanche. Elles tombent.

REMÈDES. Tailler les feuilles malades. Pulvériser des fongicides à base de cuivre.

Black-rot.

SYMPTÔMES. Les feuilles présentent des taches brun-rouge. Apparition de points noirs sur ces taches.

REMÈDES. Tailler et détruire les feuilles malades. Pulvériser des fongicides à base de cuivre.

ARALIA

Persistant. Famille des Araliacées. Originaire d'Asie tropicale, c'est un arbuste aux branchages ligneux, assez haut lorsqu'il est dans son environnement d'origine. Le feuillage vert varie selon les espèces.

CRÉER

Par semis. En automne, dans une pièce sombre et chaude. Maintenir la terre humide. La méthode est délicate, et le résultat, aléatoire.

Par bouturage de racines. L'idéal est de bouturer des racines. Tailler des racines d'une dizaine de centimètres. Les planter à l'automne, dans un sol mi-sableux, mi-humifère, en serre froide. Les laisser un an dans leurs caissettes, puis replanter au printemps suivant.

Par bouturage de tête. À réaliser en serre, en maintenant une température et une hygrométrie élevées.

Par marcottage aérien. Au printemps, dans une pièce chaude, vaporiser la marcotte tous les jours, pour éviter tout dessèchement.

ENTRETENIR

Ensoleillement. L'Aralia n'a pas d'exigences particulières, du moment qu'on lui garantit une certaine luminosité. Éviter un soleil trop direct.

Température. En hiver, la température ne doit pas descendre en dessous de 16 °C. L'Aralia aime la chaleur humide.

Ventilation. Protéger l'Aralia des courants d'air. Il importe de permettre une bonne circulation de l'air autour de l'arbre.

Céramique. Choisir une céramique plate ou moyennement profonde, émaillée ou non.

Nettoyage. Retirer les ramures jaunies et les départs du tronc. Brosser régulièrement le tronc.

Croissance. La croissance est lente : la formation du tronc ne se fait pas avant 4 à 5 ans.

LES ESPÈCES

Aralia ming. Il est aussi appelé ***Polyscias fructicosa.*** Ses rameaux sont ligneux, l'écorce est blanche et le feuillage découpé.
Aralia elegantissima. Arbuste au feuillage digité, vert foncé marbré de blanc, légèrement pendant. Les rameaux sont droits, dressés.
Aralia castor. Espèce proche de l'***Aralia elegantissima,*** mais aux feuilles plus petites.
Aralia blacky. Nouvelle obtention. Arbuste au port érigé, au tronc assez fort. Feuillage épais, vert foncé, peu découpé, enroulé et gaufré.

Rempotage. Tous les 2 ans, au printemps (avril), tailler entre le tiers et la moitié des racines et disposer dans un pot bien drainé de dimension supérieure au précédent.

Terre. 1/4 de terreau, 1/4 de terre de bruyère, 1/4 de sable de rivière et 1/4 de terre végétale. Le sol doit être fertile, léger et frais.

Taille.
• *Taille des rameaux.* Réduire régulièrement les branches à 2 paires de feuilles, dès qu'elles en portent 4 ou 5. Laisser les rameaux un peu plus longs lors de la dernière taille de l'automne.
• *Taille des feuilles.* On peut couper aux ciseaux les feuilles trop grandes sur l'arbre.
• *Taille des branches.* Pour obtenir une bonne ramification, il est possible de rabattre toutes les branches au départ de la végétation. Installer alors le Bonsaï dans une serre ou dans un sac en plastique, afin de favoriser l'apparition des bourgeons.

Ligaturage. Rarement utilisé. Il peut se pratiquer toute l'année, mais il est plus facile à réaliser par forte chaleur, le bois des branches étant alors plus souple.

LES STYLES

Aralia (Aralia castor).
Âge = 8 ans.
Hauteur = 25 cm.
Style « Tachiki ». Photo : juin.

Arrosage. Arroser abondamment. Maintenir la motte humide. Un bon drainage s'impose, pour que l'eau ne stagne pas au niveau des racines.

Vaporisation. Vaporiser autour du feuillage tous les jours, pour maintenir une bonne hygrométrie, indispensable à l'Aralia.

Engrais. Au printemps et à l'automne, donner un engrais organique à décomposition lente. Si l'arbre est en bon état, on peut aussi en donner une fois durant l'hiver, sous forme liquide.

DIAGNOSTIQUER ET SOIGNER

PARASITES

Nématodes à galles. Voir p. 34.

Nématodes. Voir p. 34.

Tarsonèmes.
SYMPTÔMES. Limbe enroulé et déformé. Il n'y a plus de développement du feuillage. Présence d'araignées dans les replis du limbe.
REMÈDES. Prendre des précautions en rempotant. Pulvériser des acaricides spécifiques ou des insecticides acaricides.

Araignée jaune (tétranyque tisserand). Voir p. 32.

Cochenilles lécanines. Voir p.33.

MALADIES

Verticilliose. Voir p. 35.

Pourriture des racines. Voir p. 35.

Alternariose des feuilles.
SYMPTÔMES. Les feuilles présentent des taches huileuses, parfois cerclées de rouge. Au niveau des nœuds, les rameaux sont décolorés et peuvent sécher en partie haute. Formation de points noirs sur les parties malades.
REMÈDES. Tailler les branches malades. Pulvériser des fongicides à base de manèbe.

Nécrose bactérienne.
SYMPTÔMES. Les feuilles présentent des taches trouées irrégulièrement, qui peuvent entraîner la pourriture des bourgeons.
N.B. Exclusivement sur le *Polyscias.*
REMÈDES. Tailler et détruire les rameaux malades. Donner un engrais organique bien équilibré et régulier.

ARAUCARIA

Conifère persistant. Famille des Araucariacées. Originaires de l'hémisphère Sud, ce sont de grands arbres géométriques au tronc droit, aux branches étagées régulièrement, qui peuvent atteindre 70 mètres de haut. Ils portent des cônes et des feuilles aciculaires, en alêne, recourbées vers le haut.

CRÉER

Par semis. Semer les graines mûres en avril-mai, en caissettes, dans un endroit chaud. La germination est lente. Maintenir le sol humide. Replanter au bout de 2 années.

Par bouturage. Prélever des boutures de tête, jamais des boutures latérales. Tailler les extrémités des branches et les planter dans du sable. Les laisser d'abord dans un endroit frais, puis les mettre au chaud, pour permettre aux nouvelles racines de se développer.

ENTRETENIR

Ensoleillement. Éviter le plein soleil. L'Araucaria préfère un emplacement à l'ombre, mais lumineux.

Température. L'Araucaria aime la chaleur. En hiver, la température ne doit pas descendre en dessous de 17 °C.

Araucaria (Araucaria excelsa). *Âge = 10 ans. Hauteur = 25 cm. Style « Sôju ». Photo : juin-juillet. Les branches pourront être taillées avec précaution pour éviter que leurs extrémités ne brunissent.*

LES ESPÈCES

Araucaria excelsa. Originaire d'Océanie, cette espèce a une cime pyramidale, des feuilles aciculaires vertes, persistantes, qui se recouvrent les unes les autres.

Ventilation. L'Araucaria redoute les courants d'air. Toutefois, aérer régulièrement la pièce dans laquelle il se trouve.

Céramique. Une céramique plate ou moyennement profonde convient. Elle sera quelquefois émaillée, rarement décorée, ou bien avec des motifs en harmonie avec l'arbre.

Nettoyage. Retirer les branchettes jaunies en les aidant à tomber, et passer le feuillage sous la douche pour enlever la poussière qui a pu se déposer sur les aiguilles. Brosser le tronc.

Croissance. Lente, mais régulière.

Rempotage. Tous les 2 ans, au printemps, tailler la moitié des racines et replacer dans un pot de dimension supérieure au précédent.

Terre. 1/4 de terre de bruyère, 1/4 de terreau, 1/4 de terre végétale et 1/4 de sable de rivière. L'Araucaria préfère une terre sèche et profonde, sableuse.

Taille.
• *Pinçage.* Pour raccourcir les jeunes pousses, les pincer entre le pouce et l'index, au printemps (avril-mai).
• *Taille des branches.* Au départ de la végétation, si nécessaire, restructurer la silhouette de l'arbre en taillant les branches précautionneusement.
• *Taille des feuilles.* Ne jamais les couper.

Ligaturage. Possible toute l'année. Éviter de ligaturer lorsque les pousses sont molles. Ne pas laisser le fil de cuivre plus de 4 mois sur l'arbre.

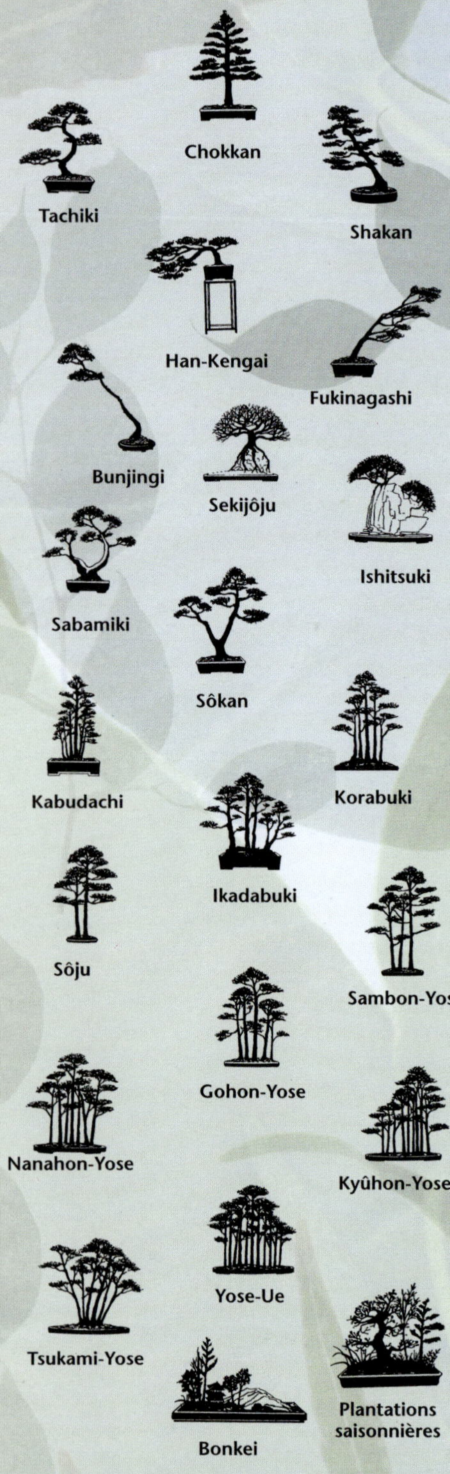

LES STYLES

Araucaria (Araucaria excelsa). *Âge = 50 ans. Hauteur = 35 cm. Style « Han-Kengai ». Photo : octobre. Spécimen exceptionnel photographié à Taïwan lors d'une exposition organisée par une association d'amateurs.*

Arrosage. Arroser régulièrement. Bien laisser sécher le sol entre deux arrosages. L'Araucaria préfère les terrains secs aux terrains humides.

Vaporisation. Quotidienne autour de l'arbre, pour lui apporter l'air humide dont il a besoin.

Engrais. Au printemps et à l'automne, donner un engrais organique à décomposition lente.

DIAGNOSTIQUER ET SOIGNER

PARASITES

Araignée jaune (tétranyque tisserand). Voir p. 32.

Araignée rouge. Voir p. 32.

Cochenilles. Voir p. 33.

Cochenilles farineuses. Voir p. 33.

MALADIES

Chlorose.

SYMPTÔMES. Les aiguilles jaunissent autour du limbe et près des nervures. Les nouvelles aiguilles sont décolorées.

REMÈDES. Donner à la terre de l'azote, du fer, du magnésium et du zinc. Éviter les excès de calcium, de sodium, de froid, d'eau ; éviter les courants d'air et les gaz toxiques. Placer à la lumière. Vaporiser le feuillage.

BAMBOU

Persistant. Famille des Graminées. Originaire d'Asie tempérée ou tropicale suivant les espèces, le Bambou est une herbe géante. Il a des chaumes lignifiés et peut atteindre plus de 30 mètres. Certaines espèces peuvent vivre 100 ans. Les rameaux sont fasciculés aux nœuds, les gaines, persistantes et auriculées. On dit que les Bambous peuvent fleurir, mais la légende de la floraison est aujourd'hui très contestée. En Amérique, les Incas connaissaient et utilisaient déjà le Bambou. En Asie, celui-ci est vénéré à la fois comme outil et comme nourriture. Pour les touristes, il symbolise la sagesse et possède - comme le Cèdre - les qualités de celui qui triomphe : il plie et ne cède pas. Pour les bouddhistes, il aide l'homme à parvenir à la paix intérieure. En Chine, le Bambou est symbole d'honnêteté, de jeunesse éternelle (le feuillage vert), de vieillesse légère (les chaumes sont toujours les mêmes, jeunes ou vieux). Au Viêt Nam, il est le « frère de l'homme ».

CRÉER

Par division. Prélever un rhizome déjà existant en le déterrant. Choisir un rhizome (multiple si l'on veut une forêt) qui pousse horizontalement, aux anneaux rapprochés. Laisser sur le rhizome une pousse saine et le chevelu des racines qui part des nœuds. Le rejet conservé sur le rhizome doit avoir deux ans. Il sera supprimé au bout d'un an, quand de nouvelles pousses seront sorties. Planter le rhizome au milieu du printemps, avant que de nouvelles pousses (les clones) ne sortent. Planter dans un pot profond, maintenir la terre humide. Tailler la moitié des gaines de la nouvelle pousse.

LES ESPÈCES

Bambusa ventricosa. Il est appelé « ventre de Bouddha » en raison de son tronc annelé. Originaire d'Asie tropicale, il peut atteindre 3 mètres. Le tronc de couleur verte jaunit chez les sujets âgés. Les feuilles sont petites, lancéolées, au pétiole court.

Bambusa multiplex. Originaire d'Asie tropicale, il peut atteindre 2 mètres. D'aspect gracieux, il croît en touffes denses. Les feuilles vert tendre contrastent avec les tiges jaunes, qui brunissent en vieillissant. Il existe de nombreux cultivars de cette variété ornementale.

ENTRETENIR

Ensoleillement. Éviter le soleil direct. Le Bambou nécessite beaucoup de lumière.

Température. Le Bambou a besoin de chaleur humide toute l'année. L'hiver, la température ne doit pas descendre en dessous de 19 °C.

Ventilation. Éviter les courants d'air, mais apporter régulièrement de l'air frais.

Céramique. Choisir un pot assez profond. Certaines céramiques portent le dessin de feuilles de Bambou : les choisir en priorité. De préférence, sélectionner un pot brun ou marron, non émaillé. Une forêt demande une coupe plate.

Nettoyage. Le Bambou produit continuellement des feuilles jaunes, qu'il faut retirer. Enlever les départs du tronc.

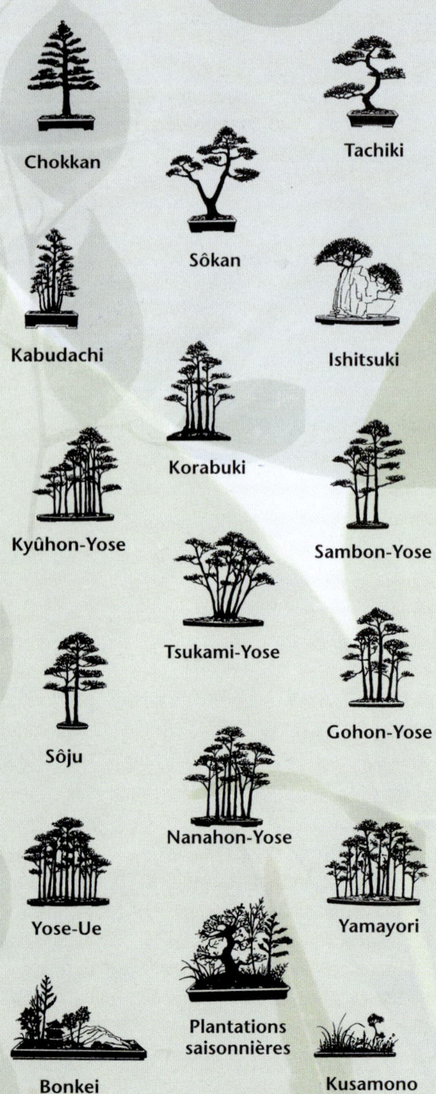

LES STYLES

Bambou (Bambusa ventricosa).
Hauteur = 35 cm. Style « Tachiki ».
Photo : novembre.
L'âge de ce Bonsaï n'est pas précisé, car son tronc principal se développe en une année : taille et diamètre ne changeront plus.

Terre. 1/2 de terre végétale, 1/4 de terreau et 1/4 de sable de rivière. Sol profond, légèrement humide.

Taille. Si l'on veut un Bambou solitaire, supprimer les rejets qui sortent de terre tous les ans, au printemps. Tailler en partant du bas vers le haut : à chaque naissance de nœud, tailler la gaine de moitié. Lorsque la forme est donnée, retirer manuellement le clone de sa gaine avant qu'il ne se déroule, pour garder le Bonsaï compact.

Ligaturage. Le Bambou peut se ligaturer lors de sa création. Lorsqu'il est terminé, on ne ligature plus.

Arrosage. Arroser abondamment et fréquemment. Il doit y avoir une bonne circulation d'eau au niveau des racines. Mais l'eau ne doit pas stagner : il est nécessaire de bien drainer. Conserver la surface de la terre humide.

Vaporisation. Vaporiser autour du feuillage.

Engrais. Au printemps et à l'automne, donner un engrais organique à décomposition lente. Les engrais en granulés de « type gazon » peuvent être utilisés avec une bonne efficacité.

Croissance. Le Bambou a une croissance rapide pendant le printemps. Une tige se développe en quelques mois, voire en quelques semaines.

Rempotage. Tous les 2 ou 3 ans, entre mai et septembre, rempoter en changeant la terre et en répartissant les racines dans tout le pot. Veiller à utiliser toute la surface du pot.

DIAGNOSTIQUER ET SOIGNER

PARASITES

Pucerons. Voir p. 33.

Cochenilles farineuses. Voir p. 33.

MALADIES

Melancolium culm.

SYMPTÔMES. Les cannes qui ont souffert de mauvais soins présentent dans le bas des noircissements qui montent le long des entre-nœuds.

REMÈDES. Tailler la canne et les rhizomes endommagés jusqu'aux parties saines. Désinfecter la plaie avec du soufre.

N.B. Le Bambou risque de faire de nombreuses feuilles jaunes, qui tombent s'il a trop d'eau au niveau des racines ; il lui faut un bon drainage, un arrosage fréquent et beaucoup de lumière, pour éviter aux feuilles de se décolorer.

Berbéris ou Épine-Vinette

À fleurs et à fruits. Famille des Berbéridacées. Originaire de l'Europe, du nord de l'Afrique et de l'Amérique, d'Asie centrale et orientale. Cet arbuste qui ne dépasse pas 3,50 mètres a un feuillage caduc, semi-persistant, ou persistant, selon les espèces. Le feuillage persistant est vert, celui des caducs est pourpre ou vert avec des tons d'automne flamboyants. La forme des feuilles, généralement ovales, est plus ou moins arrondie. Elles sont bordées d'épines ou lisses. Le Berbéris est épineux. Les fleurs sont jaunes, les fruits sont des baies de teintes vives et variées.

Créer

Par semis. Nettoyer la graine après la récolte et la stratifier. Semer au printemps. La germination est très rapide. Les pousses lèvent rapidement aussi. Mettre en pot tout de suite.

Par bouturage. Bouturer au début de l'été avec des rameaux herbacés. Les espèces à feuilles persistantes se bouturent en août-septembre avec des rameaux aoûtés, afin qu'ils ne pourrissent pas. Retirer les piquants pour bouturer, tailler les feuilles mais laisser les yeux. Les persistants sont plus longs à raciner. Attendre le printemps suivant pour empoter.

Par marcottage aérien. Au printemps.

Par jeunes plants de pépinière. /Voir. 1re partie/.

Entretenir

Ensoleillement. Le Berbéris aime le soleil. Il a besoin de lumière pour que son feuillage prenne ses couleurs éclatantes. Placer les espèces persistantes à la mi-ombre.

Température. Le *Berberis darwinii* ne vit que dans les régions méditerranéennes, ou dans la zone atlantique. Les autres Berbéris aiment la chaleur et résistent moyennement au gel.

Ventilation. Aucune contre-indication.

Céramique. Le Berbéris pousse dans des sols peu profonds. Il n'est donc pas nécessaire de le planter dans des céramiques très creuses ; cependant, les coupes très plates ne lui conviennent pas. Penser à harmoniser la couleur de la poterie avec celle du feuillage et des fleurs.

Nettoyage. Retirer les feuilles mortes de l'arbre et du sol. Supprimer certains fruits, s'ils sont trop abondants, et les enlever dès qu'ils sont fanés.

Les espèces

Berberis thunbergii. Originaire d'Asie. Port compact. Les feuilles, caduques, sont rouges ou pourpres. Les fleurs, jaunes, sont bordées de rouge en mai, et deviennent orangées en automne. En hiver, il porte des baies rouges.

Berberis darwinii. Originaire d'Amérique du Sud. Le feuillage, vert foncé, est persistant. Cette espèce fleurit en avril-mai en grappes pendantes jaune d'or marquées de rouge. En automne, elle porte des fruits pourpres.

Berberis verruculosa au port dressé et aux rameaux couverts de verrues et d'épines. Le feuillage, persistant, est compact et brillant, les fleurs sont jaune d'or. L'arbre donne des fruits noirs à l'automne.

LES STYLES

Berbéris (Berberis atropurpureum).
Âge = 10 ans. Hauteur = 20 cm. Photo : juin.

Croissance. Variable selon les espèces. Le *Berberis verruculosa* grandit très lentement. Le *Berberis thunbergii* a une croissance assez rapide, contrairement au *Berberis darwinii.*

Rempotage. Au début du printemps, tous les ans ou tous les deux ans, dans un pot de dimension supérieure au précédent. Tailler entre le tiers et la moitié des racines.

Terre. Mélange, à parts égales, de terre végétale et de terreau. Le Berbéris pousse dans des sols très secs et peu profonds, mais il craint les sols humides.

Taille.
• *Taille des rameaux.* Tailler après la floraison : le Berbéris fleurit sur les pousses de l'année précédente issues du bois de deux ans. Si l'on taille trop tôt, on empêche la floraison.
• *Taille des branches.* Rabattre les branches qui ont beaucoup poussé. Jusqu'en septembre, réduire les nouvelles pousses.

Ligaturage. Possible tout au long de l'année. Ne laisser le fil de cuivre que 3 à 4 mois.

Arrosage. Plus abondant par temps chaud. Bien laisser sécher la terre entre deux arrosages. Le Berbéris craint l'humidité et redoute un sol humide en permanence.

Vaporisation. En été, bassiner légèrement le feuillage pour humidifier l'air. Ne pas bassiner quand le Berbéris est en fleur.

Engrais. Attendre la fin de la floraison pour donner de l'engrais : le Berbéris fleurit au printemps et reste en fleur jusqu'en octobre-novembre. Donner un engrais organique à décomposition lente. Ne pas donner d'engrais en juillet-août, et attendre de 6 à 8 semaines après un rempotage. Ne pas donner d'engrais à un arbre chétif.

DIAGNOSTIQUER ET SOIGNER

PARASITES

Tenthrèdes.
SYMPTÔMES. Feuilles rongées par des chenilles blanches tachées de jaune. Présence possible de guêpes.
REMÈDES. Pulvériser des insecticides à base de lindane.
Pucerons. Voir p. 33.

MALADIES

Oïdium. Voir p. 34.

Verticilliose. Voir p. 35.

Bouleau

Caduc. Famille des Bétulacées. Originaire des régions tempérées et froides de l'hémisphère Nord. On le trouve surtout en Asie orientale et en Amérique du Nord. Il existe une quarantaine d'espèces. Cet arbre élégant vit environ 100 ans. Son feuillage est abondant, triangulaire, petit, au bord doublement denté, vert. La face inférieure est jaune vif à l'automne. Des chatons éclosent en avril-mai. L'écorce spécifique est brun doré quand il est jeune ; elle devient plus tard blanc argent, et se détache en minces feuillets.

Créer

Par semis. Ramasser la graine entre août et novembre. Elle est mûre lorsque les cônes sont jaunes. Étaler les graines, les faire sécher en les brassant. Lorsqu'elles sont sèches, les conserver dans un sac au frais et à l'air. Les semer à la fin de mars sur un sol maintenu humide. Recouvrir le semis de branchage pour éviter que les graines ne s'envolent. La germination commence au bout de 4 semaines. Arroser en fonction des besoins les nouvelles pousses levées au bout de 8 semaines. Retirer les branches et

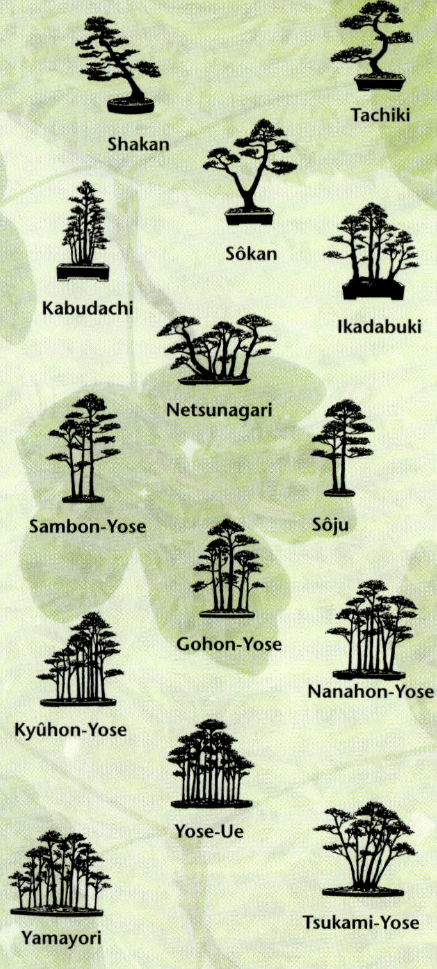

LES STYLES

éviter que les semences ne sèchent. Au printemps suivant, rempoter.

Par greffage. Technique très rarement utilisée, le point de greffe restant visible très longtemps. Ne se pratique que lorsqu'on veut obtenir une nouvelle variété ou qu'on ne peut pas obtenir un Bonsaï par un autre moyen.
• *Greffe par approche.* En juin, par greffage de rameaux âgés.
• *Greffe en écusson.* Soit en août-septembre avec deux écussons, soit fin mai-début juin, quand le porte-greffe est en pleine végétation.

Par jeunes plants de pépinière.
/Voir 1re partie/.

ENTRETENIR

Ensoleillement. Aime les endroits ensoleillés, demande beaucoup de lumière.

Température. Le Bouleau s'épanouit dans des lieux chauds et secs, et résiste très bien au froid.

Ventilation. Préfère les emplacements abrités et dégagés aux emplacements venteux, mais ne redoute pas le vent.

Céramique. Choisir un pot peu profond ou plat, de couleur marron ou bleue.

Nettoyage. Retirer toute partie morte. Bien veiller à ce que la mousse ne remonte pas sur le tronc. Retirer tous les départs sur le tronc.

Croissance. Rapide.

Rempotage. Tous les 2 ans, dans un pot de dimension supérieure au précédent. Tailler entre la moitié et les deux tiers du chevelu des racines. Conserver une partie de l'ancienne terre lors du rempotage pour une meilleure reprise.

Terre. 1/2 de terre végétale, 1/4 de sable de rivière et 1/4 de terreau. Aime les sols meubles, légers, frais, et pousse aussi sur les sols acides, pauvres, sablonneux ou rocheux. Le Bouleau pubescent, comme le *B. nigra*, demande des sols humides, plus marécageux pour le premier.

Bouleau verruqueux (Betula verrucosa).
Âge = 25 ans. Style « Nejikan ».
Hauteur = 40 cm. Photo : mai. Il faut attendre que toute la ramure se soit développée avant de tailler le feuillage.

Taille.
• *Taille des pousses.* De mars à novembre, pendant la période de végétation. Après que chaque rameau a émis 3 à 5 nœuds, tailler avec des ciseaux en n'en laissant qu'un ou deux.
• *Taille des branches.* En période de végétation, lorsque le Bouleau commence à perdre sa structure, retailler assez court ses branches. Tailler au-dessus d'une insertion foliaire.
• *Taille de structure.* Uniquement au début, lorsque l'on crée l'arbre. À éviter par la suite, car le Bouleau n'aime pas être taillé.

Ligaturage. La forme est surtout donnée par la taille des pousses. Lorsqu'il est nécessaire de ligaturer le Bouleau pour obtenir certains styles, protéger l'écorce avec du raphia. Le ligaturage se réalise au printemps et en été.

Arrosage. Dans l'ensemble, les Bouleaux ont besoin d'un arrosage léger et fréquent. Les variétés *pubescens, japonica, tauschii* ont besoin de davantage d'eau que le Bouleau verruqueux.

LES ESPÈCES

Betula pubescens. Arbre originaire du Groenland. On le trouve de l'Islande à la Sibérie et jusqu'au Kamtchatka. Son tronc est blanc, son écorce, grisâtre à jaunâtre. Les rameaux, lorsqu'ils sont jeunes, sont pubescents. Les feuilles sont longues, triangulaires et pubescentes également.
Betula verrucosa tire son nom des verrues blanches sur ses rameaux. Quand ses rameaux sont retombants, surtout lorsqu'il est âgé, on l'appelle le Bouleau pleureur.

Vaporisation. Préfère l'air sec. Éviter de bassiner, excepté par grandes chaleurs.

Engrais. Du printemps à l'automne, donner de l'engrais organique à décomposition lente avec une interruption en juillet-août. Ne pas donner d'engrais pendant 2 mois après un rempotage, ni à un arbre malade.

DIAGNOSTIQUER ET SOIGNER

PARASITES

Cigarier des arbres d'ornement.
SYMPTÔMES. Feuilles et pousses rongées. Présence d'œufs dans les nervures. Le limbe s'enroule en forme de cigare.
REMÈDES. Retirer et détruire les feuilles enroulées. Pulvériser des insecticides organo-phosphorés ou organo-chlorés à l'apparition des insectes adultes.

Scolytes. Voir p. 34.

Sésies (chenilles).
SYMPTÔMES. L'écorce du tronc et des branches est rongée, percée de trous d'où partent des galeries. Sciures amoncelées sur ces trous. Présence de chenilles.
REMÈDES. Enfoncer un fil de fer dans les galeries pour détruire les chenilles.

Géomètres (chenilles). Voir p. 33.

Bombyx laineux (chenilles). Voir p. 33.

MALADIES

Oïdium. Voir p. 34.

Cloques.
SYMPTÔMES. Boursouflures blanches sur les feuilles qui se déchirent et se dessèchent.
REMÈDES. Détruire les feuilles mortes. Pulvériser des bouillies à base de cuivre et de zirame au printemps et à l'automne.

Balai de sorcière.
SYMPTÔMES. Les bourgeons se développent de façon importante, les ramifications et les branchages prennent un aspect buissonnant.
REMÈDES. Tailler puis détruire les rameaux malades.

Taches foliaires. Voir p. 35.

Chancre.
SYMPTÔMES. Au niveau des cicatrices et des fentes entre les ramifications, des plaies se creusent, se boursouflent, se craquellent et font mourir les branches. Les branches voisines se défendent en développant des bourrelets. Des points rouges apparaissent sur le bois.
REMÈDES. Tailler et détruire les rameaux malades. Cureter les chancres. Badigeonner les plaies avec un fongicide ; recouvrir de mastic cicatrisant. Pulvériser des bouillies à base de fongicides lors de la chute des feuilles.

Pourridié. Voir p. 35.

BOUGAINVILLIER

À fleurs. Persistant. Famille des Nyctaginacées. Originaire du Brésil. On recense une douzaine d'espèces d'arbustes ou de lianes à aiguillons, au feuillage entier et alterne. Les fleurs possèdent un involucre (calice) composé de trois bractées, roses, mauves ou violettes.

CRÉER

Par bouturage. Au printemps, prélever des boutures sur des rameaux verts. Les écorcer légèrement et les planter dans un mélange terre-tourbe avec un bon drainage dans le fond. Étêter. Placer à la lumière et à la chaleur. En hiver, mettre en serre froide ou dans une pièce non chauffée et lumineuse. Rempoter au printemps suivant.

Par marcottage aérien. Sur des sujets âgés. /Voir 1re partie/.

ENTRETENIR

Ensoleillement. Beaucoup de lumière. Le Bougainvillier peut recevoir le soleil.

Température. Le Bougainvillier aime la chaleur. Dans le Midi, il peut vivre dehors en été. L'hiver, il a besoin d'une température de 12 à 16 °C, pour refleurir au printemps suivant.

Ventilation. Éviter les courants d'air. Le Bougainvillier supporte un vent chaud en extérieur.

Céramique. Choisir une coupe assez profonde et bien drainée. Ne pas hésiter à tapisser le fond d'un lit de cailloux, puis de graviers. Le pot peut être émaillé et décoré, mais choisir l'émaillage en fonction de la forme et des couleurs de l'arbuste.

Nettoyage. Retirer les fleurs dès qu'elles sont fanées. Brosser le tronc régulièrement, surtout si l'arbre est à l'extérieur.

Croissance. Rapide initialement, elle est plus lente lorsque l'arbre est cultivé en pot.

Rempotage. Tous les 2 ans, au printemps (avril-mai), tailler la moitié des racines du Bougainvillier et replacer dans un pot de dimension supérieure au précédent.

LES ESPÈCES

Bougainvillea spectabilis. Rameaux à écorce claire, feuillage persistant, vert clair, ovale et pubescent. Floraison de mars à juin, bractées roses ou mauves, de grande taille. Certaines variétés sont carmin ou brique. Il existe aussi des variétés au feuillage vert panaché de crème.

Bougainvillea « mini-taï » est originaire de Taïwan. Arbuste à l'écorce gris clair, aux rameaux pubescents, aux feuilles semi-persistantes, qui peuvent devenir caduques si l'arbre reste dehors (en région méditerranéenne). Les petites fleurs, de couleur parme, sont abondantes. Il existe un cultivar aux feuilles panachées de blanc.

Bougainvillea speciosa* ou *pasturasa. Arbuste dont l'écorce est très claire ; il porte des aiguilles recourbées. Le feuillage est persistant, ovale, vert clair ; les bractées sont couleur lilas. Il existe un cultivar aux feuilles panachées.

Terre. 1/4 de terre de bruyère, 1/4 de terreau, 1/4 de terre végétale et 1/4 de sable de rivière. Les Bougainvilliers aiment les sols riches et bien drainés, pas trop lourds.

Taille.
- *Pinçage.* Pincer sévèrement après la floraison, pour garder le Bonsaï compact et touffu.
- *Taille des rameaux.* Après la floraison, rabattre les rameaux à 2 ou 3 yeux.
- *Taille des branches.* En hiver, lorsqu'il y a moins de feuilles sur l'arbre, tailler les branches trop allongées, pour conserver sa forme à l'arbre. Tailler les branches mortes ou endommagées, en février.

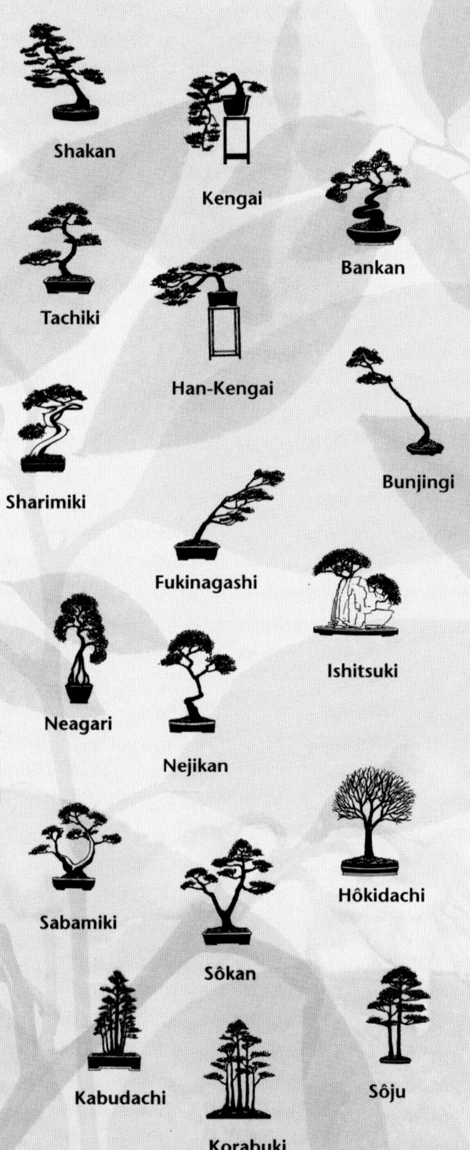

LES STYLES

Bougainvillier (Bougainvillea spectabilis).
Âge = 10 ans. Hauteur = 40 cm.
Style « Tachiki ». Photo : mai.
La floraison de ce Bougainvillier va continuer à se développer. Les inflorescences faneront et pourront refleurir à l'automne.

Ligaturage. Ligaturer les branches lignifiées. Ne laisser cette ligature que quelques mois (de 3 à 5 mois) sur l'arbre.

Arrosage. Fréquent et régulier, mais pas trop abondant, car les Bougainvilliers perdent leur feuillage quand ils sont trop arrosés. En été, arroser tous les jours. Juste avant la floraison, ne pas arroser pendant une bonne semaine, pour favoriser les boutons floraux. L'arrosage est réduit en période de floraison et repris ensuite.

Vaporisation. Vaporiser quotidiennement autour du feuillage des arbres vivant en extérieur. Les Bougainvilliers aiment un air chaud et humide. Ne pas vaporiser un arbre en fleur.

Engrais. Après la floraison et en automne, donner un engrais organique à décomposition lente. Environ une fois tous les 15 jours. Alterner engrais liquide et engrais solide.

DIAGNOSTIQUER ET SOIGNER

PARASITES

Pucerons verts. Voir p. 33.

Cochenilles. Voir p. 33.

MALADIES

Chlorose.

SYMPTÔMES. Le feuillage jaunit progressivement en partant du limbe et des nervures. Les nouvelles feuilles sont petites et décolorées.

REMÈDES. Donner du fer, de l'azote, du magnésium et du zinc à la terre. Éviter les excès de sodium et de calcium, de froid et d'eau ; éviter les courants d'air et les gaz toxiques. Placer à la lumière. Vaporiser le feuillage.

BUIS

À fleurs et à fruits. Persistant. Famille des Buxacées. Originaire d'Asie et du pourtour méditerranéen, cet arbuste robuste peut être plusieurs fois centenaire. Son bois est dur et dense. Il a des rameaux nombreux, au feuillage vert foncé, brillant et coriace. Il donne des fleurs unisexuées blanc jaune, puis des fruits en forme de capsule renfermant deux gaines noires et brillantes. On peut le tailler de toutes les manières.

CRÉER

Par bouturage. En octobre, prélever des rameaux aoûtés. Les planter dans un mélange tourbe-sable, sous châssis et au frais. On peut aussi prélever des boutures au début du printemps, avant le bourgeonnement. Les empoter au printemps suivant, quand l'enracinement est bon.

ENTRETENIR

Ensoleillement. Placer le Buis près d'une fenêtre, à la lumière. L'été, dans le Midi, on peut le sortir. Dans ce cas, le placer à la mi-ombre. Le *Buxus sinicio* peut vivre toute l'année dehors dans les régions qui ne connaissent pas le gel.

Température. Le Buis aime la chaleur. Protéger dès que la température atteint 5 °C. L'hiver, la température ne doit pas descendre en dessous de 1°C pour le *Buxus harlandii* et 7 °C pour le *Buxus sinicio*.

Ventilation. Le Buis craint les courants d'air. S'il est dehors, l'abriter du vent.

Céramique. Assez profonde, pour assurer une bonne stabilité à l'arbre.

Nettoyage. Ne pas hésiter à faire tomber à la main les feuilles qui commencent à jaunir. Brosser le tronc une à deux fois par an.

Croissance. Lente.

Rempotage. Tous les 2 ans, au printemps (avril-mai), tailler la moitié des racines et disposer dans un pot plus grand.

Terre. 1/4 de terre de bruyère, 1/4 de terreau, 1/4 de terre végétale et 1/4 de sable de rivière. Éviter les sols trop secs. Le *Buxus harlandii* n'a pas d'autres exigences particulières. Il supporte le calcaire.

LES ESPÈCES

Buxus harlandii. Originaire de Taïwan, cet arbuste très ramifié peut atteindre 10 mètres. Il a un tronc fort, une écorce grise, rugueuse mais souple, un feuillage persistant, vert brillant, et tout petit.

Buxus sinicio. Originaire de Chine, cette espèce a un bois très dur, de couleur beige, et de petites feuilles coriaces, rondes et brillantes.

Taille.
• *Taille des rameaux.* Rabattre les jeunes rameaux à 2 paires de feuilles dès qu'ils en ont émis 5 ou 6, pendant la période de végétation.
• *Taille des feuilles.* Elle est inutile, les feuilles étant très petites.
• *Taille des structures.* En fin d'hiver, retailler les branches et les parties mortes ou abîmées et raccourcir les ramures.

Ligaturage. On peut ligaturer tout au long de l'année. Ne pas laisser le fil de cuivre plus de 2 mois sur l'arbre.

Arrosage. Arroser assez abondamment. Bien laisser sécher la terre avant de redonner de l'eau. En hiver, si la pièce est fraîche, diminuer un peu la quantité. Bien mouiller la terre et les racines, et laisser sécher.

Vaporisation. Vaporiser autour du feuillage tous les jours. Au besoin, placer le Bonsaï sur un plateau de pouzzolane maintenue humide.

Engrais. Au printemps et en automne, donner au Buis de l'engrais organique à décomposition lente, en alternant engrais liquide et engrais solide. En hiver, si la température est aux environs de 22 °C, lui donner une fois de l'engrais.

LES STYLES

Buis (Buxus harlandii). *Âge = 12 ans.*
Hauteur = 5 cm. Style « Tachiki ».
Photo : juin.
Dès que les jeunes pousses tendres s'allongent, il est nécessaire de les rabattre régulièrement.

DIAGNOSTIQUER ET SOIGNER

PARASITES

Pucerons noirs et verts. Voir p. 33.

Araignée jaune (tétranyque tisserand). Voir p. 32.

MALADIES

Pourridié. Voir p. 35.

Rouilles. Voir p. 35.

CAMÉLIA

À fleurs et à fruits. Famille des Théacées. Originaire de Chine, du Japon et des Philippines, cet arbuste a été longtemps considéré comme un arbuste d'orangerie. Il pousse en pleine terre. Son feuillage est vert, épais et luisant. Ses fleurs sont parfumées ou non, blanches, roses ou rouges.

CRÉER

Par semis. Plonger les graines dans l'eau. Ne planter que celles qui coulent après les avoir fait tremper 24 heures dans de l'eau chaude pour ramollir la gousse, que l'on retire là où la graine doit germer. Effectuer le semis en serre chaude. La germination est rapide.

Camélia (Camellia). *Âge = 15 ans. Hauteur = 35 cm. Style « Tachiki ». Photo : juillet.*

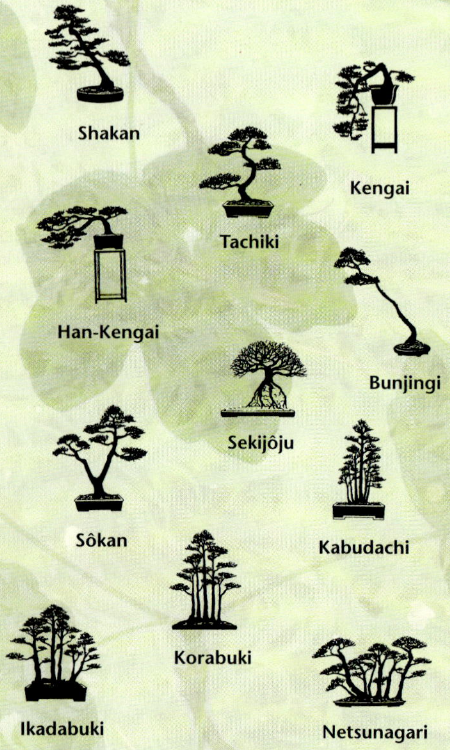

LES STYLES

LES ESPÈCES

Camellia japonica. Atteint environ 10 mètres en Europe. Feuilles ovales, brillantes, vert foncé. Fleurs de mars à mai, rouges, blanches ou roses pour les variétés à pétales arrondis (de 5 à 7), généralement simples, inodores.
Camellia reticulata. Atteint environ 5 mètres en Europe. Port irrégulier. Ne se ramifie que par la taille. Feuilles longues, étroites, réticulées, vert foncé. Grandes fleurs (de 15 à 20 pétales) en forme d'entonnoirs, roses, rouges, violettes, inodores.
Camellia sasanqua. Atteint 3 à 7 mètres. Port lâche. Petites feuilles velues, vert plus clair que les autres espèces, oblongues, pointe émoussée, nervures. Fleurs en janvier-février (de 6 à 8 pétales) ; dans la région nantaise, fleurs en novembre-décembre, blanches ou roses, parfumées.

Par bouturage. En janvier-février par boutures de têtes ou de tiges avec 3 feuilles, ou en juillet-août avec des rameaux aoûtés. Plonger dans une hormone à bouturer pendant 24 heures et planter dans 1/3 de terre de bruyère et 2/3 de sable. Garder au chaud. Enracinement en 6 semaines.

Par marcottage aérien. Au printemps.

Par jeunes plants de pépinière.
/Voir 1re partie/.

ENTRETENIR

Ensoleillement. Le Camélia a besoin de lumière pour fleurir. Préférer un emplacement mi-ombragé. Éviter les brusques changements d'ensoleillement.

Température. Éviter les brusques changements de température. Le Camélia supporte le gel jusqu'à – 12 °C, à condition qu'il ne se prolonge pas. Retirer la neige du feuillage qui serait brûlé. Préfère un temps doux et a besoin de chaleur pour fleurir. Le *Camellia sasanqua* est plus résistant au froid.

Ventilation. Placer à l'abri du vent, mais dans un endroit régulièrement aéré.

Céramique. Assortir la céramique aux fleurs du Camélia. Choisir une coupe de taille et de profondeur moyennes, où le Camélia s'épanouira dans un sol constant.

Nettoyage. Retirer les feuilles mortes et les fleurs fanées. Brosser régulièrement le tronc.

Croissance. Arbuste à croissance lente.

Rempotage. Tous les ans, à la fin du printemps : en mai-juin, quand les rameaux achèvent leur croissance et que les boutons sont formés. Choisir un pot de dimension légèrement supérieure au précédent. Tailler un peu les racines.

Terre. La moitié de terre de bruyère, 1/4 de terreau et 1/4 de tourbe. Le sol doit être acide. La terre peut être argileuse. On doit y trouver de la terre de gazon, de la terre de couche, de la tourbe et, éventuellement, du sable de rivière en très faible quantité.

Taille.
- *Taille des rameaux.* Tailler les rameaux avec des ciseaux, lorsque les fleurs ont fané et avant que les nouveaux bourgeons ne durcissent.

Ligaturage. Peut se faire à tout moment, sauf au début du printemps. Protéger les branches cassantes avec du raphia ou utiliser un fil de cuivre enveloppé dans du papier. Ne laisser ce fil que 3 à 4 mois.

Arrosage. Bien arroser en été, surtout si le temps est sec et chaud. Diminuer l'arrosage en septembre. Laisser faner les rameaux par manque d'eau pour favoriser la floraison. En revanche, maintenir humide lorsque le Camélia est en boutons, pour éviter que ces derniers ne tombent.

Vaporisation. Nécessaire. Bassiner le feuillage en été, sauf en plein soleil et lorsque le Camélia est en boutons. Ne pas vaporiser les fleurs : elles faneraient.

Engrais. Le Camélia supporte mal les engrais chimiques. Donner un engrais organique à décomposition lente. Le meilleur engrais : ses propres feuilles en décomposition.

DIAGNOSTIQUER ET SOIGNER

PARASITES

Charançons.
SYMPTÔMES. Racines et collet rongés par des larves. Feuillage dentelé ; arbre jauni, desséché ; arrêt de sa croissance.
REMÈDES. Aux premières attaques, dépoter, retirer les larves et la terre contaminée ; tailler les racines et rempoter avec une bonne terre. Pulvériser des insecticides de contact de mai à juillet.

Cochenilles. Voir p. 33.

MALADIES

Fumagine.
SYMPTÔMES. Croûtes noires sur les feuilles et les tiges. Dépôt poisseux.
REMÈDES. Nettoyer les feuilles avec une éponge imbibée d'eau et d'alcool. Détruire les insectes, responsables de la fumagine, avec des insecticides.

Taches foliaires. Voir p. 35.

Cloques.
SYMPTÔMES. Les feuilles et les nouvelles pousses épaississent puis se déforment.
REMÈDES. Pulvériser des fongicides.

Mosaïque.
SYMPTÔMES. Jaunissement du limbe. Des taches plus claires partent des nervures ; les feuilles peuvent tomber. Les pétales se panachent.
REMÈDES. Pas de traitement. Vérifier s'il n'y a pas de parasites.

Chute des boutons.
SYMPTÔMES. Les boutons avortent et tombent, le bord des fleurs brunit.
REMÈDES. Éviter les excès d'eau et de chaleur. Placer le Camélia à la lumière, en évitant un soleil direct.

Chlorose.
SYMPTÔMES. Les feuilles jaunissent autour du limbe et près des nervures. Les nouvelles feuilles sont décolorées et tombent.
REMÈDES. Donner de l'azote, du fer, du magnésium et du zinc à la terre. Éviter les excès de calcium, de sodium, de froid, d'eau, les courants d'air et les gaz toxiques. Placer le Camélia à la lumière.

Brûlures.
SYMPTÔMES. Le limbe se décolore, avant de sécher. Le feuillage est crispé et troué.
REMÈDES. Ne pas vaporiser le feuillage au soleil. Éviter un soleil direct, le froid, les gelées tardives, l'engrais trop azoté, les produits de traitement, la pollution et les animaux. Disposer l'engrais loin du tronc, sans toucher aux feuilles. Bassiner le feuillage pour le nettoyer, et arroser au pied de l'arbre en fin de journée.

Dessèchement des fleurs.
SYMPTÔMES. Taches brunes sur les pétales, entraînant la chute des fleurs. Formation de masses globuleuses.
REMÈDES. Tailler les fleurs malades. Renouveler la terre sur le dessus.

CARAGANA

Caduc. Persistant à subpersistant. Famille des Léguminosacées spinescentes. Originaire d'Asie centrale, du sud de la Russie, de la Mandchourie et de l'Himalaya. Le genre Caragana regroupe environ cinquante espèces d'arbustes spinescents. La plupart de ceux-ci ont un feuillage caduc, ovale, alterne, épineux, fasciculé, qui peut être persistant en situation plus chaude. Les fleurs à corolle sont généralement jaunes, parfois blanches ou roses. Caragana vient du mot mongol « caragan ».

CRÉER

Par semis. Récolter les graines. Les faire tremper pendant 12 heures dans de l'eau tiède avant de les planter, en mai, en pleine terre et au chaud. La germination démarre au bout de 3 semaines et dure 2 bons mois. Empoter au printemps suivant.

Par bouturage. En juillet, prélever des boutures et les replanter dans un mélange sable-tourbe.

Par marcottage aérien. À la fin du printemps ou au début de l'été.

Par greffage. Sur la grassola arborescente.

ENTRETENIR

Ensoleillement. Le Caragana aime les emplacements ensoleillés et lumineux.

Température. Le Caragana supporte aussi bien la chaleur que le froid mais pas le gel. Protéger dès que la température atteint 5 °C.

Ventilation. Éviter les courants d'air, mais placer en situation bien aérée.

Céramique. Pot moyennement profond, souvent émaillé, rarement décoré.

Nettoyage. Retirer les feuilles jaunes qui se forment régulièrement.

Croissance. Lente, mais on peut rapidement mettre en valeur des racines à la base du tronc.

Rempotage. Tous les 2 ans, au printemps, tailler la moitié des racines et remettre dans un pot de dimension supérieure au précédent.

LES ESPÈCES

Caragana arborescens. Originaire de Sibérie et de Mandchourie, cette espèce au port étroit et dressé, au feuillage oblong, vert brillant, peut atteindre 6 mètres. Les fleurs jaune clair apparaissent en mai. Les fruits ressemblent à des pois.

Caragana chamlagu. Originaire du nord de la Chine, c'est un arbuste de 1,50 mètre, aux branches dressées et étalées, et aux rameaux épineux. Le feuillage vert foncé et lustré est plus ou moins persistant. Des fleurs orange apparaissent en juin.

Caragana frutescens. Originaire de Sibérie, cet arbuste peut atteindre un mètre. Les feuilles à 3 paires de folioles sont obovales, portant une épine au sommet du rachis. Les feuilles jaunes éclosent en avril.

Terre. Mélanger 1/4 de terre de bruyère, 1/4 de terreau, 1/4 de terre végétale et 1/4 de sable de rivière. Les Caraganas se plaisent dans tous les sols, mais ont une préférence pour les sols calcaires, rocailleux, secs, voire pauvres.

Taille.
- *Taille des rameaux.* Après la floraison, tailler les rameaux du Caragana avec une paire de ciseaux, en ne laissant que 2 ou 3 yeux. Pendant la période végétative, laisser pousser les rameaux de 5 yeux et tailler en n'en laissant que 2. À la fin de l'automne, bien rabattre les départs tardifs.
- *Taille des feuilles.* Inutile, car l'arbre porte de petites feuilles.

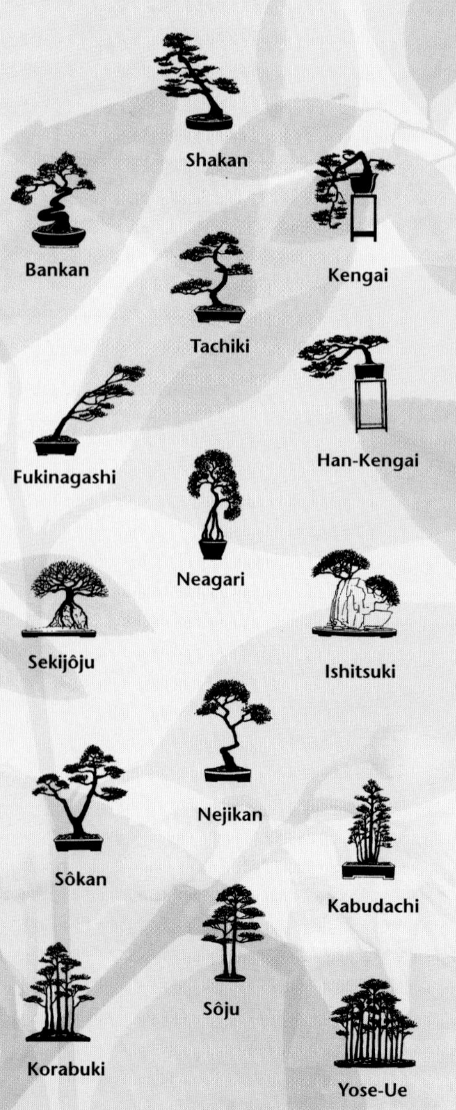

LES STYLES

Caragana arborescent
(Caragana arborescens).
Âge = 10 ans.
Hauteur = 20 cm.
Style « Sôkan ».
Photo : juin.

Arrosage. Pas trop d'eau. Le Caragana supporte la sécheresse. Bien laisser sécher la terre entre deux arrosages. Arroser un peu plus en été et en hiver.

Vaporisation. Vaporiser autour des feuilles régulièrement surtout en hiver si l'arbre est en situation chaude et a donc gardé une partie de son feuillage. Inutile quand l'arbre n'a pas de feuilles ou si l'air n'est pas sec.

Engrais. Au printemps et à l'automne, une fois par mois, donner à l'arbre un engrais organique à décomposition lente.

• *Taille des branches.* En fin d'hiver, faire une taille de structure en coupant les branches mortes et inesthétiques et en raccourcissant les autres.

Ligaturage. Toute l'année. Éviter, cependant, de ligaturer les nouvelles pousses tant qu'elles ne sont pas aoûtées. Ne pas laisser le fil de cuivre plus de 6 semaines.

DIAGNOSTIQUER ET SOIGNER

PARASITES

Pucerons verts. Voir p. 33.

Araignée rouge. Voir p. 32.

Cochenilles. Voir p.33

MALADIES

Mildiou.
SYMPTÔMES. Les feuilles sont tachées de jaune. Au revers, présence de poussière blanche. Les feuilles tombent.
REMÈDES. Tailler et détruire les feuilles malades. Pulvériser des fongicides à base de cuivre.

N.B. La plupart du temps, lorsque les feuilles jaunissent, sèchent et tombent, c'est parce qu'il y a excès d'arrosage. Si l'arbre s'étiole, c'est parce qu'il manque de lumière.

CARMONA OU ARBRE À THÉ

À fleurs et à fruits. Persistant à semi-persistant. De la famille des Boraginacées, le Carmona s'appelle aussi parfois *Ehretia,* du nom de G.D. Ehret, peintre des plantes. Originaire du sud-est de l'Asie, le Carmona, ou arbre à thé, peut atteindre une dizaine de mètres de hauteur. Son tronc mince et brun clair est couvert d'une écorce fissurée gris-beige ; son bois assez dur est blanchâtre. Le Carmona porte de nombreux rameaux courts, fins, érigés et chargés d'un feuillage vert, plus clair au revers, ovale et denté. Les petites fleurs blanches teintées de mauve éclosent au printemps et jusqu'à la fin de l'été puis donnent des fruits ronds d'abord verts, qui deviennent orange puis violet-brun à maturité. Le Carmona est communément appelé « arbre à thé de Fukien ». Ses feuilles, très recherchées, servent, en effet, à la préparation du thé.

CRÉER

Par bouturage. Le bouturage de rameaux s'effectue en serre, au printemps de préférence. /Voir 1re partie/.

ENTRETENIR

Ensoleillement. Le Carmona a besoin d'un endroit lumineux et ensoleillé. L'été, en extérieur, le placer à la mi-ombre.

Température. Il faut donner de la chaleur au Carmona. L'hiver, la température ne doit pas descendre en dessous de 17 °C. Dans le Midi, il peut être sorti l'été.

Ventilation. Le Carmona ne supporte pas les courants d'air, mais a besoin d'une circulation d'air autour de son feuillage.

Céramique. Choisir un pot assez profond, émaillé ou non.

Nettoyage. Retirer les feuilles jaunes sur l'arbre. Retirer aussi les départs du tronc et les drageons. Bien brosser l'arbre régulièrement.

LES ESPÈCES

Carmona macrophylla. Arbuste à l'écorce brun-gris fissurée, qui donne une impression de force. Le feuillage est vert sombre brillant et assez grand, mais proportionné à l'arbre. Les fleurs blanches en étoile éclosent en juin et donnent des baies lisses et rondes, vertes, puis orangées et enfin violettes.

Carmona microphylla. Cette espèce diffère de la précédente par un feuillage plus petit et un peu plus compact.

Croissance. Relativement rapide lorsque l'arbre est jeune.

Rempotage. Tous les 2 ans, au printemps (avril), tailler la moitié des racines et disposer dans un pot de dimension supérieure au précédent.

Terre. Mélanger 1/4 de terre de bruyère, 1/4 de terreau, 1/4 de terre végétale et 1/4 de sable de rivière. Le Carmona aime les sols fertiles.

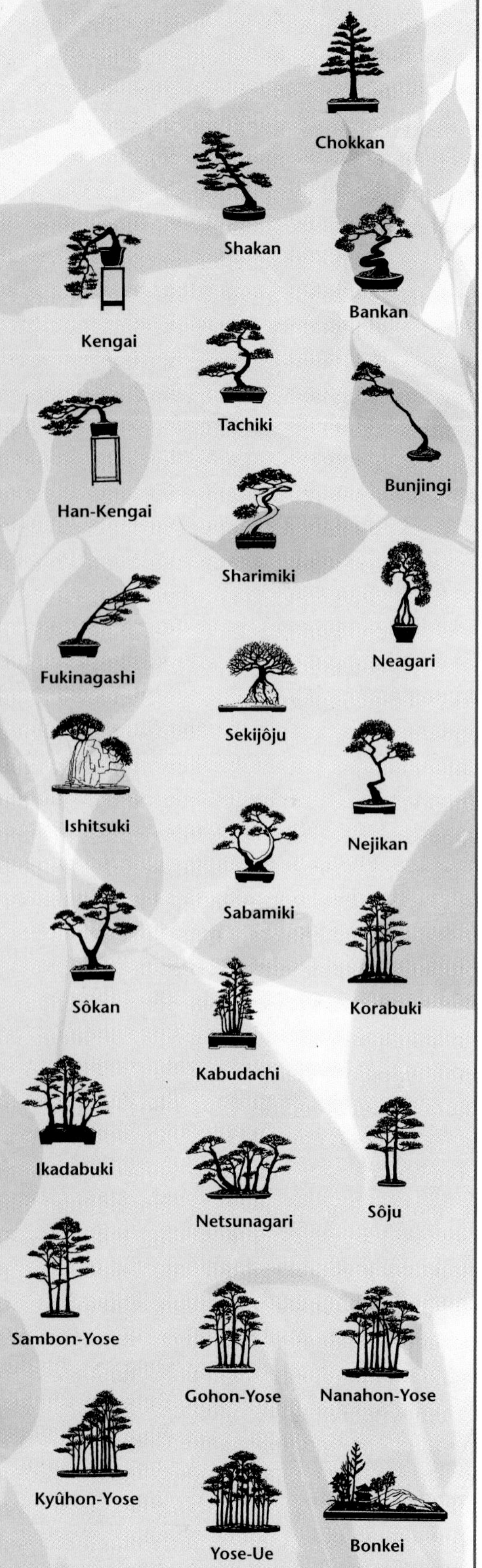

LES STYLES

Carmona (Carmona microphylla).
Âge = 70 ans. Hauteur = 80 cm.
Style « Nejikan ». Photo : mars.

Ligaturage. La mise en forme du Carmona est essentiellement donnée par la taille des rameaux. Toutefois, on peut ligaturer le Carmona toute l'année, excepté quand les branches ne sont pas encore aoûtées. Ne pas laisser le fil de cuivre plus de 8 semaines.

Arrosage. Abondant toute l'année. Bien laisser sécher entre deux arrosages. Donner moins d'eau après une taille ou un rempotage.

Vaporisation. Vaporiser autour du feuillage en brumisation très légère, toute l'année, surtout l'hiver quand le chauffage est allumé.

Taille.
• *Taille des rameaux.* Réduire les jeunes rameaux à 2 ou 3 feuilles dès qu'ils en ont émis 6 ou 7. Recommencer cette opération tout au long de la période de végétation.

• *Taille des branches.* Cette taille est possible en février, avant la reprise de végétation. Elle consiste à supprimer les branches mortes ou abîmées, ou celles qui sont trop allongées.

DIAGNOSTIQUER ET SOIGNER

PARASITES

Cochenilles lécanines et diaspines. Voir p. 33.

Cochenilles farineuses. Voir p. 33.

Pucerons. Voir p. 33.

Araignée jaune (tétranyque tisserand). Voir p. 32.

Escargots.
SYMPTÔMES. Limbe échancré. Surface foliaire réduite. Présence de tout petits escargots.
REMÈDES. Éviter un sol trop humide, retirer les escargots. Utiliser des molluscicides sur la terre, par contact ou ingestion.

Nématodes et vers. Voir p. 34.

MALADIES

Chlorose.
SYMPTÔMES. Le feuillage jaunit progressivement en partant du limbe et des nervures. Les nouvelles feuilles sont petites et décolorées.
REMÈDES. Donner du fer, de l'azote, du magnésium et du zinc à la terre. Éviter les excès de sodium et de calcium, de froid et d'eau ; éviter les courants d'air et les gaz toxiques. Placer l'arbre à la lumière. Vaporiser le feuillage.

N.B. Si le Carmona a des feuilles qui jaunissent et tombent, c'est parce qu'il y a un excès d'eau au niveau de la terre. S'il s'étiole, c'est parce qu'il manque de lumière.

CHARME

Caduc. Famille des Corylacées. Originaire des régions tempérées de l'hémisphère boréal : Europe, Asie centrale et orientale, nord de l'Himalaya. Sa longévité est d'environ 200 ans et, sa hauteur, de 20 mètres. Arbre au tronc cannelé, droit, à l'écorce sinueuse, il a de nombreuses branches longues et fines, un sommet ovale et étroit. Les feuilles, caduques, alternes-ovales, doublement dentées, gaufrées, ne sont pas ramifiées. Il donne des chatons en avril-mai, et des fruits, mûrs en octobre.

CRÉER

Par semis. Récolter la graine à maturité et semer tout de suite. Lorsqu'on sème (en février) une graine sèche, elle peut passer un an avant de germer. S'il est impossible de semer, stratifier la graine et la planter en février suivant. La germination aura lieu à la mi-mai. Protéger les nouvelles pousses des gelées tardives.

Par bouturage. Au printemps, lors de la taille. Tailler un rameau. L'écorcer légèrement. Tremper dans une hormone d'enracinement, étêter et planter dans un mélange sable-tourbe. Protéger du froid.

Par marcottage aérien. Au printemps, sur une branche assez fine.

Par greffage. Lorsqu'on ne peut pas obtenir le Charme par les autres méthodes, on pratique la greffe anglaise ou en incrustation, en janvier, sur des rameaux de 2 ans, en serre.

Par jeunes plants de pépinière. Donne de très bons résultats : le Charme supporte bien d'être taillé et rabattu.

LES ESPÈCES

Carpinus japonica. Feuilles allongées, très gaufrées, vert foncé dessus, brun-rouge dessous. Fruits en grappe appelé aussi *Carpinus laxiflora.*

C. coreana, Charme de Corée. Petites feuilles vernissées légèrement coriaces, tronc gris-beige, lisse, noueux et rugueux à la base sur les sujets « Yamadori » venant de Corée.

Charme du Japon (Carpinus laxiflora). *Âge = de 7 à 20 ans. Hauteur = 45 cm. Style : « Yose-Ue ». Photo : juillet.*

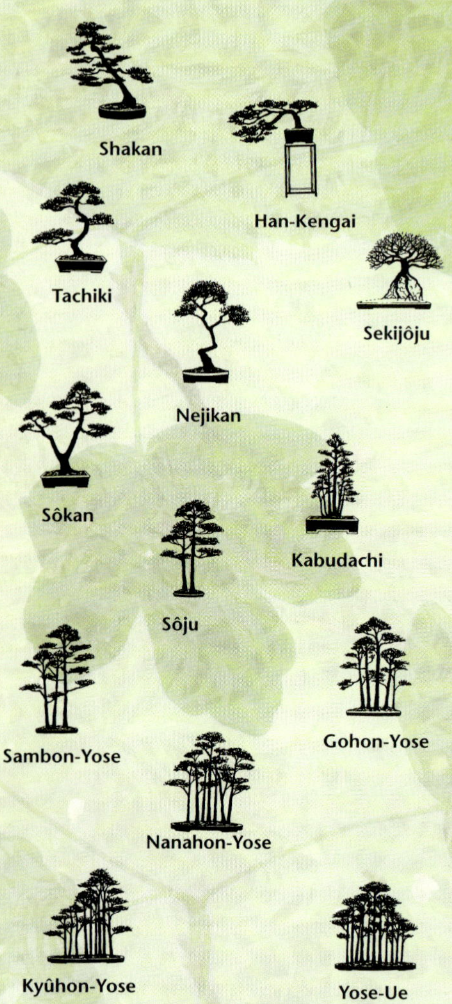

LES STYLES

Charme (Carpinus carpinoides). *Âge = 40 ans. Hauteur = 60 cm. Style « Tachiki ». Photo : mars. L'apparition des inflorescences a précédé de très peu celle des feuilles. La couleur gris-blanc vernie du tronc est spécifique à la variété.*

Terre. 2/3 de terre végétale et 1/3 de sable de rivière. Le Charme préfère une terre argileuse, fraîche et humide : il supporte le calcaire et peut pousser dans de mauvais sols.

Taille.
- *Taille des branches.* Avec des ciseaux, réduire chaque branchage à 1 ou 2 paires de feuilles après qu'il en a émis 4 ou 5.
- *Taille de structure.* À la fin de l'hiver, faire une bonne taille de propreté et d'entretien pour discipliner les branches et obtenir une ramification ordonnée. Le Charme supporte bien les tailles.

Ligaturage. La forme est surtout donnée par la taille. Si nécessaire, ligaturer au printemps et en été.

Arrosage. Abondant, surtout du milieu du printemps au milieu de l'automne. Mais il doit y avoir un bon drainage pour éviter toute stagnation de l'eau. La terre doit être humide, mais pas trempée.

Vaporisation. Bassiner le feuillage en été pour nettoyer l'arbre de la pollution et d'éventuels parasites.

Engrais. Au printemps et à l'automne, donner un engrais organique à décomposition lente. Pas d'engrais en juillet-août. Attendre 2 mois après un rempotage. Pas d'engrais à un arbre en mauvais état.

ENTRETENIR

Ensoleillement. Arbre de taillis, le Charme n'aime pas beaucoup le plein soleil de l'été, mais il supporte bien le soleil des autres saisons. Notons cependant que les jeunes sujets ont besoin d'ombrage.

Température. Le Charme résiste aussi bien aux gelées qu'à la chaleur.

Ventilation. Le Charme supporte le vent (l'arbre est souvent employé pour des haies).

Céramique. Pas de besoins particuliers, s'accommode de pots très plats lorsqu'il est planté en forêt.

Nettoyage. Retirer les feuilles mortes des branches et du sol à l'automne. Ne pas laisser la mousse envahir la base du tronc.

Croissance. Très lente.

Rempotage. Au début du printemps. Tous les 2 ou 3 ans, dans un pot de dimension supérieure au précédent. Tailler une bonne moitié des racines. Retirer les racines mortes ou abîmées.

DIAGNOSTIQUER ET SOIGNER

PARASITES

Le Charme de Corée est très résistant à la pollution comme aux attaques de parasites et de maladies.

Araignées rouges. Voir p. 32.

Géomètres (chenilles). Voir p. 33.

Bombyx (chenilles). Voir p. 33.

MALADIES

Oïdium. Voir p. 34.

Taches foliaires. Voir p. 35.

CÈDRE

Conifère persistant. Famille des Pinacées. Le Cèdre peut dépasser 50 mètres et vivre 2000 ans. Les aiguilles aciculaires sont persistantes. Les rameaux courts portent des aiguilles rassemblées en rosettes. Les cônes ovoïdes ont une surface lisse, les écailles, appliquées étroitement les unes sur les autres, sont larges et minces. Au printemps, sur les jeunes pousses, les aiguilles piquantes sont isolées. Les cônes donnent des graines en hiver.

CRÉER

Par semis. La graine récoltée en hiver sur les cônes, lorsque les écailles inférieures se détachent, est trempée 48 heures dans l'eau pour être ramollie. En attendant de la planter dans un mélange de tourbe et d'argile, la conserver dans le cône. On peut aussi la planter en mai pour de meilleurs résultats germinatifs. Lorsque la graine a germé, la mettre en pot au bout d'une année. Pour obtenir un tronc droit, on peut tuteurer tout de suite ce jeune plant d'une année.

Par marcottage simple. On peut marcotter une branche basse au printemps. Dépouiller de ses aiguilles la partie de la branche à enterrer. Faire une petite incision sur l'écorce pour favoriser l'enracinement. Enterrer et maintenir la terre humide. Lorsque des racines sont sorties, la marcotte a pris. Séparer alors la branche et la mettre en pot. Protéger des intempéries comme un Bonsaï nouvellement rempoté.

Par bouturage. Les boutures se font soit à la fin du printemps, soit à l'automne, alors en serre, sur de courts rameaux de bois aoûtés. Avec de la chaleur, l'enracinement se fait en hiver. Transplanter au printemps suivant dans un pot de culture petit, avec un mélange de tourbe et d'argile.

Par greffage. La greffe se fait de septembre à octobre, en placage.

Par jeunes plants de pépinière. /Voir 1re partie/.

ENTRETENIR

Ensoleillement. Plein soleil toute l'année, mais éviter les excès pour les jeunes sujets et pour le *Cedrus atlantica aurea.*

Température. Le Cèdre est très sensible aux grands froids, et peut mourir lorsqu'il gèle. Il faut donc impérativement le protéger dès qu'un froid vif survient, surtout au niveau du pot et des racines. Il s'acclimate parfaitement dans les régions de la Loire et du sud-ouest de la France, car il aime la chaleur.

Ventilation. Supporte le vent mais mal les courants d'air. Protéger les jeunes sujets et les arbres nouvellement rempotés d'un excès de vent.

Céramique. À l'arbre jeune convient un pot moyennement profond, car sa croissance est lente. À l'arbre âgé, il faut un pot

LES ESPÈCES

Cedrus libani. On le trouve actuellement surtout en Syrie et en Turquie. Branches étalées horizontalement, aiguilles gris argent ou vert sombre, tronc gros et parfumé à l'écorce gris foncé striée de fissures rapprochées. Âgé, il a plusieurs tiges principales.
Cedrus atlantica. Originaire de l'Atlas. Cime pyramidale, rameaux souvent retombants soit allongés avec des aiguilles isolées, soit courts avec des aiguilles groupées en rosettes. Les aiguilles courtes sont vert bleuté.
Cedrus deodara. Originaire de l'ouest de l'Himalaya. Forme pyramidale, rameaux retombants, feuillage léger, clair et glauque, aiguilles plus pointues, tronc plus clair, cônes violets. Longue flèche incurvée.
Cedrus brevifolia. Originaire de Chypre. Taille moyenne, aiguilles petites, de couleur vert sombre avec des reflets gris argenté.

LES STYLES

Cèdre (Cedrus deodora glauca). Âge = 15 ans. Hauteur = 40 cm. Style indéfini, se rapproche d'une forme « semi-pleureur » comme on en rencontre souvent dans nos jardins.

profond et large. Replanter de préférence dans un pot non émaillé ou émaillé, mais dans des tons de brun, brique ou neutres.

Nettoyage. À l'automne, retirer les aiguilles jaunes. Penser à tailler et enlever les parties mortes ou abîmées à l'intérieur de l'arbre pour lui assurer un plus beau développement. Nettoyer le sol des feuilles et branches mortes.

Croissance. Comme la plupart des conifères, le Cèdre a une croissance très lente. Son port devient majestueux avec l'âge.

Rempotage. Au printemps, entre mars et avril, tous les 3 à 5 ans. Tailler entre un tiers et la moitié des racines. Penser à conserver un peu de terre ancienne lors du rempotage. Attention, les Cèdres reprennent difficilement lorsqu'ils sont transplantés à racines nues.

Terre. 1/3 de terreau, 1/3 de terre végétale, 1/3 de sable de rivière. Le Cèdre supporte des sols calcaires, excepté *Cedrus deodara.* Il prospère dans tous les sols, à condition qu'ils ne soient pas trop humides. Il préfère, tout de même, les sols argilo-siliceux perméables.

Taille.
• *Pinçage.* Au cours du printemps, pincer sévèrement les nouvelles pousses avec les doigts. Ne pas couper les aiguilles. Dans le courant de l'été, retirer les rejets.
• *Taille des feuilles.* On ne coupe jamais les aiguilles des conifères. Retirer 1/3 du feuillage sur les rameaux.
• *Taille des branches.* À l'automne, retirer les extrémités des rameaux qui ont beaucoup poussé. Au printemps, tailler les branches qui ont tendance à s'étendre en coupant juste au-dessus d'une touffe d'aiguilles.

Ligaturage. Il est nécessaire de ligaturer les Cèdres lorsqu'on veut diriger leur silhouette. Elle peut déjà être préformée par le pinçage et la taille. Ligaturer à la fin de l'automne et retirer les fils de cuivre 10 à 12 mois plus tard. Si le fil s'est incrusté dans l'écorce, ne pas l'arracher mais enlever délicatement à la pince les morceaux accessibles. Recommencer l'opération tous les ans, jusqu'à ce que la forme désirée soit atteinte. Ne pas coincer les aiguilles entre le fil et l'écorce.

Arrosage. Abondant au printemps et en été. Le Cèdre doit avoir le temps de ressuyer le sol avant un nouvel arrosage. Il craint les sols humides. Diminuer la fréquence d'arrosage à l'automne. En hiver, incliner le pot s'il reçoit beaucoup de pluie.

Vaporisation. En été, bassiner à fond le feuillage. Le Cèdre aime l'humidité au niveau de ses aiguilles. Le bassinage permet de nettoyer le tronc et les aiguilles de l'arbre de la poussière et de la pollution, quoiqu'il résiste à cette dernière.

Engrais. Donner un engrais organique au printemps et à l'automne, une fois par mois. Augmenter la dose en automne pour mieux préparer le Cèdre à l'hiver. Ne pas donner d'engrais pendant 2 mois à un Cèdre nouvellement rempoté ou en mauvais état.

DIAGNOSTIQUER ET SOIGNER

PARASITES

Scolytes. Voir p. 34.

Processionnaires du Pin (chenilles).
SYMPTÔMES. Nid soyeux accroché sur les aiguilles en hiver. Aiguilles dévorées. Défeuillaison. Déformation des rameaux.
REMÈDES. Retirer les nids. Détruire les rameaux attaqués. Injecter du pétrole dans les nids. Appliquer un larvicide en septembre. Risque d'urticaire.

MALADIES

Pourridié. Voir p. 35.

MICOCOULIER

Caduc. Famille des Ulmacées. Originaire des régions tropicales ou subtropicales pour la plupart des espèces : une quinzaine d'espèces sont originaires des zones tempérées de l'hémisphère Nord. On recense environ 70 espèces.

CRÉER

Par semis. Récolter la graine quand elle est mûre. La stratifier pendant un an. Planter au printemps. La germination est très irrégulière. Maintenir le sol humide jusqu'à la germination.

Par bouturage. Se pratique en été, sur de jeunes rameaux étêtés et trempés dans une hormone d'enracinement.

Par marcottage aérien. Écorcer la partie à marcotter. Entailler pour favoriser le racinage et maintenir la fente entrouverte. Entourer de sphagnum humide. Recouvrir d'un sac en plastique hermétique. Maintenir humide. Sevrer quand l'enracinement est fait. Mettre en pot et protéger du gel.

ENTRETENIR

Ensoleillement. Plein soleil.

Température. Le Micocoulier ne supporte pas les gelées (excepté les *Celtis occidentalis*). En revanche, il aime la chaleur.

Ventilation. Le Micocoulier supporte bien les emplacements aérés, mais sans vent fort ou dominant.

Céramique. Un pot assez profond, car le Micocoulier a besoin de sol profond.

Nettoyage. Bien retirer les feuilles mortes en automne. Dégager la mousse qui pourrait envahir le tronc.

Croissance. Très lente : il pousse de 3 mètres en 20 ans. Le *C. occidentalis* a une croissance un peu plus rapide.

Rempotage. Au début du printemps, tous les 3 ans, replanter dans un pot de dimension supérieure au précédent. Tailler entre un tiers et la moitié des racines. Penser à retirer toutes les racines mortes, abîmées ou âgées.

Terre. Mélanger 2/3 de terre végétale et 1/3 de sable de rivière. Le Micocoulier prospère dans les sols légers, riches, frais, mais ni humides ni glaiseux. La terre peut être calcaire, sèche et même rocailleuse.

Taille.
- *Taille des pousses.* Se pratique du printemps à la fin de l'été. Attendre que les nouvelles pousses du Micocoulier aient 3 ou 4 nœuds, les couper aux ciseaux pour n'en laisser qu'un ou deux. Éliminer les pousses futures.
- *Taille des rameaux.* Rabattre les rameaux trop allongés afin d'obtenir une bonne ramification. Tailler aux aisselles des feuilles ; se formeront alors deux nouveaux départs, auxquels on ne laisse qu'une paire de feuilles.
- *Taille des branches.* Se pratique en mars-avril, juste avant que la végétation ne redémarre.

Micocoulier de Taïwan (Celtis formosanum). *Âge = 90 ans. Style « Sabamiki ». Hauteur = 60 cm. Photo : octobre. Le tronc creusé confère à cet arbre un aspect vénérable.*

LES STYLES

Micocoulier (Celtis australis).
Âge = 20 ans.
Hauteur = 18 cm.
Mélange rare de 2 styles, ici « Chokkan » et « Hôkidachi ».

LES ESPÈCES

Celtis sinensis. Grandes feuilles caduques ovales, brillantes, vert foncé. Donne des fruits rouges décoratifs et comestibles. De port étalé, il peut atteindre une vingtaine de mètres.

Celtis australis (Micocoulier de Fabregnier). Croît sur le pourtour de la Méditerranée, atteint environ 25 mètres. Son tronc est court et cannelé, son sommet touffu et arrondi. Les branches inférieures sont horizontales. Il peut vivre 600 ans. Les feuilles, caduques, longues, pointues, sont asymétriques, obliques et lisses à leur base, sinon dentées. Vert foncé dessus, grises et molles en dessous. Fruits de couleur violette, mûrs en octobre.

Celtis occidentalis. (Micocoulier de Virginie). Originaire du nord-est des États-Unis et du Canada. Arbre au tronc allongé et assez rectiligne, à la cime arrondie formée de rameaux rigides et parfois tombants. Son feuillage est vert clair, lustré et velouté, oval et denté. Ses fruits sont rouges.

Ligaturage. Du printemps à l'automne, en protégeant les branches avec du raphia. Travailler la forme essentiellement par la taille des pousses, des rameaux et des branches.

Arrosage. Abondant en période chaude. Bien laisser sécher la terre entre deux arrosages. N'aime pas les sols humides.

Vaporisation. On peut bassiner le feuillage en même temps que l'on arrose l'arbre.

Engrais. Du printemps à l'automne, donner un engrais organique à décomposition lente, de préférence en boulettes, en poudre ou liquide. Ne pas apporter d'engrais en juillet-août, ni à un arbre chétif. Attendre 2 mois après un rempotage. Un bon apport d'engrais durcit les branches et les rend plus fortes.

DIAGNOSTIQUER ET SOIGNER

PARASITES

Acariens. Voir p. 32.

Scolytes. Voir p. 34.

Bombyx (chenilles). Voir p. 33.

Pucerons verts et galligènes. Voir p. 33.

MALADIES

Virus de la mosaïque.
SYMPTÔMES. Le limbe est strié de jaune, les nervures présentent des mosaïques. Les vieilles feuilles jaunissent et tombent. La maladie est plus ou moins violente selon le climat et la région, peu fréquente chez les Micocouliers.
REMÈDES. Aucun.

N.B. Lutter contre d'éventuels nématodes ou autres parasites. Nettoyer les outils. Les insecticides freinent l'extension du virus mais ne le guérissent pas.

Graphiose.
N'atteint que le *Celtis australis.*
SYMPTÔMES. Les feuilles jaunissent, les nervures brunissent, les rameaux flétrissent. Les feuilles tombent et les rameaux se recourbent. Les bourgeons sont secs et cassants.
REMÈDES. Utiliser des fongicides systémiques.

N.B. Si l'emplacement n'est pas correct et si l'arrosage est insuffisant ou excessif, le Micocoulier peut présenter des feuilles jaunes et avoir des champignons.

COGNASSIER

À fleurs et à fruits. Caduc. Famille des Rosacées. Originaire de Chine et du Japon, cet arbuste à feuilles caduques a des fleurs printanières éclatantes et donne des fruits jaunes. Ses rameaux sont tortueux et épineux.

CRÉER

Par semis. Moudre les fruits après maturité. Nettoyer les graines. Les stratifier. Semer en mars. Germination rapide.

Par bouturage. Bouturer en juin-juillet. Tremper la bouture dans une hormone d'enracinement. Enracinement assez lent.

Par marcottage simple. De mai à juillet, avec des rameaux de l'année. Laisser le racinage se faire. Sevrer au printemps suivant et empoter.

ENTRETENIR

Ensoleillement. A besoin de soleil et de lumière. Placer l'arbuste au sud. En plein été, il peut être semi-ombragé.

Température. Le Cognassier aime la chaleur et craint le gel.

Ventilation. Protéger l'arbre du vent, mais veiller à ce qu'il soit bien aéré et à ce que l'air circule.

Céramique. Elle peut être ornée de motifs qui rappellent les fleurs du Bonsaï, et devra être peu ou moyennement profonde.

Nettoyage. En pleine fructification, retirer une partie des fruits, et la totalité après maturité, pour ne pas fatiguer l'arbre.

Croissance. Sa croissance est lente, car le Cognassier est rabattu tous les ans.

Rempotage. Tous les deux ans, au début du printemps, après la floraison, remettre dans un pot de dimension supérieure. On peut aussi rempoter à l'automne (octobre), mais protéger le Cognassier des intempéries et du gel après le rempotage. Tailler environ la moitié des racines.

Terre. La moitié de terre végétale, 1/4 de terreau et 1/4 de sable de rivière. Le Cognassier préfère une terre légère et nutritive avec très peu de calcaire.

Taille.
• *Taille des rameaux.* Après la floraison, réduire à deux yeux les nouvelles pousses. Supprimer les pousses tardives.
• *Taille des branches.* En juin, tailler les vieilles branches et les rameaux courts. En septembre, bien rabattre l'arbre. Bien enlever tous les départs du tronc.

Ligaturage. Du début du printemps à la fin de l'été. Laisser le fil environ quatre mois, puis le retirer en veillant à ne pas

LES ESPÈCES

Chaenomeles lagenaria. Arbuste de 2 mètres, tortueux, épineux, aux feuilles vertes et brillantes, ovales, dentées et glabres. Fleurs en mars, rouge foncé, roses, parfois blanches. Fruits en octobre, jaunes, odorants et amers.
Chaenomeles japonica. Arbuste épineux, aussi haut que large (environ 1 mètre). Port compact, étalé. Feuilles vertes, ovales et lisses.
Fleurs en mars, rouges et brillantes. Fruits en octobre, ronds, jaune-vert, tachés de rouge, parfumés, et non comestibles.
Chaenomeles sinensis. Arbuste de 60 centimètres, aux rameaux sans épines, à l'écorce écaillée. Feuilles oblongues, dentées, velues au printemps, écarlates en automne. Fleurs en mai, rose saumon, ou blanches. Fruits en octobre, oblongs, durs, jaune foncé.
Chaenomeles superba résulte du croisement entre ***Chaenomeles lagenaria*** et ***Chaenomeles japonica.*** Il est moins courant en Bonsaï.

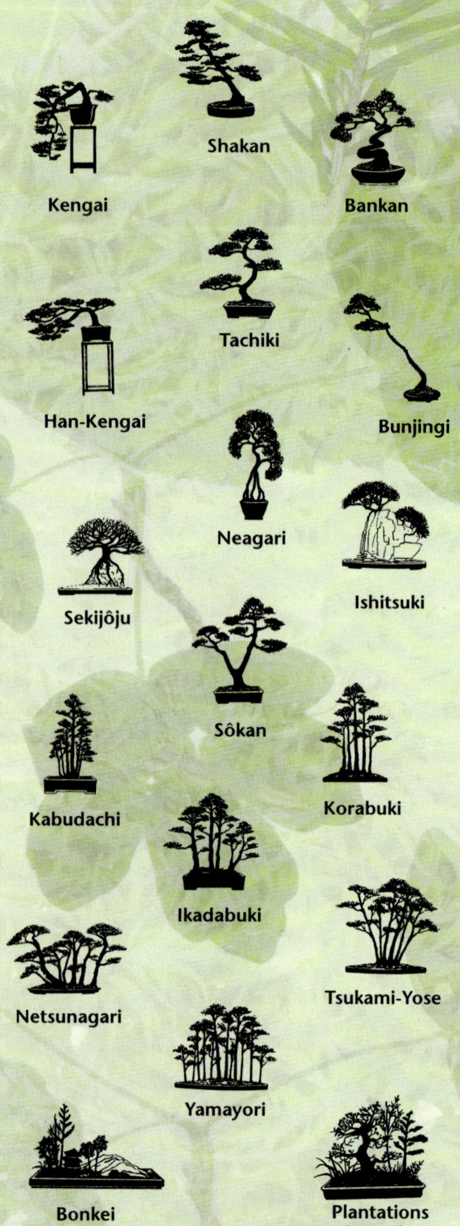

LES STYLES

Cognassier (Chaenomeles lagenaria).
Âge = 20 ans. Hauteur = 25 cm.
Style : indéfini selon la classification habituelle ; deux arbres donnant des floraisons différentes ont été plantés dans le même pot. Photo : avril.

blesser l'arbre. Recommencer cette opération tous les ans, jusqu'à ce que la forme désirée soit obtenue.

Arrosage. Régulier. Laisser sécher davantage avant la floraison, pour l'encourager. Attention, le manque d'eau fait avorter les boutons, et l'excès d'eau fait faner les fleurs.

Vaporisation. Le Cognassier supporte la sécheresse de l'été. Ne pas bassiner sur les fleurs, ni sur les fruits.

Engrais. Le Cognassier peut à la rigueur se passer d'engrais. N'en donner que très peu en période végétative, jamais en juillet-août, ni après un rempotage, ni à un arbuste chétif.

DIAGNOSTIQUER ET SOIGNER

PARASITES

Pucerons *(Aphis pomi)*. Voir p. 33.

MALADIES

Moniliose.

SYMPTÔMES. Les fleurs sèchent. Les rameaux porteurs se dessèchent à leur tour, puis meurent.
REMÈDES. Tailler et détruire les rameaux malades. Au débourrement des bourgeons, pulvériser des fongicides à base de cuivre.

Crow-gall ou galle du collet.

SYMPTÔMES. Apparition, au collet et sur les racines supérieures, d'une excroissance en forme de chou-fleur, blanche et molle, puis brune, lignifiée et craquelée. La pourriture survient et met l'arbre en péril. Possibilité de tumeurs secondaires.
REMÈDES. Éviter de blesser l'arbre lors des soins ; nettoyer les outils. Supprimer les tumeurs, cureter les plaies et appliquer dessus une solution alcoolisée. Pulvériser des fongicides organo-mercuriques sur la terre, et détruire les éventuels parasites.

Feu bactérien.

SYMPTÔMES. Les fleurs et les pousses sèchent et noircissent au printemps et en été ; elles semblent brûlées. Elles se recroquevillent et tombent.
REMÈDES. Tailler et brûler les rameaux malades, puis désinfecter les outils. Éviter les engrais azotés et les sols trop humides. Avant la floraison, passer des fongicides à base de cuivre. Renouveler pendant la végétation. En cas de forte attaque, utiliser des fongicides de synthèse.

FAUX CYPRÈS

Conifère persistant. Famille des Cupressacées, autrefois classée dans un genre à part, *Retinospora*. Les *Chamaecyparis* sont originaires d'Amérique du Nord, du Japon et de Taïwan et furent introduits en Europe il y a plus de cent ans. Leur durée de vie est de 350 ans environ. Dans la nature, ce sont des conifères qui peuvent atteindre 60 mètres, mais ne dépassent guère 20 à 30 mètres en culture. Leurs rameaux en éventail sont aplatis, et la flèche est recourbée. Ils donnent de petits cônes globuleux bruns pourvus d'un mucron en leur centre.

CRÉER

Par semis. C'est la meilleure méthode de multiplication. Récolter en automne les graines sur les cônes. Pour cela, placer les cônes au chaud. Semer au printemps, après avoir stratifié les graines. Avant de les planter dans un mélange de tourbe et de sable, les tremper dans l'eau tiède et, au besoin, faire une entaille, car elles renferment leur germe. Ombrer le semis. Le semis est long à lever : il faut parfois attendre une année. Dès que les pousses apparaissent, les rempoter individuellement dans des pots de culture et protéger du vent desséchant ou d'un soleil direct.

Par bouturage. Bouturer un jeune rameau en juillet ou en août. Placer la bouture au frais. Planter la bouture racinée au printemps suivant dans un petit pot de culture et la conserver à l'ombre. Pour un meilleur résultat, utiliser les rameaux latéraux. Dès la première année de culture, tailler pour obtenir davantage de densité. Les boutures de *Chamaecyparis obtusa* réussissent généralement et donnent de beaux Bonsaï.

Par marcottage simple. En août, choisir un jeune *Chamaecyparis*. Dénuder de ses aiguilles une branche basse. Enterrer cette branche et la maintenir en terre à l'aide d'un crochet, après lui avoir fait de légères entailles pour favoriser l'apparition des racines. Laisser sortir de terre l'extrémité de la branche, qui aura conservé ses aiguilles. On peut prélever la bouture dès septembre, si le sol est meuble et humide. Au besoin, rajouter à la terre du terreau de feuilles pour qu'elle soit bien meuble.

Par greffage. En été, on utilise la greffe en placage. Il ne faut surtout pas que les racines se dessèchent lors de l'opération. Faire une bonne ligature. Incliner légèrement les greffes et bien s'assurer que le greffon est tourné vers la lumière. Préférer la greffe sous châssis. Conserver une humidité ambiante. Maintenir à mi-ombre et bassiner s'il fait très chaud. Dès que la greffe a pris, de nouvelles pousses apparaissent.

Par jeunes plants de pépinière. Choisir un arbre au tronc intéressant et aux branches nombreuses. /Voir 1re partie/.

LES ESPÈCES

Chamaecyparis obtusa. Le plus connu en Bonsaï. Le bois est blanc et solide, l'écorce, épaisse et fissurée. Les rameaux aplatis sont brillants, le feuillage vert vif est marqué de lignes blanches en dessous. Il est aussi connu sous le nom de « Hinoki ». Sa silhouette est conique et il peut atteindre 35 mètres. Les cônes sont bruns, de la taille d'un pois.

Chamaecyparis lawsoniana (Cyprès de Lawson). Originaire de l'Orégon, où il peut atteindre 60 mètres. Son port est variable, sa cime, conique, les rameaux, recourbés. Les aiguilles appliquées aux rameaux sont vert vif et prennent des teintes bleutées, marquées de croix blanches au revers. Les inflorescences, à l'extrémité des rameaux, donnent, au début du printemps, des cônes verts puis bruns, globuleux et petits, mûrs en automne.

LES STYLES

ENTRETENIR

Ensoleillement. Les *Chamaecyparis* préfèrent les endroits légèrement ombragés. Ils redoutent le plein soleil, surtout l'été, car ils se dessèchent vite.

Température. Le *Chamaecyparis lawsoniana* est très résistant au froid. Le *Chamaecyparis obtusa* résiste aussi au froid. Ils aiment les atmosphères fraîches.

Ventilation. Ils redoutent les vents desséchants, mais non les vents humides.

Céramique. Les *Chamaecyparis* se développent mieux en sol profond : choisir, par conséquent, une coupe profonde, ronde, ovale, hexagonale ou rectangulaire en fonction du style dans lequel l'arbre est élevé. Un bon drainage est nécessaire.

Nettoyage. Retirer les aiguilles jaunes à l'automne, et enlever tout ce qui est mort ou abîmé à l'intérieur du feuillage. Nettoyer le sol pour éviter parasites et maladies. Gratter la mousse sur le tronc et brosser régulièrement l'écorce.

Croissance. Ils deviennent majestueux en vieillissant. Leur croissance est lente et régulière s'ils sont dans de bonnes conditions de développement.

Rempotage. Tous les 3 à 5 ans, entre mars et avril, tailler entre un tiers et la moitié du chevelu des racines et remettre en pot profond avec un bon drainage.

Terre. 1/3 de terreau, 1/3 de terre végétale et 1/3 de sable de rivière. Ils aiment les sols frais, légers, calcaires et exposés à la chaleur, et n'ont pas d'exigence particulière quant à la nature du sol, pourvu qu'il soit profond et frais.

Taille.
- *Pinçage.* Pincer l'extrémité des pousses pendant la saison de végétation. Recommencer 2 ou 3 fois.
- *Taille des rameaux.* Tailler les rameaux qui se développent trop en retirant une touffe avec les doigts. Si l'on doit couper une branche plus importante, la couper aux ciseaux à une aisselle, en évitant qu'on ne voie la taille. Retirer 1/3 du feuillage.
- *Taille de structure.* À la fin de l'hiver (février), couper les grosses branches inesthétiques et toutes les parties mortes.

Ligaturage. Les *Chamaecyparis* se ligaturent pour donner le style désiré. Poser le fil de cuivre à la fin de l'automne. Ne pas le laisser plus de dix mois sur l'arbre. Ne pas coincer d'aiguilles entre l'écorce et le fil. Recommencer à ligaturer tous les ans afin d'obtenir la forme souhaitée. Si le fil de cuivre s'incruste par endroits dans le bois, l'y laisser, mais retirer délicatement à la pince les morceaux de fil accessibles.

Arrosage. Attention au dessèchement des racines. Conserver la terre légèrement humide, mais jamais détrempée. Bien arroser en été et vérifier que le trop-plein s'écoule par les trous de drainage. L'eau stagnante fait pourrir les racines et l'arbre meurt. Jamais d'arrosage en cas de gel.

Vaporisation. Les *Chamaecyparis* ont besoin d'une humidité atmosphérique. Les bassiner souvent en été, en insistant sur le feuillage et l'écorce. S'ils sont exposés au vent, les bassiner même en automne ou au printemps. Les aiguilles n'en seront que plus vertes et plus drues

Engrais. Si le Bonsaï est en bonne santé, en donner au printemps et en automne. Augmenter la dose à la fin de l'automne pour préparer l'arbre à l'hiver. Donner de l'engrais organique à décomposition lente une fois par mois. Attendre deux mois après un rempotage.

Faux Cyprès (Chamaecyparis obtusa).
Âge = 12-15 ans. Hauteur = 50 cm.
Style « Nanahon-Yose ». Photo : mai.

DIAGNOSTIQUER ET SOIGNER

PARASITES

Araignées rouges et araignées jaunes. Voir p. 32.

Nématodes. Voir p. 34.

Cochenilles diaspines. Voir p. 33.

MALADIES

Verticilliose. Voir p. 35.

Coryneum cardinale.
SYMPTÔMES. Les aiguilles roussissent. Pustules noires sur l'écorce, d'où s'écoule la résine.
REMÈDES. Éviter les blessures sur l'arbre. Désinfecter les plaies à l'aide de mastic cicatrisant. Tailler les rameaux atteints. Enrichir la terre de potasse. Passer un fongicide systémique. Pulvériser préventivement un fongicide minéral après les pluies de printemps et à l'automne.

Pourriture des racines et de la tige. Voir p. 35.

COTONÉASTER

À fleurs et à fruits. Famille des Rosacées. Originaire des régions montagneuses tempérées d'Europe, d'Afrique du Nord et d'Asie, excepté le Japon, cet arbuste est étalé ou rampant, ou bien encore élancé, aux rameaux dressés. Son feuillage est caduc, persistant ou semi-persistant, selon les espèces. Ses petites fleurs sont blanches ou roses. Il donne des fruits rouges ou noirs.

LES ESPÈCES

Cotoneaster integerrima. Cotonéaster commun. Espèce pure. Arbre tortueux, atteignant 2 mètres, aux rameaux brun-rouge étalés et parfois rampants, aux feuilles caduques, ovales, vertes et glabres sur la partie supérieure, grises sur la partie inférieure, aux fleurs roses entre avril et juin, aux fruits rouges et brillants en août-septembre.

Cotoneaster horizontalis. Originaire de Chine. Branches horizontales disposées en arêtes de poisson, de large envergure, atteint 1 mètre de haut. Feuilles arrondies vert foncé, flamboyantes à l'automne, persistantes une partie de l'hiver, aux fleurs blanc rosé fleurissant en mai-juin, aux fruits corail présents dès septembre et restant longtemps sur les rameaux.

Cotoneaster microphylla. Arbuste de très large envergure, aux branches mi-arquées, mi-étalées, aux feuilles vert brillant enroulées sur les bords, grises sur la partie inférieure. En mai, il produit des fleurs blanches et, en septembre-octobre, des fruits écarlates.

Cotonéaster (Cotoneaster horizontalis). *Détail des baies, dont les oiseaux sont friands. Photo : octobre.*

CRÉER

Par semis. Récolter les fruits quand ils sont mûrs. Les laisser pourrir. Les brasser. Les stratifier dans du sable jusqu'en janvier. Les planter en pleine terre. Recouvrir de tourbe. Germination en avril. L'obtention par semis donne des plants qui mûrissent moins.

Par bouturage. En plein été et en serre pour les espèces au feuillage persistant. De la fin juin à la fin juillet pour les espèces au feuillage caduc. L'enracinement se fait en 6 semaines. Mettre les racines en pot dans un mélange composé de 1/3 de terre de jardin, 1/3 de compost et 1/3 de sable et de tourbe. Rabattre les rameaux au printemps suivant, lors du rempotage.

Par marcottage aérien. Lorsque les nouveaux bourgeons grossissent, écorcer à l'endroit de la marcotte, entourer de sphagnum et enfermer dans un plastique hermétique. Bien maintenir humide. Au bout de 3 à 4 semaines, des racines apparaissent. Sevrer la branche au bout de 2 mois et empoter.

Par jeunes plants de pépinière.
/Voir 1re partie/.

ENTRETENIR

Ensoleillement. Le Cotonéaster apprécie les endroits ensoleillés, peut pousser à la mi-ombre, mais s'étiole à l'ombre.

Température. Le protéger du gel en dessous de – 3 °C. Supporte bien la chaleur.

Ventilation. Cet arbre supporte le vent.

Céramique. L'arbre est rarement dans des coupes plates. Un bon drainage est nécessaire. Le pot, qui doit être de profondeur moyenne, peut être émaillé, ou non.

LES STYLES

Cotonéaster (Cotoneaster horizontalis).
Âge = 25 ans. Hauteur = 50 cm.
Style « Tachiki » et « Hokidachi ».
Photo : octobre.

Nettoyage. Ôter les feuilles mortes, les fleurs fanées ou les fruits blets. Si l'arbre est très fourni en fruits, retirer quelques baies, pour éviter qu'il ne se fatigue.

Croissance. Assez rapide les premières années, la croissance ralentit lorsque l'arbre est élevé en pot.

Rempotage. Tous les ans, au printemps, avant que les nouvelles pousses n'éclosent, tailler 1/3 des racines et remettre l'arbre dans un pot de dimension supérieure au précédent.

Terre. La moitié de terre végétale, 1/4 de terreau et 1/4 de sable de rivière. Peu exigeant quant à la nature du sol, le Cotonéaster prospère dans des terres fertiles, argilo-siliceuses et humides ; il préfère tout de même les sols secs et légers. La terre peut être sableuse et rocailleuse.

Taille.
• *Taille des pousses.* En juin, réduire toutes les nouvelles pousses à deux yeux. Au mois de septembre, penser à tailler les rameaux allongés.
• *Taille des branches.* Tailler les branches en mars, avant la reprise de végétation. Tailler en même temps que le rempotage, pour garder une forme compacte à l'arbre.
• *Taille de structure.* Avant la mise en végétation, tailler les longues branches, les « gourmands », et les branches non nécessaires, qui dénaturent la silhouette.

Ligaturage. Ligaturer le tronc et les branches avant que les bourgeons ne sortent. Protéger l'écorce avec du raphia. Ligaturer les nouvelles tiges.

Arrosage. Le Cotonéaster aime les sols secs. Lui donner peu d'eau, mais bien humidifier le sol à chaque arrosage. Bien laisser sécher entre deux arrosages.

Vaporisation. Bien bassiner le feuillage pour humidifier l'air environnant. Le Cotonéaster aime les sols secs mais s'épanouit dans une atmosphère humide. Cet arbre n'apprécie guère le climat méditerranéen.

Engrais. Au printemps et à l'automne, donner au Cotonéaster un engrais organique à décomposition lente. Si besoin est, lui fournir un apport en phosphate. Lorsque le Cotonéaster porte des baies, lui donner de préférence de l'engrais liquide.

DIAGNOSTIQUER ET SOIGNER

PARASITES

Pucerons *(Aphis pomi)*. Voir p. 33.

Pucerons lanigères. Voir p. 34.

Cochenilles (diaspines et lécanines). Voir p. 33.

MALADIES

Entomosporiose.
SYMPTÔMES. Apparition de taches rouges, puis brunes, sur le feuillage, qui jaunit et tombe.
REMÈDES. Retirer les feuilles malades. Pulvériser des fongicides à base de zinèbe.

Feu bactérien.
SYMPTÔMES. Noircissement des nouvelles pousses, feuilles sèches et comme brûlées. Les parties malades se recroquevillent et tombent, avec parfois à leur base un champignon beige suintant.
REMÈDES. Tailler et brûler les rameaux malades. Désinfecter les outils. Éviter les engrais azotés et les sols humides. Au printemps, passer des fongicides à base de cuivre. Renouveler pendant la végétation. En cas de forte attaque, utiliser des fongicides de synthèse.

Crown gall ou galle du collet.
SYMPTÔMES. Apparition d'excroissances au collet et sur les racines supérieures, en forme de choux-fleurs, blanches et molles, puis brunes, craquelées, lignifiées. Pourriture qui entraîne la mort de l'arbre. Possibilité de tumeurs secondaires.
REMÈDES. Supprimer les tumeurs, cureter les plaies et appliquer dessus une solution alcoolisée. Éviter de blesser l'arbre lors des soins et nettoyer les outils. Passer des fongicides organo-mercuriques sur la terre. Attention au risque de phytotoxicité. Chasser les parasites éventuels.

AUBÉPINE

À fleurs et à fruits. Caduc. Famille des Rosacées. Originaire principalement d'Amérique du Nord, d'Asie et d'Europe occidentale, cet arbre dépasse rarement 7 mètres. Il existe au moins 150 espèces de jardin. Il s'agit de petits arbres épineux, à feuilles caduques, dentées ou lobées, qui donnent des fleurs blanches, roses, parfois rouges, au printemps et en été. Quelques espèces produisent des fruits comestibles, rouges, orange, jaunes ou noirs.

CRÉER

Par semis. Récolter les fruits avant leur maturité et les laisser pourrir. Les stratifier dans du sable. Semer en pleine terre, au deuxième automne. La germination a lieu en mai. Certains fruits peuvent ne pas germer la première année. Il faut alors attendre la 2e ou, parfois, la 3e année.

Par marcottage aérien. Au printemps.

Par greffe en écusson. Garder une bonne homogénéité entre le porte-greffe et le greffon pour que la greffe prenne. Cette méthode est rarement utilisée, car elle est difficile et laisse une boursouflure inesthétique.

ENTRETENIR

Ensoleillement. L'Aubépine aime le soleil et la lumière. Toutefois, en plein été, il faut la placer à la mi-ombre.

Température. L'Aubépine supporte mal les grandes chaleurs, mais ne redoute pas le froid.

Ventilation. Initialement arbuste de haie, l'Aubépine supporte bien le vent.

Céramique. Choisir une coupe de profondeur moyenne, émaillée ou non. Elle peut être décorée en harmonie avec les fleurs de l'Aubépine.

Nettoyage. Retirer quelques fruits des branches trop chargées, pour éviter que l'arbre ne se fatigue. Après floraison et fructification, retirer les fleurs fanées et les fruits blets. Nettoyer le sol.

Croissance. Cet arbuste a une croissance moyenne. *C. oxyacantha* a même une croissance très lente.

Rempotage. Une fois par an, au début du printemps de préférence ou de l'automne, après avoir taillé un bon tiers des racines, remettre dans un pot de dimension supérieure au précédent.

Terre. La moitié de terre végétale, 1/4 de terreau et 1/4 de sable de rivière. L'Aubépine a peu d'exigences quant à la nature du sol. Il peut être pauvre, sec et rocailleux. Mais il faut éviter un sol très calcaire ou très argileux, très humide ou léger.

Taille.
- *Pinçage.* Pincer les pointes des départs lorsque les feuilles des nouveaux rameaux commencent à durcir.
- *Taille des rameaux.* En juin-juillet, tailler les branchages bien court. En septembre, raccourcir à nouveau légèrement les

LES ESPÈCES

Crataegus cuneata. Originaire du Japon. Arbuste à feuilles caduques dentées. Les fleurs sont blanches, roses au printemps. Les fruits sont rouges ou jaunes.
Crataegus oxyacantha. Aubépine commune que l'on rencontre en Europe et en Afrique du Nord, dans les bois ou les buissons, en situation de fraîcheur. Arbrisseau épineux au tronc souvent divisé, aux feuilles ovales, vert sombre, brillant sur le dessus, lisse et plus clair dessous. Les fleurs blanches s'épanouissent en mai-juin, et les fruits mûrs en automne ressemblent à de petites pommes rouges, velues, puis glabres. Il existe de nombreux cultivars.

LES STYLES

Aubépine. (Crataegus cuneata).
Âge = 25 ans.
Hauteur = 50 cm.
Style « Nejikan ».
Photo : mai.

longues branches. Les branches de l'Aubépine peuvent être taillées soit avant la floraison, soit après l'apparition des fruits.

Ligaturage. Du printemps à l'automne. Commencer à ligaturer après que les nouvelles pousses ont durci. Protéger l'écorce avec du raphia.

Arrosage. Donner à l'Aubépine beaucoup d'eau et souvent. Mais laisser toujours la terre s'assécher entre 2 arrosages Diminuer légèrement l'arrosage lorsque l'arbre est en fleur pour éviter que les fleurs ne fanent.

Vaporisation. Ne pas bassiner quand l'arbre est en fleur. Par temps chaud et sec, bien vaporiser autour du feuillage.

Engrais. Après la pousse, au printemps et en automne. Penser à diminuer l'apport d'engrais, quand l'Aubépine est en fleur. Lui donner de préférence de l'engrais liquide en automne. Ajouter de la potasse et du phosphate lorsque l'Aubépine porte des fruits.

DIAGNOSTIQUER ET SOIGNER

PARASITES

Pucerons galligènes. Voir p. 33.

Piérides.
SYMPTÔMES. Limbe mordu, épiderme détruit, surface foliaire rétrécie. Présence de chenilles vertes et orange.
REMÈDES. Détruire les œufs en les pressant dans la feuille. Dès les premières attaques, pulvériser des insecticides organo-phosphorés.

Hyponomeutes (chenilles). Voir p. 33.

MALADIES

Oïdium. Voir p. 34.

Entomosporiose.
SYMPTÔMES. Apparition de taches rouges, puis brunes, qui se regroupent sur le feuillage. Les feuilles jaunissent et tombent.
REMÈDES. Enlever et détruire les feuilles malades. Dès les premiers symptômes, vaporiser des fongicides à base de zinèbe.

Tavelure.
SYMPTÔMES. Apparition de taches brun-vert sur les fruits, qui éclatent, et sur les feuilles et les pousses.
REMÈDES. Détruire les feuilles malades en automne. Pulvériser des fongicides à base de cuivre.

Rouilles. Voir p. 35.

Feu bactérien.
SYMPTÔMES. Fleurs et jeunes pousses sèchent et noircissent, comme brûlées. Les feuilles deviennent orange-brun et tombent. À leur base, un champignon beige suinte.
REMÈDES. Tailler et brûler les rameaux malades. Désinfecter les outils. Éviter l'engrais azoté et un sol trop humide. Avant la floraison, utiliser des fongicides à base de cuivre. Renouveler lors de la végétation.

CRYPTOMERIA

Conifère persistant. Famille des Taxodiacées. Originaire de Chine et du Japon. Seule espèce du genre, le Cryptomeria a donné plusieurs cultivars. En Asie, cet arbre peut atteindre 60 mètres, mais ils ne dépasse guère 25 mètres en Europe. Sa silhouette est conique, au tronc rectiligne, à l'écorce brique qui se détache en lanières étroites, au bois dur. Ses aiguilles sont en alène, pointues, d'un vert-bleu brillant ; rousses en hiver. Elles sont appliquées sur les rameaux. La tige se dénude facilement dans les régions sèches. En automne, le Cryptomeria donne des cônes globuleux un peu épineux avec des écailles.

CRÉER

Par semis. La graine est plantée dès sa récolte dans un mélange tourbe/sable, sous verre. Elle lève difficilement. Il vaut mieux choisir les autres méthodes d'obtention.

Par marcottage. Choisir une branche basse et souple. Retirer les aiguilles sur la partie à enterrer, pratiquer deux ou trois incisions sur la branche pour favoriser l'enracinement. Enterrer la branche en laissant ressortir sa pointe, qui a conservé ses aiguilles. Maintenir le sol humide. Lorsqu'on constate de nouveaux départs, la branche a émis des racines. La séparer de l'arbre et rempoter.

Par bouturage. Prélever des boutures en août. Les faire raciner en serre froide ou dans un endroit abrité de la chaleur. Lorsqu'on voit des départs, les racines se sont formées. Au printemps, mettre en pot de culture avec un mélange tourbe et sable. Le cultivar *'Elegans'* pousse le mieux.

Par greffage. En mars et si possible en serre. Cette méthode est plus professionnelle.

Par jeunes plants de pépinière. Choisir un arbre au tronc intéressant et au branchage abondant.

ENTRETENIR

Ensoleillement. Placer le Cryptomeria dans un endroit légèrement ombragé. Il craint le plein soleil en été.

Température. Le Cryptomeria aime la chaleur. Les aiguilles roussissent en hiver, mais reprennent leur teinte verte au printemps si l'on a protégé l'arbre du froid de l'hiver et des gelées. Il redoute les gelées tardives du printemps.

Ventilation. Le Cryptomeria a besoin d'air humide et renouvelé. À protéger toutefois des vents forts (en particulier les sujets jeunes ou nouvellement rempotés).

Céramique. Le Cryptomeria se développe mieux dans des sols profonds, frais et bien drainés. Choisir une coupe simple, profonde, au coloris neutre, ou marron, ou céladon. Faire un bon drainage.

Nettoyage. Dans les régions sèches, le Cryptomeria se dénude davantage. Retirer les aiguilles sèches sur l'arbre et sur la terre. Tailler les rameaux morts. Bien nettoyer l'intérieur de l'arbre pour éviter toute attaque. Gratter la mousse qui peut envahir le tronc et brosser régulièrement l'écorce.

Croissance. Au bout de quatre à cinq ans, les vieilles aiguilles tombent et ainsi se forment les branches. La croissance du Cryptomeria est lente, mais, en période de végétation, il émet de nombreux départs.

Rempotage. Tous les trois à cinq ans, rempoter au printemps, mais pas avant le mois d'avril, quand la végétation est repartie.

Terre. Mélange de 1/3 de terreau, 1/3 de terre végétale et 1/3 de sable de rivière. Sol frais et fort, profond et bien drainé.

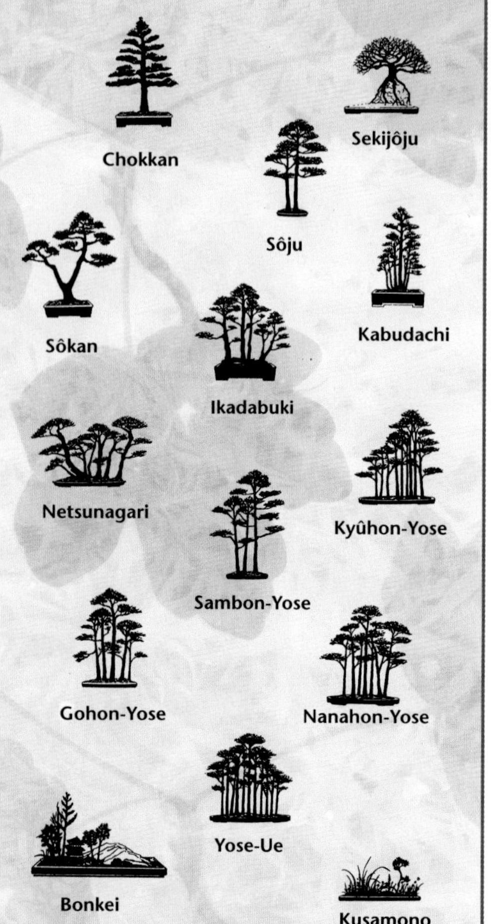

LES STYLES

Cryptomeria (Cryptomeria japonica).
Âge = 30 ans.
Hauteur = 45 cm.
Style « Chokkan ».
Photo : mai.

Taille. Pincer régulièrement les départs des aiguilles, du printemps à la mi-automne (jusqu'à fin septembre). Retirer les départs sur le tronc ou les branches maîtresses. Pincer le Cryptomeria est un long travail minutieux, mais indispensable pour lui conserver un feuillage compact. Si le pinçage est bien fait, il n'est pas nécessaire de tailler les rameaux. Tailler les rameaux trop dénudés et les branches qui ne poussent pas où il faut, au printemps, juste à une intersection pour éviter qu'on ne voie la taille.

On observe les jeunes pousses tendres qui sont à pincer.

Ligaturage. Avec de la ficelle, attacher les rameaux qui pourraient avoir tendance à s'écarter du tronc (ce qui détruirait l'aspect compact). Ligaturer de la fin du printemps à l'été pour diriger l'arbre. Pas de travaux en hiver.

Arrosage. Les arrosages peuvent être fréquents du printemps à l'automne ; diminuer en hiver. Ne pas arroser en cas de gel. Jamais d'eau stagnante et toujours s'assurer avant d'arroser que les racines ont ressuyé toute l'eau dans le fond du pot. Les Cryptomerias boivent beaucoup.

Vaporisation. Les Cryptomerias supportent mal la sécheresse, qui leur fait perdre leurs aiguilles prématurément. Ils aiment les régions humides (Bretagne, Limousin, Pyrénées...). En région sèche, bassiner le feuillage fréquemment pour recréer une atmosphère humide.

Engrais. Du printemps à l'automne, avec une interruption en juillet et en août, donner de l'engrais organique à décomposition lente aux Cryptomerias en bon état. Attendre deux mois pour en donner après un rempotage. Augmenter légèrement la dernière dose automnale pour préparer l'arbre à l'hiver.

DIAGNOSTIQUER ET SOIGNER

PARASITES

Araignées rouges. Voir p. 32.

Cochenilles. Voir p. 33.

MALADIES

Maladies du dessèchement des rameaux.
SYMPTÔMES. Les rameaux se dessèchent, brunissent. Les aiguilles tombent.
N.B. S'attaquent surtout aux arbres faibles dans de mauvaises conditions.
REMÈDES. Tailler les rameaux malades. Pulvériser des fongicides à base de cuivre.

CYCAS

Persistant. Famille des Cycadacées. Originaire des régions tropicales et subtropicales. Il existe environ 15 espèces à port de Palmier. Le port est majestueux, la tige, sublignieuse, cylindrique, terminée par un bouquet de feuilles arquées, épaisses, vert luisant et coriaces. Les fleurs sont dioïques, mâles et femelles.

CRÉER

Par semis. Sur un Cycas femelle, récolter les graines quand elles sont mûres. Les semer. Quatre semaines plus tard, la germination a eu lieu. Les planter dans un mélange tourbe-sable, avec une bonne chaleur de fond, à la lumière.

Par division. Au printemps, séparer les rejets émis par la plante mère et replanter à part, en gardant au chaud et au sec. La méthode de multiplication est la plus sûre.

ENTRETENIR

Ensoleillement. Le Cycas aime la chaleur et la lumière et peut être sorti entre mai et septembre, dans le Midi. Il supporte le plein soleil, mais éviter le soleil brûlant.

Température. Le Cycas a besoin de chaleur. L'hiver, la température ne doit pas descendre en dessous de 17 ou 18 °C.

LES ESPÈCES

Cycas revoluta. Originaire de Chine, cette espèce peut atteindre 2 mètres. Elle a des feuilles vert foncé, longues, linéaires, lancéolées et épineuses au sommet, et un tronc très épais.

Ventilation. Le protéger des courants d'air. S'il est sorti en été, le placer dans un endroit abrité du vent.

Céramique. Choisir un pot moyennement profond, de forme hexagonale ou ronde, en général. Les tons de bleu s'accordent bien avec le Cycas. Un excellent drainage est nécessaire.

Nettoyage. Brosser le tronc, éviter tout développement de mousse sur celui-ci. Couper à leur base les palmes ayant jauni.

Cycas (Cycas revoluta).
Photographiés à Taïwan, ces vieux Cycas sont cultivés ici sous une ombrière.

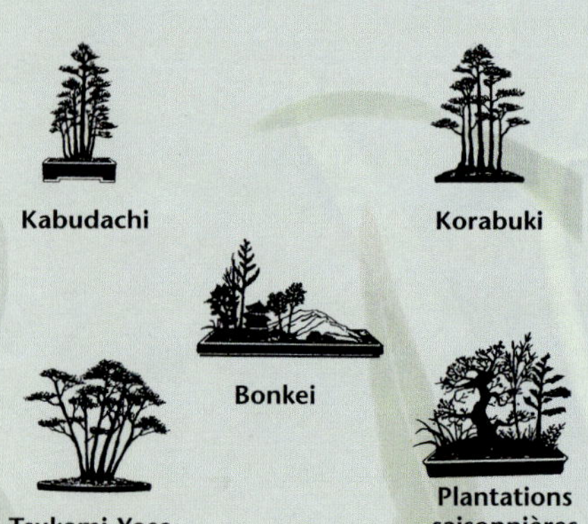

LES STYLES

Cycas (Cycas revoluta).
Âge = 90 ans. Hauteur = 70 cm.
Style indéfini. Photo : novembre.
Spécimen photographié lors
d'une exposition d'amateurs à Taïwan.

Croissance. Très lente. Si l'on veut avoir des palmes de petite taille et bien proportionnées, il est essentiel d'exposer les Cycas au soleil. L'apparition de ramifications sur le tronc est assez rare.

Rempotage. Tous les 2 ou 3 ans, au printemps. Tailler un tiers des racines et disposer dans un pot bien drainé, de dimension supérieure au précédent.

Terre. 1/4 de tourbe, 1/4 de terreau, 1/4 de terre végétale et 1/4 de sable de rivière. Le Cycas aime les bonnes terres franches, auxquelles on adjoint du sable. Un bon sol fort lui convient.

Taille. En général, la chute des palmes, précédée de leur jaunissement, a lieu tous les ans ou tous les 2 ans. À la même période, on voit apparaître, depuis le cœur du tronc, de nouvelles palmes. Les palmes sortent toutes en même temps, on n'en verra pas apparaître d'autres plus tard.

Ligaturage. Il n'y en a pas.

Arrosage. Le Cycas a une réserve d'eau naturelle dans son tronc. Il demande donc très peu d'eau. Arroser peu en hiver et modérément en été. Mais, au moment de l'arrosage, apporter une bonne quantité d'eau.

Vaporisation. Bassiner abondamment autour du feuillage en été. En hiver, ne bassiner que si le Cycas se trouve dans un emplacement chaud et sec.

Engrais. Au printemps et en automne, donner un engrais organique à décomposition lente, en alternant engrais liquide et engrais solide.

DIAGNOSTIQUER ET SOIGNER

PARASITES

Araignée jaune (tétranyque tisserand). Voir p. 32.

Cochenilles diaspines et lécanines. Voir p. 33.

MALADIES

Fonte des semis.
SYMPTÔMES. Les racines et le collet pourrissent. Les tiges, tachées de noir, pourrissent et se désagrègent sur le sol.
REMÈDES. Maintenir une bonne chaleur et une bonne circulation de l'air. Éviter les excès d'eau. Donner de l'azote et de la potasse à la terre. Au besoin, utiliser des fongicides.

ENKIANTHUS

À fleurs. Famille des Éricacées. Originaire d'Asie orientale et de l'Himalaya. On répertorie environ une dizaine d'espèces, dont peu sont cultivées en Europe. Les fleurs, souvent enveloppées, sont blanches ou roses, parfois jaune orangé, et très décoratives. En Chine, on cultive cet arbuste pour sa floraison.

CRÉER

Par semis. Difficile. Semer à la mi-mars, en terre, dans un mélange de terre de bruyère et de tourbe. Recouvrir très légèrement les graines avec de la terre tamisée. Maintenir humide et dans l'obscurité. La germination se fait en 3 semaines. Mettre au jour dès la germination, en gardant humide. Attention aux champignons. Planter aussitôt en pot de culture avec un bon drainage. Tamiser finement la terre de bruyère sur le dessus. Maintenir au frais et à l'ombre tant que les pousses sont molles. Dès qu'elles ont durci, les exposer à l'air et à la lumière.

Par bouturage. Prélever des boutures en août. Les faire raciner en serre, avec de la chaleur. Au printemps, mettre en pot avec un mélange à base de terreau.

Par marcottage. En mars-avril, par marcottage simple, dans un sol frais. Dénuder la partie à enterrer. Maintenir le sol humide, au besoin en rajoutant à la terre du terreau de feuilles. Lorsqu'on voit des départs, les racines se sont formées. Séparer de l'arbre et rempoter.

ENTRETENIR

Ensoleillement. L'Enkianthus aime le plein soleil toute l'année. Il a besoin de lumière. Toutefois, en été, il faut le placer à la mi-ombre.

Température. Protéger du gel. L'Enkianthus apprécie les climats moyennement humides.

Ventilation. Pas d'exigence particulière, mais redoute les grands vents.

Céramique. Choisir une céramique moyennement profonde et de préférence non émaillée.

LES ESPÈCES

Enkianthus campanulatus. Arbre atteignant 10 mètres au Japon et 3 mètres en France, au port raide, aux rameaux rouges, aux feuilles elliptiques, aiguës, dentées, vertes dessus, rouges dessous.
Enkianthus perrulatus. Espèce originaire du Japon, atteignant 2 mètres, au feuillage elliptique, ovale, aigu, vert brillant dessus, avec de longues nervures dessous, aux fleurs blanches en ombelles pendantes, qui éclosent avant le feuillage (avril-mai).

Nettoyage. Débarrasser l'arbre des feuilles qui ne tomberaient pas à la fin de l'automne.

Croissance. Arbuste à croissance lente.

Rempotage. Au début du printemps, tous les ans ou tous les 2 ans, après avoir taillé le tiers des racines, rempoter dans un pot de dimension supérieure au précédent.

Terre. La moitié de terreau, 1/4 de terre végétale et 1/4 de sable de rivière. L'Enkianthus aime beaucoup le terreau de feuilles ; il ne supporte pas la chaux. Il a besoin d'un sol frais, humifère : un sol de forêt.

Taille.
• *Taille des rameaux.* À la fin de l'été, tailler les rameaux avec des ciseaux – une fois que les bourgeons floraux ont fané et avant que les nouvelles pousses ne soient trop dures.
• *Taille des branches.* En septembre, raccourcir les longues branches.

Ligaturage. Ligaturer du printemps à l'automne. Ne pas trop serrer, pour éviter l'engorgement de la sève et l'avortement des fleurs.

LES STYLES

Enkianthus (Enkianthus perrulatus).
Âge = 15 ans. Hauteur = 20 cm.
Style « Tachiki ».
Photo : avril.

Arrosage. Arroser abondamment dès l'apparition des feuilles, et jusqu'en automne ; diminuer par la suite.

Vaporisation. Ne pas vaporiser l'arbre quand il est en fleur. Bassiner l'arbre par temps chaud, sec ou venteux.

Engrais. Au printemps et à l'automne, donner à l'Enkanthus un engrais organique à décomposition lente. Utiliser de préférence un engrais liquide lors de la floraison.

DIAGNOSTIQUER ET SOIGNER

Arbre peu sujet aux parasites et aux maladies.

PARASITES

Pucerons. Voir p. 33.

Cochenilles. Voir p. 33.

MALADIES

Fumagine.
SYMPTÔMES. Croûtes noires sur les feuilles et les tiges. Dépôts poisseux.
REMÈDES. Nettoyer le feuillage avec une éponge imbibée d'eau et d'alcool. Détruire les insectes avec des insecticides.

Chlorose.
SYMPTÔMES. Les feuilles jaunissent autour du limbe et près des nervures, les nouvelles feuilles sont décolorées.
REMÈDES. Donner de l'azote, du fer, du magnésium et du zinc à la terre. Éviter les excès de calcium et de sodium, de froid et d'eau. Éviter les courants d'air et les gaz toxiques. Placer à la lumière.

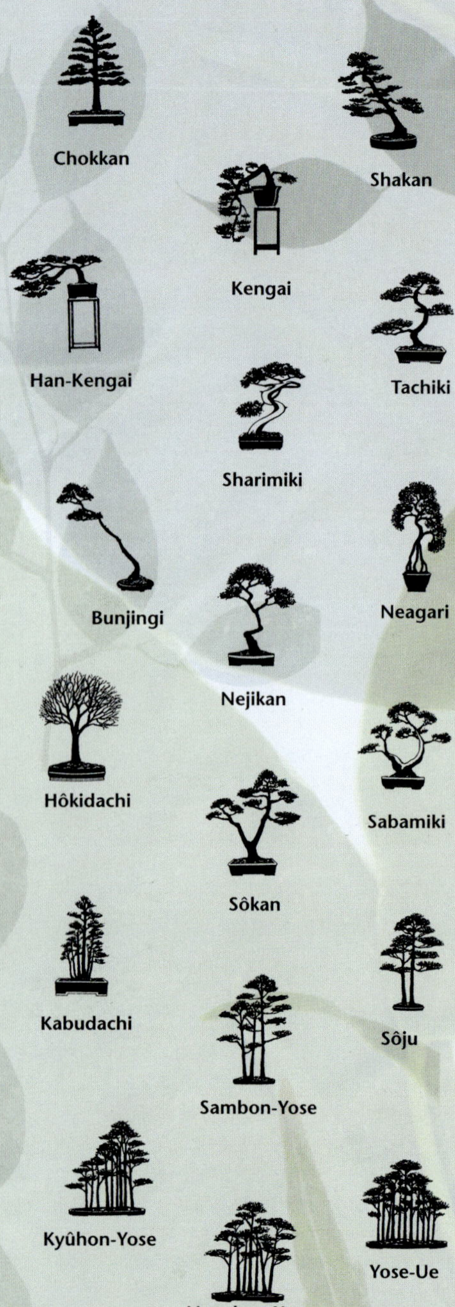

LES STYLES

EUGENIA OU EUGÉNIE

Persistant. Famille des Myrtacées. Originaire des régions tropicales et subtropicales, ce genre comprend plus de 500 espèces d'arbres et d'arbustes. Il doit son nom au prince Eugène de Savoie, grand amateur et connaisseur de jardins. En vieillissant, l'écorce a tendance à s'exfolier, beaucoup chez l'*Eugenia cauliflora,* et un peu sur l'*Eugenia uniflora.* L'écorce se roule par bandes irrégulières, le contraste des couleurs entre l'ancienne et la jeune écorce donnant alors au tronc l'aspect d'un puzzle. Le feuillage est opposé, et souvent aromatisé. Certaines espèces sont cultivées depuis longtemps, comme l'*Eugenia aromatica* (clou de girofle), l'*Eugenia jambos* (pomme de Malaisie), l'*Eugenia jambolana,* etc.

CRÉER

Par semis. Au printemps. Sous serre chauffée avec chaleur de fond et bâche de multiplication.

Par bouturage. Choisir des rameaux aoûtés, latéraux. Agir de préférence en fin d'hiver, sous serre ou en intérieur chaud et très lumineux. Repiquer les boutures dans un mélange de sable de rivière et de terreau avec des hormones de bouturage. Les rempoter au printemps.

ENTRETENIR

Ensoleillement. Beaucoup de lumière, du soleil, en évitant le soleil brûlant. Peut être sorti en plein été dans un lieu semi-ombragé à l'heure chaude.

Température. Chaleur tout au long de l'année, et beaucoup en période végétative. La température ne doit pas descendre en dessous de 18 °C.

Ventilation. Protéger des courants d'air, mais favoriser une bonne circulation de l'air. Attention aux atmosphères sèches et confinées.

Céramique. Choisir une coupe peu profonde – dont les tons s'harmonisent avec le feuillage cuivré –, ronde, ovale ou rectangulaire, en fonction du style de l'arbre.

Nettoyage. Retirer les feuilles jaunes de l'arbre et celles sur le sol. Brosser le tronc 1 à 2 fois par an. Gratter la mousse qui grimperait sur le tronc. Retirer les mousses/algues de la terre.

Croissance. Plutôt lente, même si les rameaux se développent rapidement.

Rempotage. Tous les 2 ans, voire 3 ans pour les arbres plus âgés, entre les mois de

Détail d'un Eugenia cauliflora *ou* Syzygium *(Prunier de Java). On remarque le tronc exfolié aux tonalités claires pour la jeune écorce et plus brunes pour l'ancienne.*

LES ESPÈCES

Eugenia uniflora (Pitanguier ou Cerisier de Cayenne). Originaire d'Amérique tropicale, cet arbre de grande longévité, atteignant 7 mètres, présente un tronc mince, lisse, à l'écorce brune. Les rameaux étalés portent des feuilles obovales vert cuivré, qui foncent en vieillissant. Des petites fleurs blanches éclosent à l'extrémité des rameaux. Les fruits rouges, globuleux, passent pour étancher la soif du voyageur.

Eugenia cauliflora* ou *Syzygium (Prunier de Java). Originaire d'Indonésie et de l'archipel malais, cet arbuste à l'écorce lisse brun-rouge porte des rameaux très étalés. Les feuilles oblongues sortent orangées, pour devenir vert clair à maturité. Les fleurs, petites ombrelles blanches, donnent naissance à de petites baies comestibles, sombres, semblables à des olives.

Eugenia myrtifolia ou ***Syzygium paniculatum*** (Cerisier d'Australie). Originaire d'Australie, cet arbuste compact pouvant atteindre une dizaine de mètres présente un tronc tacheté de couleurs, des rameaux grêles, rouge-brun, portant des feuilles obovales à elliptiques, de coloris brun-rouge, jeunes, à vert foncé, plus âgées. Les fleurs en panicule, blanches, donnent naissance à de petites baies ovoïdes, rouge sombre.

Prunier de Java
(Eugenia cauliflora *ou* Syzygium).
Âge = 20 ans. Hauteur : 40 cm.
Style « Tachiki ». Photo : octobre.

mars et de mai. Tailler entre le tiers et la moitié des racines, et supprimer toutes les racines abîmées. Mettre dans un pot de dimension supérieure au précédent.

Terre. 40 % de terre végétale, 40 % de terreau, 20 % de sable de rivière. L'Eugenia aime les sols fertiles et bien drainés.

Taille.
• *Taille des rameaux.* S'effectue de mars à octobre (3 à 4 fois, en fonction du développement). Couper légèrement au-dessus d'une insertion foliaire. Couper plus court lors de la première taille du printemps.
• *Taille des branches.* Lors du rempotage, rabattre les grandes branches et sectionner les branches disgracieuses. Mastiquer les plaies.

Ligaturage. Possible toute l'année sur des rameaux et des branches aoûtés. Laisser le fil 3 mois sur l'arbre, et renouveler si nécessaire l'année suivante. Protéger l'écorce avec du raphia.

Arrosage. Abondant au moment de l'arrosage. Laisser le sol absorber toute l'humidité avant d'arroser abondamment à nouveau. Augmenter la fréquence en été et en hiver, diminuer au printemps et en automne.

Vaporisation. Vaporisation quotidienne autour de l'arbre en hiver, et par temps sec et venteux. Placer l'Eugenia avec son pot sur un plateau garni de roches volcaniques (pouzzolanes) maintenues humides.

Engrais. Faire un apport d'engrais organique à décomposition lente, de début mars à fin juin, et de début septembre à fin novembre, tous les quinze jours, en alternant l'apport par arrosage du sol et par pulvérisation foliaire. De début décembre à fin février, donner de l'engrais toutes les 6 semaines.

DIAGNOSTIQUER ET SOIGNER

PARASITES

Arbre peu attaqué.

Aleurodes.
SYMPTÔMES. Miellat sur lequel se développe de la fumagine. Présence de mouches sur le limbe.
REMÈDES. Vaporiser des insecticides organophosphorés et des acaricides, en variant les produits pour éviter l'accoutumance.

Araignées, chenilles, cochenilles, pucerons.
Voir p. 32.

FUSAIN

Caduc ou persistant. Famille des Célastracées. Originaire d'Europe et d'Asie, d'Amérique du Nord et d'Amérique centrale, ce genre comprend environ 120 espèces d'arbres ou d'arbustes. Les arbustes à feuilles caduques préfèrent les lieux ensoleillés, tandis que ceux à feuilles persistantes croissent plus à l'ombre.

CRÉER

Par semis. Dès que les graines arrivent à maturité, les semer dans un sol frais, fertile, en pleine lumière.

Par bouturage. Sélectionner des rameaux aoûtés. Les planter à l'automne ou au printemps dans un mélange terreux composé de terreau et de sable de rivière, sous châssis ou à l'abri, au pied d'un mur.

Par jeunes plants de pépinière. Choisir un sujet avec un tronc déjà formé, un beau collet et une bonne ramification. Le travailler en bonsaï.

ENTRETENIR

Ensoleillement. L'*Euonymus* demande un emplacement très lumineux et a besoin de soleil toute l'année pour son développement. Les caducs s'étiolent à l'ombre, alors que les persistants préfèrent la mi-ombre.

Température. Des étés chauds, des hivers froids lui conviennent. Les jeunes sujets redoutent le gel et doivent être protégés lors des premiers frimas. Les arbres plus âgés résistent jusqu'à –5 à moins –7 °C. Protéger du froid (dès 5 °C) les Fusains à feuilles persistantes.

Ventilation. Arbuste de haie, l'*Euonymus* supporte bien le vent ; mais les jeunes sujets sont à protéger d'un vent froid ou violent.

Céramique. Choisir un pot moyennement profond, de forme ronde, ovale, ou rectangulaire. La poterie peut être nature ou émaillée d'une couleur s'harmonisant avec les tons du feuillage et de l'écorce.

Nettoyage. Retirer, à la fin de l'automne, les feuilles jaunes de l'arbre et celles sur le sol. Brosser le tronc 1 à 2 fois par an. Gratter la mousse qui peut grimper sur le tronc.

LES ESPÈCES

Euonymus alata. Le Fusain ailé est originaire du nord-est de l'Asie, de la Chine centrale et du Japon. Avec son bois, on fabriquait des fuseaux, d'où son nom. Cet arbuste de 3 mètres de haut a une forme arrondie et compacte. Son feuillage caduc prend des teintes très décoratives en automne, allant du rose écarlate au pourpre, du violet à l'orange flamboyant. Ses rameaux, nus en hiver, sont munis de 2 à 4 ailes minces et larges, et ses branches s'étalent. Il donne des fleurs jaune pâle en mai, et des fruits rouge pourpre à l'enveloppe orangée en septembre-octobre.

Euonymus radicans « sielboldii ». Originaire de Chine, ce Fusain très proche de l'*Euonymus japonica,* originaire du sud du Japon, se distingue des autres Fusains par ses rameaux radicants qui, s'ils n'ont pas de support, s'enracinent. Son feuillage persistant, obovale, devient rouge en automne, s'il est en situation ensoleillée. Les fleurs éclosent en juin-juillet, et les fruits, globuleux, rose orangé, apparaissent à l'automne.

Croissance. Arbuste à croissance assez rapide.

Rempotage. Tous les ans ou tous les deux ans, au départ de la végétation, quand les bourgeons commencent à gonfler. Dans une terre fraîche, fertile, humifère, neutre ou calcaire. Tailler un bon tiers des racines et remettre dans un pot de dimension supérieure au précédent.

Terre. La moitié de terre végétale, 20 % de terreau, 30 % de sable de rivière.

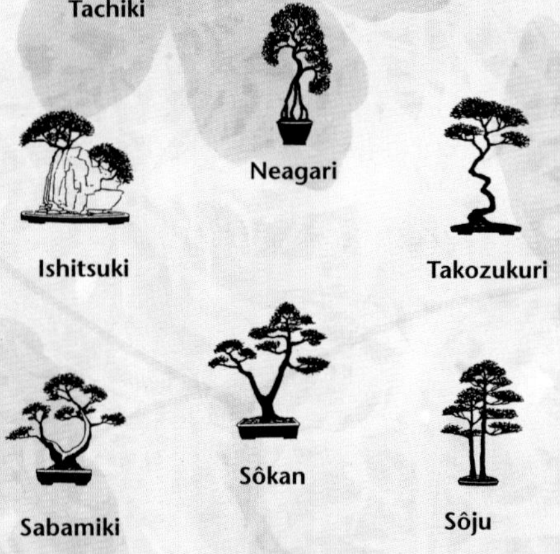

LES STYLES

Fusain (Euonymus alata). Âge = 40 ans.
Hauteur = 65 cm. Style « Sôkan ».
Photo : octobre.

Taille.

• *Taille des pousses.* Pincer les nouvelles pousses au départ de la végétation, juste avant qu'elles ne durcissent.

• *Taille des rameaux.* Tailler les rameaux au début de la végétation, dès que l'ensemble de la ramure s'est bien développé. Renouveler l'opération une à deux fois pendant la période végétative.

• *Taille des branches.* À la fin de l'hiver, supprimer les branches disgracieuses ou abîmées, et mastiquer les grosses coupes. Retirer les branches mortes de l'intérieur. Couper l'ensemble des branchages.

• *Taille des feuilles.* Si les feuilles semblent trop grandes, faire une défoliation en juin.

Ligaturage. Poser le fil de cuivre au printemps et le retirer en automne. Renouveler l'opération chaque année si besoin. Prendre garde de ne pas blesser les excroissances ailées liégeuses des branches.

Arrosage. Abondant, mais suffisamment espacé pour laisser le sol absorber toute l'humidité avant d'arroser à nouveau. Augmenter la fréquence, du printemps à l'été, et la diminuer, de l'automne à la fin de l'hiver. Ne pas arroser en période de gel, mais veiller à ce que l'arbuste ne meurt pas de soif par temps de gelée.

Vaporisation. Par temps sec ou venteux, bassiner le feuillage, et par temps chaud, mouiller le sol autour de l'*Euonymus* afin que l'évaporation de l'eau apporte un peu de fraîcheur humide à l'air.

Engrais. Fournir au sol un apport d'engrais organique à décomposition lente, de début mars à fin juin, et de début septembre à fin novembre, une fois par mois. Augmenter la dernière dose automnale pour préparer l'arbuste à l'hiver.

DIAGNOSTIQUER ET SOIGNER

L'*Euonymus radicans* est très résistant à la poussière, aux fumées, à la pollution.

PARASITES

Araignées rouges et jaunes. Voir p. 32.

Chenilles : hyponomeutes. Voir p. 33.

Cochenilles diaspines et farineuses. Voir p. 33.

Chermès sur Fusain du Japon. Puceron galligène. Voir p. 34.

Pucerons. Voir p. 33.

MALADIES

Oïdium. Voir p. 34.

Rouilles. Voir p. 35.

HÊTRE

Caduc. Famille des Fagacées. Originaire des régions tempérées de l'hémisphère Nord. La longévité du Hêtre est d'environ 250 ans, mais peut atteindre 500 ans dans des circonstances exceptionnelles. Le Hêtre est un arbre rustique. Son écorce est lisse et gris cendré. Ses bourgeons allongés sont pointus. Le feuillage, vert tendre au printemps, devient foncé en été et roux en automne. Les feuilles restent partiellement attachées à l'arbre pendant l'hiver. Elles ne tombent que lorsque les nouvelles pousses éclosent, au printemps. On dit que ce sont des feuilles marcescentes. Les faînes, ou fruits, sont comestibles et apparaissent surtout sur les sujets âgés. Il existe une quinzaine d'espèces. Toutes peuvent être travaillées en Bonsaï.

CRÉER

Par semis. La graine se sème en automne. Sa période de germination est très courte. Si l'on n'a pas pu planter les graines à l'automne, on peut les stratifier dans du sable sec pour les garder jusqu'au printemps, où il faudra alors les semer. On les plante à 2,5 mètres de profondeur, dans un mélange de tourbe et de sable de rivière (éviter de semer dans un mélange trop acide), à l'intérieur d'une cagette, sans trop tasser afin de permettre à l'air de circuler.

Par greffage. La méthode de greffage utilisée pour le Hêtre est la greffe par approche. On ne supprime pas tout de suite le greffon, qu'on laisse rattaché à la plante mère jusqu'à ce qu'ils ne forment plus qu'un. Le greffon et le porte-greffe peuvent provenir du même arbre. Faite au début du printemps, la greffe aura pris à la fin de l'automne. On sépare alors greffon et porte-greffe en coupant celui-ci le plus près possible du point d'attache, ceci pour éviter un renflement trop important. On enduit la coupe de mastic cicatrisant afin de permettre à la cicatrice de s'atténuer plus vite. Cela évite l'installation de parasites et de maladies. Après la greffe, on protège le Hêtre du vent et du gel, et on le considère comme un arbre nouvellement rempoté.

Par jeunes plants de pépinière. Dans les pépinières, on peut trouver de jeunes Hêtres au tronc intéressant. Au printemps, on taille les branches et les racines, et on met l'arbre en pot. Il faut le travailler pendant 2 ou 3 ans avant qu'ils ne soient vraiment Bonsaï.

LES ESPÈCES

Fagus sylvatica (Hêtre commun). Feuilles oblongues, dentées, avec des nervures saillantes.
Fagus crenata (Hêtre crénelé). Originaire du Japon. Fût plus allongé, tronc plus blanc, feuillage plus petit.
Fagus purpurea (Hêtre pourpre). Il présente un feuillage rouge-brun et résiste mieux à une atmosphère sèche. C'est une variété horticole agréable à travailler en Bonsaï.
Fagus pendula (Hêtre pleureur). Ses branches retombent très naturellement.

ENTRETENIR

Ensoleillement. Il supporte le plein soleil mais, en été, surtout dans les régions méditerranéennes, il est préférable de le placer dans un endroit légèrement ombragé.

Température. Dans le midi de la France, le Hêtre pousse naturellement en altitude, car c'est là qu'il trouve un peu de fraîcheur. C'est un arbre qui redoute les grosses chaleurs. On le rencontre surtout dans les régions au climat océanique et de montagne. Il craint les hivers très rigoureux et les gelées printanières. Au-dessous de – 5° C, il faut donc protéger les racines et le pot en les recouvrant de laine, de paille ou de feuilles mortes, ou encore en enterrant l'arbre avec son pot jusqu'à la base du tronc. On peut

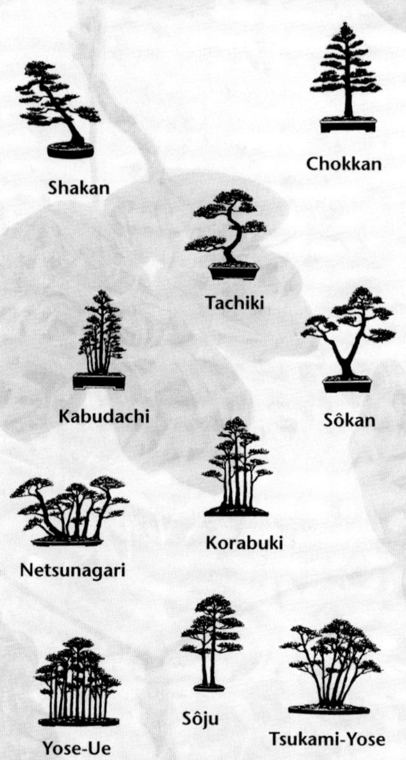

LES STYLES

aussi le rentrer dans une pièce froide, même peu lumineuse, pendant les périodes de grand froid. Cependant, comme toutes les espèces rustiques, le Hêtre Bonsaï résiste aux températures de nos climats.

Ventilation. Le Hêtre à l'état naturel est utilisé pour former des haies. Il supporte donc bien le vent. Cependant, il faut protéger d'un vent violent les tout jeunes sujets de moins de 5 ans et les arbres rempotés.

Céramique. Pour des raisons esthétiques, on ne donne pas au Hêtre un pot décoré. Le pot ne doit pas être trop plat ; les solitaires âgés demandent un pot d'une profondeur de 4 à 8 centimètres. En revanche, les forêts peuvent être plantées sur une coupe plate ou même sur un simple plateau.

Nettoyage. Les feuilles du Hêtre sont marcescentes. Retirer les feuilles décrochées des branches au pied du Bonsaï. En

Hêtre crénelé (Fagus crenata).
Âge = 150 ans. Hauteur = 55 cm.
Style « Tachiki » (bien que le départ du tronc soit « Chokkan », la cime présente les caractéristiques d'un « Tachiki »).
Photo : avril.
On peut observer les feuilles marcescentes de l'année précédente et les jeunes pousses de ce Hêtre vénérable.

effet, retirer tous les éléments morts ou abîmés évite que les maladies ou les parasites ne s'installent et, de plus, aère l'arbre, son feuillage et son sous-sol.

Le Hêtre présente la particularité de perdre difficilement ses vieilles feuilles.

Croissance. Le feuillage du Hêtre a une croissance très lente. On le laisse donc pousser jusqu'à la fin du printemps avant de le tailler.

Rempotage. Le rempotage se fait toujours au printemps, au moment de la reprise de végétation, avant l'éclosion de nouvelles pousses. Il a lieu tous les 2 ou 3 ans, en fonction de l'âge de l'arbre. Les sujets âgés (plus de 50 ans) se rempotent tous les 4 ou 5 ans. Après avoir taillé entre la moitié et les deux tiers du chevelu des racines, on dispose l'arbre dans un pot de dimension supérieure au précédent.

Terre. Le mélange est composé, à parts égales, de terre végétale et de sable. Le Hêtre préfère les sols argilo-siliceux, frais et filtrants, mais il pousse aussi bien dans des sols calcaires ou pierreux ; il faut éviter les sols compacts et humides.

Taille. Parallèlement au rempotage et à la taille des racines, tailler les branches et les feuilles.

• *Pinçage.* Les nouvelles pousses sont très vigoureuses et doivent être pincées. Le Hêtre n'émet pas de bourgeons secondaires. Les entre-nœuds tendent à être de plus en plus espacés, et les tailles risquent alors de devenir visibles. C'est pourquoi, à la fin du printemps, quand les feuilles mortes de l'année précédente sont tombées, chassées par ces nouvelles pousses, il faut pincer les jeunes pousses quand elles sont encore tendres en laissant 1 ou 2 feuilles.

• *Taille des feuilles.* Cette opération plus délicate se fait en été, sur un arbre en bonne santé. Elle ne s'effectue que tous les 2 ans. Elle fatigue l'arbre, mais, après cette taille, le Hêtre sera, en automne, encore plus beau, avec des feuilles plus petites, issues d'un second printemps artificiellement recréé. On peut aussi défolier complètement l'arbre, mais jamais pendant l'année du rempotage.

• *Taille des branches.* Elle doit toujours être légère et s'effectue de préférence à la suite d'un rempotage. Le Hêtre est un arbre dont la croissance est lente ; il ne se taille donc qu'une fois dans la saison. On taille en biais, en laissant 2 ou 3 feuilles par branchage, juste au-dessus d'une insertion foliaire, ce qui favorisera une bonne ramification.

• *Taille de structure.* Cette taille particulière se fait en hiver, quand on a un bon aperçu de la silhouette de l'arbre. Avec une bonne scie à Bonsaï, on coupe la branche maîtresse, qui dénature l'aspect esthétique de l'arbre. On doit mettre un peu de mastic cicatrisant sur chaque coupe de branche, pour éviter les parasites et les maladies.

Ligaturage. Ligaturer le Hêtre entre le printemps et l'automne, pendant une durée maximale de 3 mois, car le bois nouveau du Hêtre est très tendre et la pression du fil de cuivre risque de blesser l'arbre au niveau des branches et des racines. Couper le fil de cuivre avec une pince à fil de fer, sans blesser l'arbre ; si l'écorce est entaillée, passer du mastic cicatrisant. L'écorce étant fragile, il vaut mieux enrober le fil de cuivre avec du raphia ou du papier. Tant que la forme désirée n'est pas obtenue, on recommence l'opération, en évitant toujours de coincer le feuillage entre le fil et l'écorce.

Hêtre crénelé (Fagus crenata). *Détail de l'éclosion des nouvelles feuilles ; on notera le fil de cuivre qu'on a enrobé de papier afin de ne pas blesser la branche.*

Hêtre crénelé (Fagus crenata).
Âge = de 15 à 30 ans. Hauteur = 70 cm.
Style « Yose-Ue ». Photo : décembre.
Photographiée en hiver, cette forêt conservera son feuillage automnal jusqu'au printemps.

Arrosage. Abondant de la fin du printemps à la fin de l'été. On diminue les arrosages en automne. Attention aux excès d'eau en hiver. Jamais d'eau en cas de gel.

Vaporisation. Aime particulièrement l'air humide et a donc besoin d'être bassiné du début du printemps à la fin de l'été. Si l'arbre est petit ou s'il fait très sec, on peut même bassiner matin et soir. Il est également préférable de recréer une atmosphère humide en arrosant tout autour de l'arbre ; ainsi, l'eau, en s'évaporant, apporte une humidité nécessaire à l'arbre tout entier.

Engrais. L'engrais peut être en boulettes, en poudre ou liquide. On donne de l'engrais au début du printemps, après l'éclosion des bourgeons, à la fin de l'automne, lorsque l'arbre se met en repos de végétation.

DIAGNOSTIQUER ET SOIGNER

PARASITES

Capricornes.
SYMPTÔMES. Les branches se dessèchent, à la suite de galeries creusées dans l'écorce. Présence possible de coléoptères noirs.
REMÈDES. Tailler les branches envahies.

Orchestes.
SYMPTÔMES. Des trous circulaires sur les feuilles s'agrandissent. Le limbe est rongé par les coléoptères.
REMÈDES. Pulvériser des insecticides.

Bombyx. Voir p. 33.

Pucerons. Voir p. 33.

Cochenilles (essentiellement sur le tronc et les branches maîtresses). Voir p. 33.

Cécidomyies.
SYMPTÔMES. Les jeunes pousses sont déformées. Le feuillage, envahi par de petits asticots, se crispe. Apparition de galles vertes puis rouges, dures, sur le feuillage.
REMÈDES. Pulvériser des insecticides systémiques.

MALADIES

Oïdium. Voir p. 34.

Chancre.
SYMPTÔMES. Des chancres cerclés de bourrelets avec des grains rouges se forment sur les branches. La partie supérieure des branches malades meurt.
REMÈDES. Cureter et désinfecter les chancres. Au débourrement, à la chute de feuilles, pulvériser des fongicides à base de cuivre.

Chancre du Hêtre.
SYMPTÔMES. Sur l'écorce des nouvelles pousses, un anneau noir se forme et détruit tout le feuillage dans la partie supérieure.
REMÈDES. Tailler et détruire les branches malades.

Pourridié. Voir p. 35.

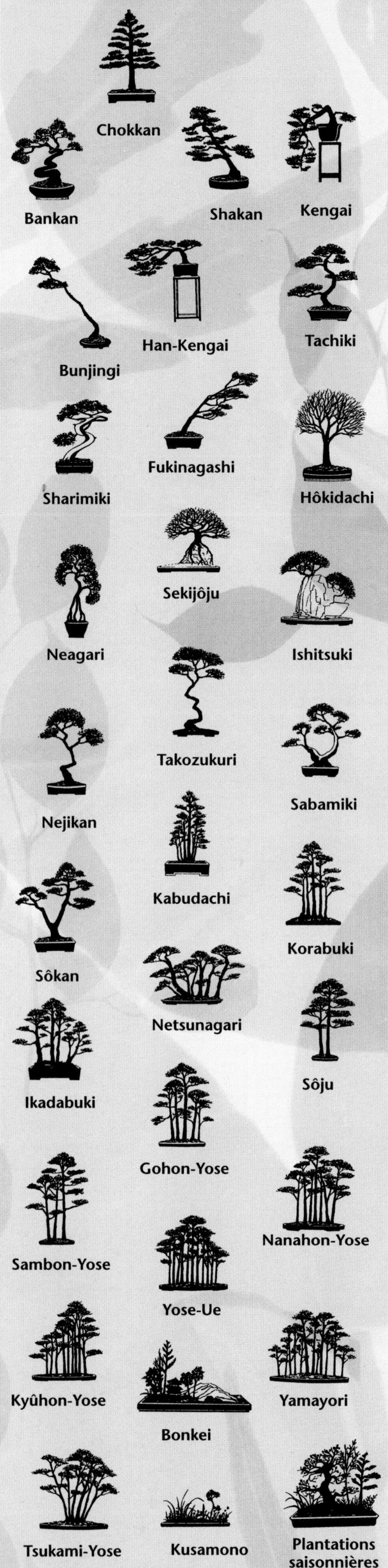

LES STYLES

FIGUIER

Persistant ou caduc. Famille des Moracées. Originaire des régions tropicales et subtropicales, le genre regroupe plus de six cents espèces, très variées, aux caractéristiques très différentes ; les fruits, notamment, peuvent être comestibles ou non.

CRÉER

Par semis. Uniquement en serre, sous bâche à multiplication.

Par bouturage. En juillet-août, sous châssis. Prélever des boutures de 5 à 10 centimètres. Étêter et planter dans un mélange de sable-tourbe, après avoir retiré 1 ou 2 paires de feuilles dans le bas de la bouture. Retirer le châssis dès que le racinage est fait. Rempoter l'année suivante, au printemps. On peut aussi bouturer en faisant tremper les boutures dans de l'eau.

Par marcottage aérien. Au printemps. /Voir 1re partie/.

ENTRETENIR

Ensoleillement. Cet arbre aime la lumière. Il a besoin de soleil. Le *Ficus retusa formosanum* a besoin de plus de lumière que les autres espèces.

Température. Le *Ficus* supporte la chaleur. Il n'aime pas les écarts de température. Le *Ficus carica* supporte le mieux le froid (arbre de serre froide). Pour les autres, en hiver, la température ne doit pas descendre en dessous de 13 °C.

Ventilation. Éviter les courants d'air.

Céramique. Choisir un pot moyennement profond quand l'arbre est jeune, puis plus profond lorsqu'il est âgé. Il peut être émaillé ou non, décoré ou non. Les vieux *Ficus* sont généralement plantés dans des céramiques rectangulaires.

Nettoyage. Ne pas couper les racines aériennes. Retirer les départs du tronc et les feuilles jaunes. Passer sur le feuillage une éponge imbibée d'eau, pour retirer la poussière, et brosser le tronc.

Croissance. Rapide et régulière. On obtient assez rapidement des sujets spectaculaires.

Rempotage. Tous les 2 ans (tous les 3 ans pour les sujets âgés), au printemps (avril-mai), tailler la moitié des racines et rempoter dans un pot de dimension supérieure au précédent.

Terre. 1/4 de terre de bruyère, 1/4 de terre végétale, 1/4 de sable de rivière et 1/4 de terreau. Les *Ficus* aiment les sols chauds, moyennement humides et légèrement calcaires. Ces sols doivent être perméables, profonds, frais et riches. On peut remplacer la terre de bruyère par de la tourbe.

Taille.
- *Taille des rameaux.* Rabattre, pendant la période végétative, les rameaux à 2 ou 3 paires de feuilles dès qu'ils en ont émis 5 ou 6.
- *Taille des branches.* Tailler les branches abîmées, allongées ou cassées, en hiver (février). Du suc s'écoule : c'est le caoutchouc. Mettre du mastic cicatrisant sur les grosses cicatrices.
- *Taille des feuilles.* Sur les *Ficus* en bonne santé, il est possible de tailler l'ensemble du feuillage. Donner moins d'eau après la défoliation. On peut aussi se contenter de tailler les grandes feuilles.

Ligaturage. Le ligaturage peut se faire à n'importe quel moment de l'année. Attendre que les rameaux soient aoûtés. Retirer le fil de cuivre au bout de 6 à 8 semaines.

Arrosage. Maintenir les racines sèches en hiver. Arroser modérément pendant les autres saisons, un peu plus en été.

Vaporisation. Vaporiser autour du feuillage tous les jours, car le *Ficus* aime les chaleurs humides.

Engrais. Au printemps et en automne, donner un engrais organique à décomposition lente. En hiver, si le *Ficus* est en excellente santé, on peut lui donner une fois de l'engrais. Alterner engrais liquide et engrais solide. Ne jamais donner d'engrais à un arbre malade.

Figuier (Ficus retusa). *Âge = 150 ans. Hauteur = 1,10 m. Style « Tachiki ». Photo : mai. Remarquable spécimen aux racines aériennes qui se mêlent au tronc principal.*

LES ESPÈCES

Ficus carica (Figuier). Cette espèce, la seule à avoir des feuilles caduques, donne des fruits très appréciés. Le Figuier vit sur le pourtour de la Méditerranée. Il est considéré au nord de la France comme un Bonsaï d'orangerie.

Ficus benjamina. Arbre à feuilles persistantes, au port souple et élégant, et au tronc gris. Le feuillage, oblong, est vert brillant. Cet arbre émet des racines aériennes.

Ficus retusa. Très proche du ***F. benjamina,*** il est semblable au Banian. Les feuilles, persistantes, sont allongées et vert brillant. Cet arbre émet des racines aériennes, qui sont particulièrement vigoureuses et noueuses.

Ficus retusa formosanum. Espèce aux feuilles persistantes, plus rondes et plus épaisses que les précédentes. Elle est plus délicate.

Ficus natalensis, parfois appelé ***Ficus triangularis.*** Originaire d'Afrique du Sud, cette espèce peut atteindre une vingtaine de mètres. Le tronc brun-gris strié verticalement de brun est assez ramifié. Le feuillage persistant, brillant, vert sombre cuivré, a une forme en spatule. Des fruits éclosent par paires à l'axe des feuilles.

Ficus natasha, cultivar proche du *Ficus benjamina.* Tronc élancé, à l'écorce grise, verriculosée. Il se ramifie facilement. Les rameaux souples, minces, portent des feuilles persistantes, oblongues, acuminées, vert tendre lorsqu'elles sont jeunes, et vert plus soutenu à maturité. Placé dans de bonnes conditions, il émet des racines aériennes.

Ficus neriifolia, cultivar récemment obtenu. Le tronc, mince, droit, dur, a une croissance rapide. S'il est incisé, du caoutchouc s'écoule par les blessures ou les coupes. Les branches s'érigent en forme d'ombrelle. Le feuillage, persistant, vert brillant, lancéolé, étroit, rappelle celui du saule pleureur.

DIAGNOSTIQUER ET SOIGNER

PARASITES

Nématodes à kystes. Voir p. 34.

Nématodes à galles. Voir p. 34.

Thrips.
SYMPTÔMES. Les feuilles présentent des taches grises sèches sur lesquelles apparaissent des points. L'arbre est affaibli, le limbe, mordu. Présence d'insectes sous le limbe.
REMÈDES. Pulvériser des insecticides de synthèse sur la face inférieure du feuillage.

Thrips *(Gynaikothrips licorum)* sur *Ficus microcarpa,* appelés aussi Thrips du Laurier de Cuba.
SYMPTÔMES. Œufs enfoncés dans le limbe; les larves sucent les liquides cellulaires en déchirant les tissus. Les feuilles présentent des plages grises plus ou moins sèches et parfois de petites pustules. La végétation s'étiole et ralentit.
REMÈDES. Pulvériser des insecticides de synthèse (parathion, lindane, malathion), en insistant sur la face inférieure du feuillage. Faire 3 traitements à 8/10 jours d'intervalle. Utiliser des aphicides ou des produits à base de nicotine.

Cochenilles diaspines et lécanines. Voir p. 33.

MALADIES

Anthracnose du *Ficus.*
SYMPTÔMES. Des taches jaunes au bord du limbe gagnent la feuille. Points noirs sur les taches. Feuillage décoloré et plissé. Les parties malades sèchent et tombent.
REMÈDES. Éviter un excès d'humidité au sol. Maintenir une température constante. Tailler les feuilles malades. Pulvériser des fongicides de synthèse.

Brûlures.
SYMPTÔMES. Le limbe présente des taches décolorées qui sèchent et se déchirent. Le feuillage est crispé, déformé, parfois perforé, et il tombe.
REMÈDES. Éviter de vaporiser le feuillage ou d'arroser au soleil, le soleil trop direct et les températures froides, l'engrais trop azoté et les gaz toxiques.

Chute des feuilles.
SYMPTÔMES. À partir du bas des branches, les feuilles jaunissent et tombent.
REMÈDES. Éviter l'excès d'eau dans la terre. Placer à la lumière.

Pourriture grise ou maladie de la toile.
SYMPTÔMES. Les feuilles présentent des taches gris-brun associées à de la pourriture grise autour du limbe, progressant sur toute la surface foliaire. Les feuilles sèchent, puis tombent. Les rameaux se nécrosent.
REMÈDES. Bien aérer. Éviter soigneusement l'excès d'eau et les changements de température. Tailler les rameaux malades. Pulvériser des fongicides de synthèse. Attention aux risques de phytotoxicité.

GARDÉNIA

À fleurs. Famille des Rubiacées. Originaire des régions tropicales et subtropicales, essentiellement d'Asie, le genre *Gardenia* compte environ 70 espèces d'arbustes au feuillage persistant et aux fleurs blanches odorantes.

CRÉER

Par bouturage. Choisir des pousses vigoureuses sur les branches latérales. Essayer de les détacher avec leur talon. On peut bouturer en serre presque toute l'année, mais janvier est une bonne époque. Repiquer les boutures dans de la terre de bruyère et les garder au chaud (22 °C) jusqu'à ce qu'elles racinent. Les rempoter au printemps.

Par marcottage aérien ou marcottage simple. On obtient une meilleure reprise au printemps, dans une pièce lumineuse et chaude.

Par jeunes plants de pépinière. Choisir un beau tronc et élaguer les branches.

ENTRETENIR

Ensoleillement. Beaucoup de lumière, mais éviter un soleil direct. Peut être sorti en été dans le Midi.

Température. Beaucoup de chaleur en période végétative. En repos de végétation, diminuer la chaleur progressivement. En hiver, la température ne doit pas descendre en dessous de 12 à 15 °C.

Ventilation. Attention aux courants d'air. Donner davantage d'air en repos de végétation.

Céramique. Choisir une coupe relativement profonde. Le Gardénia est souvent cultivé dans des coupes non émaillées.

Nettoyage. Retirer les fleurs dès qu'elles jaunissent. La durée des fleurs est très courte, mais compensée par un parfum envoûtant. Brosser régulièrement le tronc.

Croissance. Lente.

Rempotage. Tous les 2 ans, à la fin du printemps, quand les nouveaux bourgeons apparaissent, tailler la moitié des racines et disposer dans un pot de dimension supérieure au précédent.

LES ESPÈCES

Gardenia jasminoïdes. Originaire de Chine et du Japon, il atteint 1,50 mètre. Il a un port régulier, un feuillage persistant, vert brillant, et des fleurs doubles, blanches, très odorantes. C'est un arbuste frutescent. La plupart des *Gardenia jasminoïdes* présentés en Bonsaï sont issus d'arbres prélevés dans la nature au Japon et en Chine.

Terre. 1/4 de terre de bruyère, 1/4 de terre végétale, 1/4 de terreau et 1/4 de sable de rivière. Le Gardénia aime les sols chauds et argileux.

Taille.
- *Taille des rameaux.* Après la floraison, bien rabattre les rameaux des arbres âgés. Pour les plus jeunes, tailler les rameaux en ne laissant que 3 feuilles dès qu'ils en ont émis 6 ou 7.
- *Taille des branches.* En fin d'hiver, couper les branches inesthétiques, abîmées, et passer du mastic cicatrisant sur les grosses coupes.

Ligaturage. Attendre que les rameaux nouveaux soient aoûtés. On peut aussi ligaturer avant que les bourgeons ne durcissent. Protéger l'écorce avec du raphia.

Arrosage. Donner très peu d'eau en hiver, mais sans laisser la terre se dessécher. En été, arroser modérément. Juste avant la floraison, pour favoriser celle-ci, augmenter légèrement l'arrosage.

Vaporisation. Vaporiser autour du feuillage tous les jours, excepté lorsque l'arbre est en fleur. Le Gardénia a besoin de beaucoup d'humidité ambiante. Au besoin, le placer sur un plateau garni de pouzzolane maintenue humide.

Engrais. Après la floraison et en automne. Donner de préférence de l'engrais liquide (organique à décomposition lente). Si les feuilles jaunissent, enrichir l'engrais d'un peu d'azote.

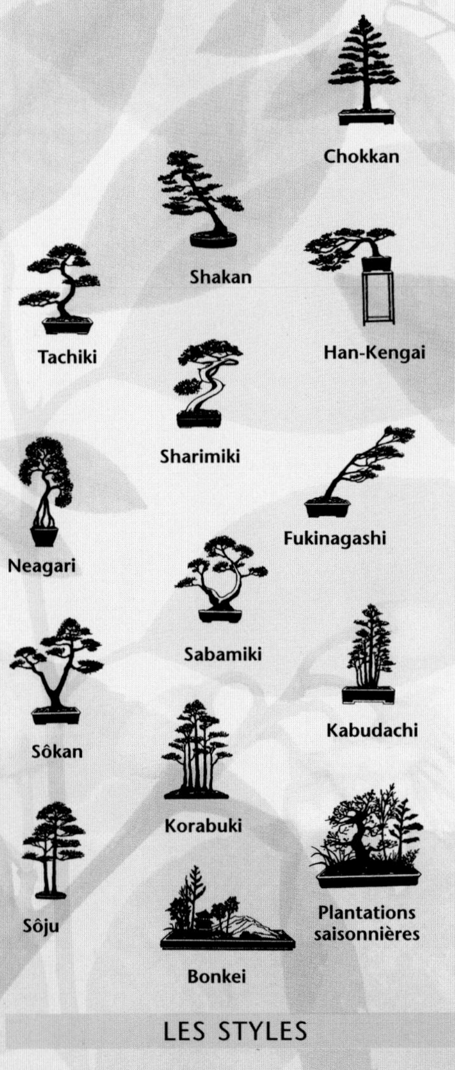

LES STYLES

Gardénia (Gardenia jasminoïdes). *Âge = 15 ans.*
Hauteur = 12-14 cm. Style « Shakan ». Photo : octobre.
La plupart des Gardenia jasminoïdes *sont des arbustes prélevés dans la nature en Asie, et adaptés en pot ensuite.*

DIAGNOSTIQUER ET SOIGNER

PARASITES

Cochenilles diaspines et lécanines. Voir p. 33.

Cochenilles farineuses. Voir p. 33.

Pucerons verts. Voir p. 33.

Aleurodes des serres.
SYMPTÔMES. Miellat sur lequel se développe de la fumagine. Présence de mouches sur le limbe.
REMÈDES. Vaporiser des insecticides organophosphorés et des insecticides acaricides, en variant les produits pour éviter toute accoutumance.

Escargots.
SYMPTÔMES. En hiver, un voile blanc protège les escargots. Au printemps, tiges, feuilles, boutons et fleurs sont mordus.
REMÈDES. Ramasser les escargots, éviter l'excès d'humidité. Utiliser des molluscicides par contact ou ingestion.

MALADIES

Chlorose.
SYMPTÔMES. Le feuillage jaunit progressivement en partant du limbe. Les parties malades sèchent. Le feuillage est décoloré.
REMÈDES. Éviter l'excès de calcium, d'eau et de froid, les courants d'air et les gaz toxiques. Placer le Gardénia à la lumière. Donner du fer, du magnésium, du zinc et de l'azote à la terre.

GINKGO

Caduc. Famille des Ginkgoacées. Espèce dioïque. Il faudrait écrire Ginkyo, transcription latine du nom chinois Yin-Kuo (Abricot d'argent). L'orthographe actuelle n'a pas de sens étymologique et semble une erreur orthographique. Longtemps classé parmi les conifères, le Ginkgo est maintenant reconnu comme un genre à part et voisin. C'est un arbre très ancien, un fossile vivant, qui peut atteindre 30 mètres de haut, sans doute originaire du Japon, et qui était planté près des temples bouddhiques. Sa silhouette est pyramidale. Le tronc droit, gris cendré, est fissuré longitudinalement. Les branches horizontales sont étalées. La cime des mâles est conique, les femelles ont une couronne plus large aux feuilles plus incisées, qui jaunissent un mois plus tard que celles des mâles. Le feuillage vert clair devient jaune d'or à l'automne. Le limbe a un long pétiole et forme un éventail arrondi avec, parfois, une échancrure médiane qui dessine deux lobes *(biloba).* Les feuilles sont insérées en bouquet, sur de courts rameaux. Les inflorescences sont mâles. Le fruit est une sorte de prune jaune, toxique et de mauvaise odeur.

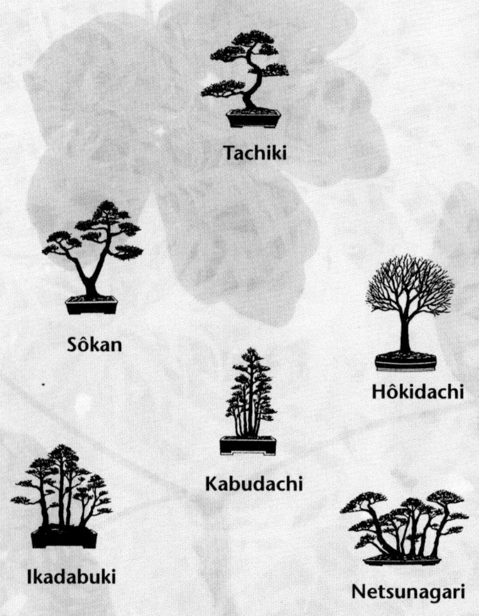

LES STYLES

CRÉER

Par semis. Une récolte sur un arbre femelle isolé ne donnera rien, faute de fécondation. Il faut un arbre fécondé. Stratifier la noix pendant un an juste après la récolte ; faire tremper la noix dans de l'eau très chaude avant de semer pour que l'écorce se fendille. Semer la noix. Laisser un an la pousse dans la caisse à semis avant de la transplanter dans un pot de culture. Abriter.

Par bouturage. Utiliser de préférence de courtes pousses latérales déjà aoûtées. Les étêter. Enduire le pied de la bouture d'hormone de bouturage avant de la piquer dans un mélange tourbe-sable.

Par marcottage. Cette technique de marcottage aérien donne des arbres tordus. Peler l'écorce de la partie de la branche à marcotter. L'entourer de sphagnum et empaqueter le tout dans un plastique maintenu fermé par du raphia. Vaporiser. Lorsque la marcotte a pris, retirer plastique et sphagnum et sevrer la marcotte de l'arbre. La mettre en pot et la considérer comme un arbre nouvellement rempoté.

Par greffe latérale. En été, dans la partie basse du tronc pour que, par la suite, la terre dissimule le point de greffe. L'incision du porte-greffe est plus large en partie profonde. Au printemps suivant, la greffe doit avoir pris. Tailler alors le porte-greffe au-dessus du greffon, mettre en pot et considérer comme un arbre nouvellement rempoté. Les « *Pendula* » sont les plus couramment greffés.

Par jeunes plants de pépinière.
/Voir 1re partie/..

LES ESPÈCES

Ginkgo pendula. Les branches retombent à leur extrémité, la couronne est arrondie.
Ginkgo fastigiata. Une pyramide très étroite.
Ginkgo variegata. Le feuillage est panaché de jaune.
Ginkgo aurea. Le feuillage est jaune.
Ginkgo laciniata. De larges feuilles, divisées et échancrées.

ENTRETENIR

Ensoleillement. Le Ginkgo aime le plein soleil. Toutefois, protéger à la mi-ombre l'été les tout jeunes sujets et les arbres nouvellement rempotés.

Température. Le Ginkgo craint le froid vif et le gel. En hiver, protéger les racines, le pot et le collet, ou abriter l'arbre dans une pièce froide.

Ventilation. Le Ginkgo n'est pas sensible à la pollution atmosphérique et il supporte le vent. Mais les arbres rempotés doivent être abrités six semaines.

Céramique. Choisir une coupe ronde, hexagonale ou carrée assez profonde, émaillée ou non. Un bleu cobalt ou un brun s'harmonisent à l'arbre.

Nettoyage. Enlever régulièrement les parties mortes sur l'arbre et sur le sol, pour éviter maladies et parasites. Bassiner les feuilles pour les nettoyer et leur permettre de respirer.

Croissance. Les premières années, la croissance est lente. Elle s'accélère par la suite. Âgé, le Ginkgo peut émettre des racines aériennes comme des stalactites.

Rempotage. Environ tous les trois ans, rempoter le Ginkgo après que les nouvelles pousses ont démarré. Mars est un bon mois pour rempoter. Tailler la moitié des racines et rempoter dans un pot de dimension supérieure au précédent.

Terre. 1/3 de terreau, 1/3 de terre végétale et 1/3 de sable. Le Ginkgo s'accommode d'un sol ordinaire, à condition qu'il soit profond et contienne de l'argile rouge et de la glaise noire.

Taille.
- *Pinçage.* Pincer tous les départs indésirables sur le tronc et les grosses branches. Pincer les extrémités des branches en retirant 2 ou 3 feuilles. Après la repousse des nouveaux bourgeons, pincer encore en retirant une ou deux paires de feuilles.
- *Taille des feuilles.* Tailler les feuilles quand elles ont durci.
- *Taille des branches.* Au printemps, lors du rempotage, retirer les branches inesthétiques.
- *Taille de structure.* En hiver, retirer les branches qui dénaturent la silhouette de l'arbre. Passer du mastic cicatrisant sur les grosses coupes.

Ligaturage. Rare. La forme est surtout donnée en pinçant la tête et les pousses et en taillant les feuilles et les branches. Mais on peut ligaturer le Ginkgo de l'automne à la fin de l'été si besoin.

Arrosage. Laisser sécher la terre entre deux arrosages abondants. En été, arrosage quotidien à l'abri du plein soleil. En automne, arroser le matin. Protéger des pluies abondantes et exposer à la rosée.

Vaporisation. Bien bassiner l'arbre du milieu du printemps au début de l'automne pour nettoyer le tronc, les branches et les feuilles de la poussière et de la pollution.

Engrais. Donner de l'engrais organique au printemps et à l'automne. Ne pas en donner en juillet et août. Augmenter la dernière dose en automne pour préparer l'arbre à l'hiver.

Ginkgo biloba (Ginkgo biloba).
Âge = 20 ans. Hauteur = 30 cm.
Style « Kabudachi ». Photo : octobre.
Au début de l'automne, les feuilles prennent une belle couleur jaune d'or. Son appellation d'« arbre aux quarante écus » est due au fait que le premier arbre fut acheté quarante écus par un riche amateur de Montpellier.

DIAGNOSTIQUER ET SOIGNER

PARASITES

Les Ginkgos sont des Bonsaï très résistants qui, à notre connaissance, ne sont pas attaqués par des parasites.

MALADIES

Pourridié. Voir p. 35.

HOUX

À fleurs et à fruits. Famille des Aquifoliacées. Originaire de l'hémisphère Nord, d'Amérique du Sud, d'Australie et de Polynésie, cet arbuste a une grande longévité : certains Houx dépassent 200 ans. Le Houx peut atteindre 15 mètres, dans d'excellentes situations. Il est conique, à tige droite, aux branches étalées, redressées à leur extrémité, à la forme buissonnante et ramifiée dès la base. Son feuillage est généralement persistant, caduc chez quelques espèces, ovale, découpé en lobes terminés en épine, vert foncé et brillant ; les lobes disparaissent avec l'âge, et seule reste l'épine terminale. Des fleurs apparaissent en mai-juin, petites, blanc rosé, parfumées. Les fruits, mûrs en septembre, rouge vif, brillants, en grappes, durent tout l'hiver et n'apparaissent que sur les arbres femelles.

LES STYLES

CRÉER

Par semis. Prélever les fruits en novembre. Les mettre en tas et les laisser pourrir. Laver les graines, les sécher, puis les stratifier dans du sable. Semer à l'automne ou au printemps suivant, dans un sol humifère et tourbeux maintenu humide et à la mi-ombre. La germination est lente et capricieuse ; elle peut attendre 3 ans. Repiquer les nouvelles pousses après un an.

Par bouturage. En juillet-août, sur les arbres à feuilles persistantes, bouturer dans un mélange composé de 2/3 de tourbe et d'1/3 de sable, sous verre. Au printemps suivant, retirer le verre. Choisir de préférence des rameaux de l'année, pour un meilleur racinage.

Par marcottage simple. Dans un sol tourbeux et frais, pendant 2 ans. Après sevrage, attention aux intempéries, car la marcotte est très fragile. Cette méthode donne de très bons résultats.

Par jeunes plants de pépinière. /Voir 1re partie/.

ENTRETENIR

Ensoleillement. L'*Ilex crenata* supporte le plein soleil, même en été. Placer les autres variétés à la mi-ombre en été, les laisser au soleil pendant les autres saisons, ou à la mi-ombre si elles reçoivent beaucoup de lumière. Le Houx est un arbuste de sous-bois.

Houx à feuilles caduques (Ilex sieboldii). *Âge = 30 ans. Hauteur = 50 cm. Style « Korabuki ». Photo : octobre-novembre.*

Température. Le Houx aime la chaleur humide. Il supporte mal les froids vifs. Le protéger en dessous de – 5 °C.

Ventilation. Le Houx aime être abrité : le protéger des vents violents et froids.

Céramique. Choisir un pot de profondeur moyenne, de couleur terre, émaillé ou non, ou bleu cobalt.

Nettoyage. Retirer les départs du tronc, les fruits trop abondants, ou qui restent trop longtemps sur l'arbre et le fatiguent.

Houx à feuilles caduques (Ilex sieboldii).
Âge = 40 ans. Hauteur = 60 cm.
Style « Korabuki ».
Photo : octobre-novembre.

LES ESPÈCES

Ilex aquifolium (Houx commun). Arbuste buissonnant de 5 mètres, au tronc droit souvent multiple, de forme pyramidale, au feuillage persistant, épineux, glabre, vert plus foncé sur le dessus. Les fruits apparaissent en septembre.
Ilex crenata. Arbuste de 5 mètres, au port raide, aux nombreuses branches, au feuillage abondant, crénelé, vert foncé, non épineux, aux fruits noirs.
Ilex serrata « sieboldii ». Arbuste compact, aux nombreuses ramifications, qui donne quantité de fruits rouges, parfois corail à l'automne. Les fruits tiennent tout l'hiver. Au printemps, l'arbuste donne des fleurs bleutées.

Croissance. Le Houx a une croissance lente (environ 6 mètres en 10 ans).

Rempotage. Au début du printemps, avant l'éclosion des bourgeons, tous les ans ou tous les 2 ans, tailler entre le tiers et la moitié des racines et mettre dans un pot de dimension supérieure au précédent.

Terre. Mélange à parts égales de terre végétale et de terreau. On dit que le Houx aime les sols acides, mais ce n'est pas exact. Il prospère dans un sol argileux, calcaire, léger, frais, voire sablonneux. Il lui faut une terre fertile.

Taille.
• *Pinçage.* Pincer certains nouveaux bourgeons qui commencent à se développer. Pincer aussi immédiatement toutes les pousses inutiles. En revanche, bien laisser se développer les autres pousses jusqu'à ce que les feuilles durcissent.
• *Taille des rameaux.* Tailler les rameaux de 3 à 6 cm. Tailler les seconds départs inutiles et laisser les autres se développer.
• *Taille des branches.* Tailler, lors du rempotage, les branches de l'année précédente, pour sculpter l'arbre.
• *Taille de structure.* En fin d'hiver. Lorsque l'on coupe une branche maîtresse, s'assurer que la coupe soit bien concave. Passer du mastic cicatrisant.

Ligaturage. Du printemps à l'été. Ligaturer les jeunes rameaux avec du fil de cuivre enrobé de raphia. Bien protéger les branches, car elles cassent facilement.

Arrosage. Donner davantage d'eau, depuis l'éclosion des fleurs jusqu'au moment où les fruits apparaissent, afin d'obtenir une bonne fructification. Le reste du temps, bien humidifier le sol et le laisser sécher entre deux arrosages.

Vaporisation. Bien bassiner l'arbre. Le Houx nécessite une bonne humidité atmosphérique.

Engrais. Au printemps et à l'automne, donner un engrais organique à décomposition lente. En automne, le Houx demande un peu moins d'engrais qu'au printemps ; donc, diminuer la dose en gardant la même fréquence.

DIAGNOSTIQUER ET SOIGNER

PARASITES

Tordeuses (chenilles). Voir p. 33.

Mineuses (chenilles). Voir p. 33.

MALADIES

Taches foliaires. Voir p. 35.

N.B. Si le Houx est placé dans de mauvaises conditions, sans luminosité, sans mouvements d'air, ou s'il a trop d'eau, il peut être envahi par des champignons. Il faudra alors mettre des fongicides pour lutter contre l'éventuelle pourriture.

JASMIN

À fleurs. Famille des Oléacées. Originaire des régions tropicales et subtropicales (pourtour de la Méditerranée, sud de l'Europe, Afrique du Nord et Asie occidentale), cet arbuste érigé, souvent en liane, aux rameaux verts et anguleux, aux feuilles alternes ou opposées, donne des fleurs blanches, jaunes ou roses, odorantes, et des fruits noirs.

CRÉER

Par bouturage. Tailler les rameaux herbacés de l'été et les planter en juin-juillet. On peut encore les planter en automne. Placer les boutures en serre ou sous verre. Conserver la bouture en pot de culture 2 ans.

Par marcottage simple. Au printemps.

Par jeunes plants de pépinière. /Voir 1re partie/.

ENTRETENIR

Ensoleillement. Le Jasmin aime bien la lumière. Il a besoin d'une situation ensoleillée, mais ne doit pas recevoir directement les rayons du soleil. Le placer à la mi-ombre en été. Plein soleil pour le *J. humila*. Éviter le soleil brûlant de plein midi pour le *J. officinale*.

Température. Supporte assez bien le froid. Le protéger, néanmoins, par grand gel.

Ventilation. Le Jasmin est peu exigeant, mais préfère une situation légèrement abritée. Placer à l'abri du vent les *Jasminum officinale* et *humila*.

Céramique. Choisir de petits pots. La décoration doit être en harmonie avec les fleurs.

Nettoyage. Tailler les racines qui partent des nœuds des branches dès qu'elles apparaissent, et supprimer les rejets et drageons. Enlever les fleurs dès qu'elles sont fanées.

Croissance. Arbuste de croissance assez lente.

Rempotage. Au début du printemps, avant que les fleurs éclosent, ou en automne, après que les feuilles sont tombées. Tailler entre le tiers et la moitié des racines, et remettre dans un pot de dimension supérieure au précédent.

Terre. La moitié de terre végétale, 1/4 de terreau et 1/4 de sable de rivière. Peu exigeant quant au sol, le Jasmin d'hiver s'épanouit dans un sol léger et peu humide, meuble et nutritif.

Jasmin d'hiver (Jasminum nudiflorum).
La floraison peut intervenir de début janvier à fin mars, selon les régions et la rigueur de l'hiver. Photo : février.

LES STYLES

LES ESPÈCES

Jasminum officinale (Jasmin blanc). Arbrisseau d'Europe méridionale grimpant, aux rameaux sarmenteux, verts, glabres et anguleux. Feuilles caduques (ou semi-persistantes), obovales, à fleurs blanches, écloses de juin à septembre, très parfumées.
Jasminum humila (Jasmin d'Italie). Originaire de Chine occidentale. Arbuste buissonnant aux rameaux évasés, au feuillage persistant ou semi-persistant, aux fleurs jaunes en grappes, écloses en juin-juillet.
Jasminum nudiflorum (Jasmin d'hiver). Espèce originaire du nord de la Chine, aux rameaux verts arqués et retombants, qui peut atteindre 5 mètres, au feuillage caduc, ovale, étroit aux extrémités, pouvant apparaître en même temps que les fleurs dans le Midi. Les fleurs jaune vif éclosent de novembre à mars, sur les rameaux de l'année précédente.

Jasmin d'hiver (Jasminum nudiflorum).
Âge = 20 ans. Hauteur = 18 cm. Style « Sekijôju ».
Photo : février.

Taille.
- *Pinçage.* Au printemps, pincer tous les départs qui ne sont pas nécessaires et laisser pousser les autres. Tailler les pousses fanées à 1 ou 2 paires de feuilles. Recommencer en juillet.
- *Taille des rameaux.* Tailler les rameaux qui ont grandi, et ne leur laisser que 2 ou 3 paires de feuilles. En septembre, retailler en laissant 3 ou 4 paires de feuilles.
- *Taille de structure.* Tailler les branches maîtresses : les raccourcir ou les supprimer avant la floraison.

Ligaturage. Ligaturer du printemps à l'été, en protégeant l'écorce avec du raphia. Ligaturer les jeunes rameaux avec du raphia. Les branches du Jasmin d'hiver sont cassantes.

Arrosage. Arroser abondamment la terre si l'arbuste est en plein soleil. Le Jasmin d'hiver demande beaucoup d'eau, mais il ne faut pas la laisser stagner au niveau des racines.

Vaporisation. Bassiner le feuillage pendant les arrosages, mais éviter de bassiner pendant la floraison.

Engrais. Utiliser un engrais organique à décomposition lente, après la floraison. Pas d'engrais en juillet-août. Donner de l'engrais

DIAGNOSTIQUER ET SOIGNER

PARASITES

Tordeuses (chenilles). Voir p. 33.

MALADIES

Phyllosticta.
SYMPTÔMES. Le feuillage présente des taches desséchées sur lesquelles apparaissent des points noirs. Chute des feuilles malades.
REMÈDES. Tailler les feuilles malades, pulvériser des fongicides à base de cuivre.

Mosaïque de l'anneau jaune du Jasmin.
SYMPTÔMES. Le limbe jaunit. Des taches jaunes partent des nervures et s'étendent. Le limbe peut se déformer, les feuilles tombent.
REMÈDES. Détruire les parties malades. Vérifier qu'il n'y a pas de parasites.
N.B. Nous n'avons presque jamais remarqué de maladies sur les Jasmins Bonsaï. Si les boutons floraux avortent, si les fleurs fanent trop vite, si les feuilles jaunissent ou tombent prématurément, il y a un problème de vaporisation, d'arrosage. Le Jasmin craint la pollution.

GENÉVRIER DE CHINE

Conifère persistant. Famille des Cupressacées. Origine chinoise. Dans son pays, il peut atteindre 25 mètres, mais les cultivars implantés en Europe ne sont pas très grands. Sa longévité est relativement limitée, sauf en pot. Sa silhouette et ses caractéristiques se modifient en fonction du climat et du lieu géographique. Il peut varier d'allure selon son âge : les aiguilles juvéniles sont longues, claires et compactes ; âgées, elles sont petites, en écailles. Le même sujet peut avoir un feuillage jeune et un feuillage adulte. Son tronc, brun-rouge, s'écorce facilement. Le Genévrier mâle donne de nombreuses fleurs jaunes ; les fleurs de l'arbre femelle sont vertes, discrètes, dans l'axe de la feuille. Les baies, nombreuses, sont bleu-vert, puis brunes lorsqu'elles arrivent à maturité.

LES STYLES

CRÉER

Par semis. Technique très rarement utilisée. Lorsqu'on récolte soi-même la baie, penser qu'elle mûrit la deuxième année. La récolte se fait en hiver. Faire sécher la baie dans un endroit aéré et frais. La planter en mars. Mais les résultats sont infimes.

Par bouturage. Tailler un jeune rameau. L'écorcer. Retirer les pousses latérales de la partie inférieure et pincer la tête des boutures trop longues. Une nouvelle flèche pousse en même temps qu'a lieu l'enracinement. La meilleure époque est en juillet et août. Repiquer les boutures dans un mélange sable de rivière-tourbe. Le *Juniperus chinensis* obtenu par des boutures pousse très bien. Ne pas bouturer après que l'écorce des jeunes rameaux a bruni ; au besoin, tremper la bouture dans des hormones de bouture avant de repiquer.

Par marcottage aérien. Au printemps, au départ de la végétation, enrouler un fil de cuivre autour de la branche (ou du tronc) à marcotter, en laissant la sève circuler au-dessus de la marcotte. Peler l'écorce juste au-dessus du fil de cuivre. Entourer de sphagnum humide et envelopper d'un plastique fermé aux deux extrémités. Ne demande pas beaucoup d'eau. Les racines se développeront au bout de trois à six mois. Si la marcotte a été faite tôt dans la saison, elle peut être détachée de l'arbre dès septembre. La replanter et la considérer comme un arbre nouvellement rempoté. La protéger impérativement des intempéries hivernales.

Par marcottage simple. Choisir une branche basse et souple. Écorcer et retirer les plumets de la partie à enterrer. Faire une ou deux entailles sur le bois, pour favoriser l'enracinement. Enterrer dans un mélange de sable de rivière, de tourbe et de terre végétale en proportions égales. Arroser régulièrement, surtout en été. Lorsque de nouvelles pousses apparaissent, tailler la marcotte et rempoter.

Par greffe latérale. Choisir un porte-greffe droit, du diamètre d'un crayon. Pratiquer la greffe en février. Le greffon doit avoir le même diamètre que le porte-greffe au point de greffage. Ligaturer la greffe. Le mastic n'est pas nécessaire. Maintenir humide en vaporisant. Placer à la chaleur et protéger du vent. Au bout d'environ six mois, la greffe a pris. On coupe alors le haut du porte-greffe, et le greffon est considéré comme un arbre nouvellement rempoté.

Par jeunes plants de pépinière. Choisir un *Juniperus chinensis* au tronc intéressant et aux aiguilles fermes et brillantes.

ENTRETENIR

Ensoleillement. Le *Juniperus chinensis* supporte le plein soleil. Il est très tolérant en ce qui concerne les climats. Cependant, il pousse mieux au soleil que dans les endroits ombragés. En été, placer à la mi-ombre les tout jeunes sujets.

Température. Le *Juniperus chinensis* supporte le chaud et le froid. Toutefois, ses

Genévrier de Chine (Juniperus chinensis). Var. « Sargentii Henry ». Âge = 40 ans. Hauteur = 15 cm. Style « Bankan ». Photo : mai.

LES ESPÈCES

Juniperus chinensis « aurea ». Il a la même forme que l'espèce type, mais son feuillage est jaune d'or et s'atténue en hiver.
Juniperus chinensis « japonica » est plus piquant, et ses pousses se dressent lorsqu'il est âgé.
Juniperus chinensis « kaizuka » est conique, ses rameaux sont groupés, son feuillage est vert brillant.
Juniperus chinensis « pyramidalis » est bleu et piquant, contrairement au ***« stricta »*** qui lui ressemble.
Juniperus chinensis « sargentii » est l'arbre le plus fréquemment travaillé en Bonsaï.

aiguilles ont tendance à brûler en hiver, notamment au contact de la neige. Il a une bonne résistance au gel, quoique sa flèche puisse geler en hiver.

Ventilation. Protéger les jeunes sujets et les Bonsaï nouvellement rempotés d'un excès de vent.

Céramique. Choisir, de préférence, une coupe brune non émaillée ou émaillée dans des tons de terre, assez profonde, surtout pour les sujets âgés.

Nettoyage. Retirer régulièrement, du printemps à la fin de l'automne, toutes les aiguilles jaunies sur l'arbre. Bassiner le feuillage et l'écorce pour les nettoyer de la poussière et de la pollution. Nettoyer le sol. Brosser régulièrement l'écorce avec délicatesse pour ne pas l'arracher.

Croissance. Démarrage rapide, puis croissance lente.

Rempotage. En mars, tous les trois à cinq ans selon l'âge. Tailler entre le tiers et la moitié des racines et rempoter dans un pot de dimension supérieure au précédent, si nécessaire.

Terre. 1/3 de sable de rivière, 1/3 de terre végétale et 1/3 de terreau. Le *Juniperus chinensis* tolère tous les sols, mais préfère les sols calcaires, perméables et ordinaires.

Taille.
- *Pinçage.* Il est nécessaire de pincer les pousses nouvelles, du printemps à l'automne, entre le pouce et l'index. Ne jamais couper les aiguilles aux ciseaux. Bien pincer à l'intérieur du feuillage, pour un meilleur développement.
- *Taille des branches.* En fin d'hiver, recouper les branchettes mortes ou abîmées et les branches inesthétiques.
- *Taille des nouveaux rameaux.* En mars et avril, puis en septembre et octobre, assez bas, pour conserver un feuillage touffu.

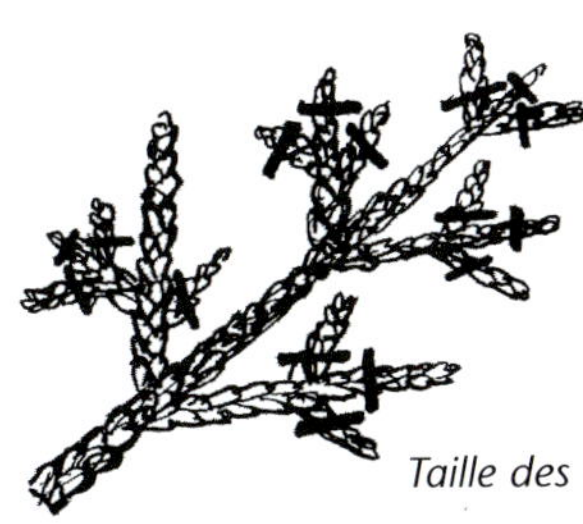

Taille des rameaux.

Ligaturage. Ligaturer à l'automne et laisser la ligature environ huit mois. Recommencer tous les ans, jusqu'à ce que la forme souhaitée soit atteinte. Ne pas coincer les aiguilles entre le fil et l'écorce.

Arrosage. Le *Juniperis chinensis* aime l'eau. Bien humidifier la terre, puis la laisser sécher avant d'arroser à nouveau. Arroser tous les jours en été ; diminuer la fréquence en automne (ne jamais arroser par temps de gel), et l'augmenter dès le début du printemps. Arroser davantage les sujets exposés au vent.

Vaporisation. En été, bassiner abondamment les aiguilles, le tronc, les branches et plus encore le feuillage.

Engrais. Donner de l'engrais organique à décomposition lente au printemps et en automne. Augmenter la dernière dose à l'automne pour préparer l'arbre à l'hiver. Ne pas donner d'engrais en juillet-août, ni à un Bonsaï chétif ou nouvellement rempoté.

DIAGNOSTIQUER ET SOIGNER

PARASITES

Mêmes parasites que le *Juniperus rigida.* Voir p. 106.

MALADIES

Coryneum cardinale.

SYMPTÔMES. Les aiguilles roussissent, les branches se dessèchent. Pustules noires sur l'écorce, d'où coule de la résine ; possibilité de chancre.

REMÈDES. Éviter les blessures sur l'arbre. Désinfecter les plaies à l'aide de mastic cicatrisant. Tailler les rameaux malades. Apporter de la potasse à la terre. Passer un fongicide systémique. Pulvériser préventivement un fongicide minéral après les pluies de printemps et à l'automne.

Autres maladies.

Les mêmes que le *Juniperus rigida.* Voir p. 106.

GENÉVRIER RIGIDE

Conifère persistant. Famille des Cupressacées. Le *Juniperus rigida* pousse au Japon, en Mandchourie et en Corée. Il atteint environ 10 mètres de hauteur. Il a une silhouette gracieuse, aux branches arquées à leur extrémité, aux rameaux retombants. Le feuillage vert, un peu jaune, est éclairci sur sa face supérieure par une bande de stomates. Il est très raide, aciculaire. Les aiguilles linéaires sont étroites, concaves et très piquantes. Les baies globuleuses sont vertes, puis noires quand elles sont mûres.

CRÉER

Par semis. Récolter les baies dès le mois de novembre, comme on récolte des myrtilles, c'est-à-dire en « peignant » l'arbre. Faire sécher les baies dans un lieu aéré et frais. Tremper les cônes deux jours dans l'eau, puis les moudre et les tamiser pour obtenir les graines. Stratifier les graines et les semer au printemps. La germination se fait l'année suivante. Attention, la germination des graines achetées peut se faire la deuxième année. Laisser alors le semis jusqu'à ce qu'il lève.

Par bouturage. Tailler un rameau avec ou sans talon. L'écorcer et retirer les pousses latérales de la partie inférieure. Étêter les boutures trop longues. Après l'enracinement, une nouvelle flèche se formera. Bouturer en juillet-août. Repiquer la bouture sans hormone d'enracinement dans un mélange de sable de rivière et de tourbe tamisé. Mettre un bon compost dans le fond. Ne pas attendre le brunissement des rameaux pour bouturer. Lorsque la bouture a raciné, l'empoter et la protéger.

Par marcottage aérien. Enrouler la branche (ou le tronc) à marcotter à l'aide d'un fil de cuivre. Serrer, mais laisser la sève circuler. Entailler le bois à l'endroit du fil de cuivre. Agir au début du printemps. Écorcer au-dessus de la bague de fil de cuivre. Entourer de sphagnum humide et envelopper d'un plastique fermé aux deux extrémités. Vaporiser pour maintenir humide, sans excès. Au bout de six mois, les racines seront développées. Si le marcottage a été effectué tôt dans la saison, la marcotte peut être sevrée en septembre et empotée. Elle sera établie au bout d'un an ; mais, auparavant, la protéger des excès de vent, de soleil, de froid et de sécheresse.

Par jeunes plants de pépinière. Choisir un arbre au tronc et à la forme intéressants, aux aiguilles drues et bien pointues. L'élaguer, le ligaturer et le mettre en pot comme un arbre à rempoter.

ENTRETENIR

Ensoleillement. Le *Juniperus rigida* aime le plein soleil. Mais on doit protéger d'un excès de soleil les jeunes sujets et les arbres nouvellement rempotés.

Température. Le *Juniperus rigida* résiste très bien au chaud et au froid. Mais ses aiguilles peuvent brunir l'hiver, et sa flèche, geler. Il faut donc le protéger par grand froid.

Ventilation. Ne redoute pas le vent.

Céramique. Choisir une coupe de profondeur moyenne, plus profonde quand l'arbre est âgé. Un pot rectangulaire dans les bruns lui convient le mieux.

Nettoyage. Retirer les aiguilles et les branchettes mortes sur l'arbre, enlever les aiguilles jaunes. Toujours bien penser à

LES ESPÈCES

Juniperus communis. Très semblable au *J. rigida,* de port plus compact et s'élevant un peu moins.
Juniperus squamata. Originaire du Népal. Arbre compact, robuste, aux branches flexibles, aux épines courtes bleu-vert argenté. Il est souvent travaillé avec des ***jin*** ou des ***shari***. Voir techniques spéciales p.30.

LES STYLES

Genévrier rigide (Juniperus rigida).
Âge = 110 ans. Hauteur : 45 cm.
Style « Sharimiki ».
On observe distinctement les jeunes pousses de couleur vert tendre qui sont à pincer.
On peut aussi admirer le « jin » qui contribue à donner à cet arbre un aspect « vénérable ».

nettoyer l'intérieur de l'arbre pour un meilleur développement du feuillage. Débarrasser la terre des feuilles, des aiguilles et des branchages morts. En été, bien bassiner pour retirer la poussière des aiguilles et du tronc.

Croissance. Lorsque le Bonsaï est jeune, il grandit vite et ses racines se développent rapidement. Dès qu'il est âgé, sa croissance se ralentit beaucoup.

Rempotage. Au printemps, vers le début avril, tous les trois à cinq ans. Tailler la moitié des racines et replanter dans un pot de dimension supérieure au précédent.

Terre. Mélange composé d'1/3 de sable de rivière, d'1/3 de terreau et d'1/3 de terre végétale. Se développe dans des sols calcaires et perméables. Aucune autre exigence de sol.

Taille.
- *Pinçage.* Pincer les jeunes pousses, du printemps à l'automne. Ne pas couper les aiguilles aux ciseaux : cela les ferait jaunir, puis tomber. Même si les aiguilles piquent, bien pincer à l'intérieur de l'arbre. Retirer les départs sur le tronc.
- *Taille des branches.* En début d'hiver, effectuer une taille de structure sur l'arbre. Retirer les branchettes inesthétiques et les branches inutiles.
- *Taille des rameaux.* En mars, retirer à peu près 1/3 de leur longueur, sans couper les aiguilles. Tailler au-dessus d'une touffe.

Ligaturage. Enrouler le fil de cuivre, puis diriger les branches pour obtenir une forme. Envelopper très délicatement les branches de raphia avant de ligaturer, car l'écorce est très fragile. Ligaturer à l'automne et laisser le fil de huit à dix mois. Recommencer tous les ans.

DIAGNOSTIQUER ET SOIGNER

PARASITES

Scolytes. Voir p. 34.

Araignées rouges. Voir p. 32.

Buprestes.
SYMPTÔMES. Certaines branches se dessèchent. Galeries creusées dans le bois. Présence possible de coléoptères bleu-vert en été.
REMÈDES. Tailler et détruire les branches envahies. Pulvériser des insecticides systémiques en été.

Mineuses. Voir p. 33.

Pucerons *(Cupressobium juniperi).* Voir p. 33.

Pucerons noirs de la fève. Voir p. 34.

Cochenilles diaspines. Voir p. 33.

MALADIES

Dessèchement des rameaux.
Symptômes. Les tiges et les rameaux brunissent, puis sèchent.
Remèdes. Tailler les rameaux malades et pulvériser des fongicides à base de cuivre. Attention à la phytotoxicité.

Rouilles. Voir p. 35.

Arrosage. Le *Juniperus rigida* peut sécher entre deux arrosages. Il aime bien l'eau. Aussi, veillez à chaque arrosage à bien le mouiller, car il boit beaucoup. Toujours vérifier qu'il a ressuyé avant d'arroser.

Vaporisation. L'été, bien bassiner le *Juniperus rigida* pour lui apporter une humidité atmosphérique qu'il aime respirer. Le nettoyer de la poussière et de la pollution.

Engrais. Au printemps et en automne, donner une fois par mois de l'engrais organique à décomposition lente. Augmenter la dernière dose à l'automne pour préparer l'arbre à l'hiver.

LAGEROSE OU LILAS DES INDES

À fleurs. Caduc. Famille des Lythracées. Ce genre compte une vingtaine d'espèces. Originaire du centre de la Chine, le *Lagerstroemia* s'appelle aussi Lilas d'été et Fleur de mousseline. Il ne faut pas le confondre avec *Melia azedarach,* que l'on nomme aussi Lilas des Indes. En fonction du climat, le *Lagerstroemia* se présente sous la forme d'un arbrisseau étalé, ou d'un arbre au tronc droit, atteignant 7 mètres. La cime large est arrondie. L'écorce lisse est grise, rose et beige. Les rameaux sont quadrangulaires, légèrement ailés, brun-rouge. Les feuilles glabres sont vert lustré en été, et rouge teinté de brun et d'orange en automne. Elles tombent tardivement. Les fleurs rose vif éclosent, d'août à octobre, au sommet des pousses de l'année. Il existe des variétés dont la différence provient du coloris des fleurs et de la robustesse.

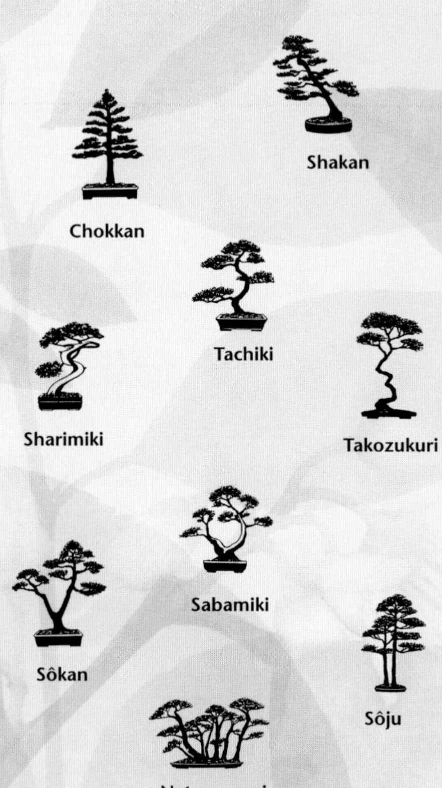

LES STYLES

CRÉER

Par bouturage. Au printemps. Prendre des petites pousses latérales, aoûtées. Opérer à chaud sous abri, dans un endroit lumineux et ensoleillé. Les repiquer dans un mélange de terre végétale et de terre de bruyère, additionné d'hormones de bouturage.

Par séparation de rejets. Choisir des rejets déjà enracinés ; les repiquer à chaud, dans un lieu semi-ombragé, dans le mélange terreux préconisé ci-dessus.

LES ESPÈCES

***Lagerstroemia indica* 'alba'** donne, comme son nom l'indique, des fleurs blanches.
***Lagerstroemia indica* 'elegans'** est très vigoureux et porte de petites fleurs roses.
***Lagerstroemia indica* 'rubra'** donne des fleurs d'un beau rouge cerise.
***Lagerstroemia indica* 'violacea'** donne des fleurs rouge-violet.

ENTRETENIR

Ensoleillement. Le *Lagerstroemia indice* demande un ensoleillement prolongé, mais il faut le protéger du soleil brûlant du plein été.

Température. A besoin de chaleur, craint le froid vif et redoute le gel. À protéger en serre froide en hiver. Il est à considérer comme un arbre d'orangerie.

Ventilation. À protéger des vents froids, préfère une brise légère et douce.

Céramique. Choisir un pot moyennement profond, de forme ronde, ovale ou rectangulaire. La poterie peut être nature ou émaillée. Choisir alors une couleur s'harmonisant avec les tons du feuillage et de l'écorce.

Nettoyage. Retirer les feuilles jaunes de l'arbre, ainsi que celles sur le sol. Brosser le tronc 1 à 2 fois par an. Gratter la mousse qui grimperait sur le tronc. Retirer les départs du tronc.

Croissance. Cet arbrisseau croît plus vite dans des lieux ensoleillés et protégés.

Rempotage. Tous les 2 à 3 ans au printemps, quand les bourgeons commencent à gonfler, dans une terre profonde, fertile,

Lagerose ou Lilas des Indes (Lagerstroemia indica). Âge = 18 ans. Hauteur = 70 cm. Style « Tachiki ». Photo = mai. On notera la belle couleur brun-rouge du tronc, que l'on retrouve sur les nouvelles feuilles pour les arbres placés au soleil.

Arrosage. Abondant au moment de l'arrosage. Laisser le sol absorber toute l'humidité avant d'arroser à nouveau. Augmenter la fréquence du printemps à l'été, et diminuer de l'automne à la fin de l'hiver. En hiver, n'apporter que la quantité d'eau nécessaire pour que la terre ne se dessèche pas.

Vaporisation. Aime les atmosphères humides. Vaporiser autour de l'arbre régulièrement pour apporter l'humidité indispensable à l'air. Lors des arrosages, mouiller le sol autour du *Lagerstroemia*.

Engrais. Faire un apport d'engrais organique à décomposition lente de début mars à fin juin, et de début septembre à fin novembre, une fois par mois, sur le sol. Augmenter la dernière dose automnale pour préparer l'arbuste à l'hiver.

sans exigence de composition chimique. Tailler entre le tiers et la moitié des racines, et replanter le Lagerose dans un pot de dimension supérieure au précédent, si nécessaire.

Terre. Composer un mélange de 50 % de terre végétale, de 40 % de terreau et de 10 % de sable de rivière. Le *Lagerstroemia* demande un sol profond et fertile, sans exigence de composition chimique.

Taille.

- *Taille des pousses.* Pincer les nouvelles pousses après la floraison.
- *Taille des rameaux.* En fin d'hiver, rabattre les rameaux assez court, et protéger des gelées tardives, car alors l'arbre gèlerait jusqu'à la souche.
- *Taille des feuilles.* Rare.

Ligaturage. Poser le fil de cuivre au printemps et le retirer à l'automne. Renouveler l'opération l'année suivante si nécessaire.

DIAGNOSTIQUER ET SOIGNER

PARASITES

Pucerons. Voir p. 33.

MALADIES

Oïdium. Voir p. 34.

MÉLÈZE

Conifère caduc. Famille des Pinacées. La longévité des Mélèzes est d'environ 300 ans. Originaire des régions froides et des hautes montagnes de la zone tempérée de l'hémisphère Nord, le Mélèze atteint environ 50 mètres de haut. Ce conifère se caractérise par ses aiguilles caduques, aciculaires, insérées en rosette sur les rameaux courts, et isolées sur les rameaux longs. Les cônes, petits et ronds, y restent longtemps accrochés.

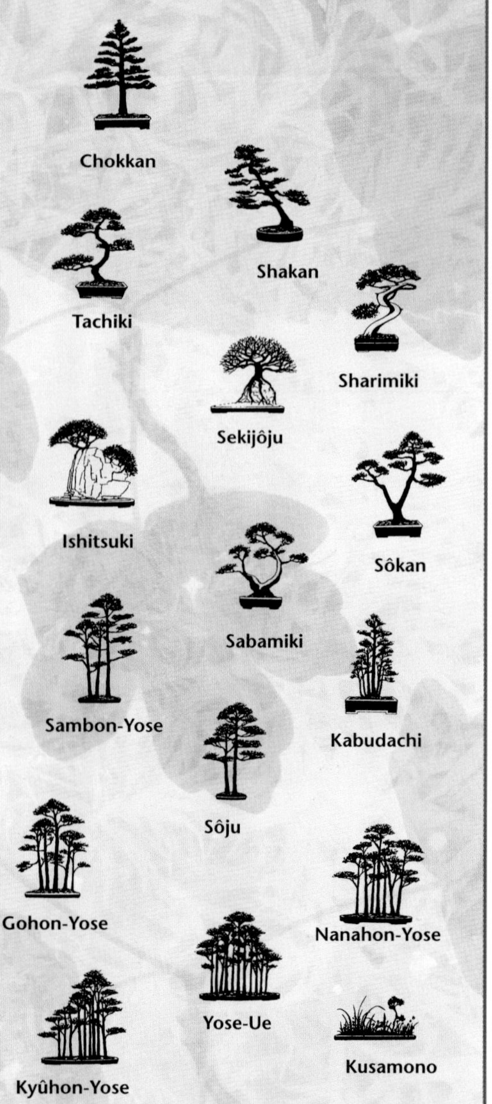

LES STYLES

CRÉER

Par semis. La récolte peut se faire en automne ou en hiver, en fonction du climat et de la région. Les graines mûrissent tard. Exposer les cônes récoltés en hiver au soleil. Quand ils s'ouvrent, les secouer et faire tomber les graines. Attention : les cônes se referment vite. Exposer les graines à la chaleur en mars, les remuer. Préserver une humidité modérée. Fin avril-début mai, les semer. La germination est très lente.

Par bouturage. Pour un meilleur résultat, bouturer par une journée de brouillard humide. Utiliser toujours une hormone de bouturage. Ne pas choisir des branches âgées. La meilleure période est août-septembre, avec des boutures de tête.

Par marcottage simple. Au printemps, choisir une branche basse et flexible. Dénuder la partie à enterrer. Pratiquer 2 ou 3 incisions sur l'écorce, pour favoriser l'enracinement. Enterrer. Maintenir la terre humide. Lorsqu'on voit de nouvelles pousses, l'enracinement est fait. Séparer alors la branche marcottée, la mettre en pot et protéger des excès de vent, de froid et de soleil.

Par greffage. À la fin de l'hiver, par greffe en incrustation. Mais il y a très peu de chances de réussite. Rarement utilisée.

ENTRETENIR

Ensoleillement. Le Mélèze supporte et aime le plein soleil. Toutefois, il est conseillé de le placer à la mi-ombre en été.

Température. Le Mélèze pousse jusqu'à 2 400 mètres. Il ne craint pas le froid et le vent. Il a besoin des climats de montagne.

Ventilation. Il a besoin d'être aéré.

Céramique. Il lui faut un pot profond, car sa terre a besoin d'eau et d'un bon drainage, et parce que sa croissance est rapide.

Nettoyage. Bien retirer les particules mortes de l'intérieur de la couronne. À l'automne, il perd ses aiguilles : secouer doucement l'arbre et balayer le sol. Brosser régulièrement l'écorce et retirer la mousse qui gagnerait sur le tronc.

Croissance. Elle est rapide, surtout celle du *Larix leptolepis.* Le Mélèze grandit vite et régulièrement.

Rempotage. Au printemps, en avril. Tous les 3 ans environ. Tailler la moitié des racines et mettre dans un pot de dimension supérieure au précédent.

Terre. Mélange composé de 1/3 de terreau, 1/3 de terre végétale et 1/3 de sable de rivière. Le Mélèze pousse bien dans des sols frais, humifères, profonds et argileux : il n'aime pas les sols crayeux.

Taille.
- *Pinçage.* Pincer les nouveaux départs des rameaux au printemps, puis tout au long de la croissance végétative. Retirer les pousses du tronc.
- *Taille des feuilles.* Ne se pratique pas.
- *Taille des branches.* Rabattre les rameaux qui s'étendent trop en taillant au-dessus d'une touffe d'aiguilles.
- *Taille de structure.* Se fait sur les jeunes sujets. La tête du Mélèze peut se tailler lorsque la hauteur désirée est atteinte. En hiver, lorsque les aiguilles sont tombées, tailler les branches qui dénaturent la silhouette de l'arbre, les branches et les rameaux abîmés.

Ligaturage. En général, le Mélèze pousse droit. Si on veut le diriger, on peut soit accentuer son aspect droit, soit le tordre, en enroulant son tronc et son branchage de fil

Mélèze d'Europe (Larix decidua).
Âge = 15 ans. Hauteur = 55 cm.
Style « Tachiki » (droit non classique).
Photo : juin.

de cuivre au début de l'été. Retirer le fil en automne. Recommencer tous les ans si besoin.

Arrosage. Si le sol est bien drainé et perméable, arroser fréquemment le Mélèze, surtout en été. La terre doit être bien humidifiée car le Mélèze est un arbre des montagnes humides. Prendre garde, toutefois, à ne pas le noyer.

Vaporisation. S'il aime la terre humide, le Mélèze, en revanche, aime les atmosphères sèches. Il dépérit dans un air trop humide. Il n'est donc pas nécessaire de le bassiner trop souvent : en été, de temps en temps, plus pour le nettoyer que pour l'humidifier. Le *Larix leptolepis* supporte mieux l'humidité de l'air.

Engrais. Donner de l'engrais organique à décomposition lente au printemps et à l'automne. Augmenter la dernière dose automnale. Ne pas donner d'engrais en juillet-août, ni à un Mélèze nouvellement rempoté ou en mauvais état.

LES ESPÈCES

Larix decidua (Mélèze d'Europe). Il pousse naturellement dans les Alpes et en Europe centrale. Il perd ses aiguilles en hiver. Elles sont plates, étroites, molles et vertes. Les cônes sont d'abord rouges, puis bruns.

Larix leptolepis (Mélèze du Japon). Vit dans les îles du Japon. Nécessite un climat humide et un sol léger. Son port est conique, ses branches horizontales, ses aiguilles fournies sont bleutées, rosées en automne, et ses cônes globuleux, décoratifs. Il ne dépasse guère 50 ans en plaine.

Pseudolarix kaempferi (Mélèze de Chine). Se trouve surtout dans le Kiang-si et aujourd'hui en Italie. Port pyramidal, branches étalées. Les aiguilles, vert tendre sur le dessus, bleutées en dessous avec deux bandes blanches, deviennent dorées en automne. Les cônes sont de couleur brique.

DIAGNOSTIQUER ET SOIGNER

PARASITES

Pucerons galligènes. Voir p. 33.

Pucerons lanigères. Voir p. 34.

Scolytes. Voir p. 34.

Chenilles. Voir p. 33.

Chenilles rouges.
SYMPTÔMES. Aiguilles rongées. Présence de cocons soyeux sur les rameaux.
REMÈDES. Pulvériser des insecticides contre les larves au printemps, contre les adultes en été.

Tordeuses (chenilles). Voir p. 33.

MALADIES

Rouilles. Voir p. 35.

Pourridié. Voir p. 35.

Dessèchement des pousses.
SYMPTÔMES. Les aiguilles jaunissent et tombent à la base des pousses, les rameaux se dessèchent.
REMÈDES. Pulvériser des fongicides à base de soufre, manèbe, zirame, zinèbe…

Chancre : pezize du Mélèze.
(Dasyscypha willkommii.)
SYMPTÔMES. Apparition de lésions sur les branches, ce qui provoque des déformations et fait sécher les branches. Seul le Mélèze du Japon n'est pas sensible à cette maladie.
REMÈDES. Aucun.

LESPEDEZA

À fleurs et à fruits. Famille des Léguminosacées. Originaire d'Amérique du Nord, d'Asie et d'Australie, le genre compte une cinquantaine d'espèces herbacées, arbustives ou semi-ligneuses. Étymologiquement, Lespedeza devrait s'écrire Cespedeza, car l'arbre fut dédié à l'Espagnol Cespedez, gouverneur espagnol de Floride à la fin du XVIIIe siècle et botaniste fervent. La plupart des tiges des espèces arbustives disparaissent en automne et sont remplacées par de nouvelles pousses au printemps. Le feuillage est trifolié. Les fleurs éclosent en grappes rose pourpre ou violettes, puis donnent des gousses courtes, plates, généralement ovales. Seule une dizaine d'espèces est actuellement cultivée comme arbre d'ornement, en raison de sa floraison ravissante.

CRÉER

Par semis. Seul *Lespedeza bicolor* est obtenu par semis. Celui-ci est pratiqué en mai, en pleine terre, mais donne peu de résultats.

Par bouturage. Tailler des rameaux en juin. Les planter dans un mélange à parts égales de tourbe et de sable. Bien les protéger pendant l'hiver. Les empoter au printemps suivant.

Par marcottage simple. Au printemps, enterrer des branches jeunes du Lespedeza sur une grande longueur après les avoir défeuillées. Le racinage se fait facilement.

ENTRETENIR

Ensoleillement. Plein soleil. Le Lespedeza aime les emplacements ensoleillés.

Température. Le Lespedeza aime les situations chaudes et craint le gel. Mais il peut repartir après une gelée, s'il a été taillé très bas à la fin de l'hiver. *Lespedeza bicolor* résiste au froid.

Ventilation. Pas d'exigences spécifiques. Surveiller l'arrosage en cas d'emplacement très venteux.

Céramique. De profondeur moyenne, les céramiques sont souvent émaillées, de couleur bleue.

Nettoyage. Tailler les fleurs fanées dès qu'elles sont desséchées et enlever les petites branches mortes.

LES ESPÈCES

Lespedeza thunbergii. Originaire de Chine et du Japon, arbuste de 2 m de haut sur 2 m de large, aux rameaux arqués, aux feuilles elliptiques vert clair et soyeuses à la partie inférieure, aux fleurs en forme de papillon, en grappe, violet vif, éclosant en juillet-août-septembre, aux fruits ne renfermant qu'une seule graine.

Lespedeza bicolor. Originaire du nord de la Chine, du Japon et de Mandchourie, arbuste de 3 m environ, aux rameaux anguleux, au feuillage vert foncé dessus, vert-de-gris dessous, aux fleurs pourpres et rouges à l'extrémité des rameaux, éclosant en août-septembre.

Lespedeza delavayi. Arbuste très ramifié, originaire du Yunnan. Feuillage vert sombre à trois folioles, ovale, argenté au revers, aux fleurs en grappes compactes, violet foncé, écloses au printemps et en automne.

Lespedeza reticulata. Originaire d'Amérique du Nord. Il a donné plusieurs variétés. Les feuilles oblongues à linéaires portent au revers un duvet blanchâtre. Les fleurs sont mauves.

Lespedeza reticulata angustifolia. Arbuste aux rameaux dressés qui portent des fleurs très rapprochées. Les feuilles sont presque linéaires et fasciculées.

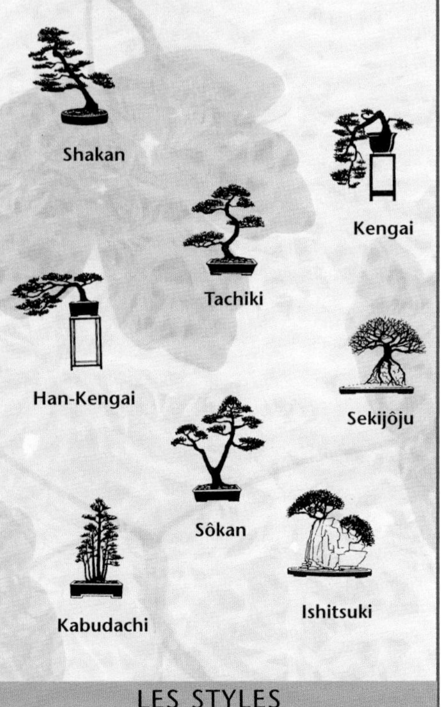

LES STYLES

Lespedeza (Lespedeza bicolor)
Âge = 12 ans. Hauteur = 20 cm.
Style « Tachiki ». Photo : juillet.
Les fleurs violettes apparaissent au début du mois de juillet et demeurent jusqu'au milieu de l'été.

Croissance. Assez lente.

Rempotage. Au printemps, tous les ans. Tailler 1/3 des racines et rempoter dans un pot de la taille supérieure au précédent.

Terre. Mélange à parts égales de terre végétale et de terreau. Le Lespedeza aime les terres de jardin, perméables et sableuses, légères et sèches.

Taille.
- *Taille des rameaux.* Bien laisser pousser les rameaux assez longs, puis les tailler d'un bon tiers de leur longueur. Ne laisser que 2 ou 3 nœuds.
- *Taille de structure.* À la fin de l'hiver, quand tout risque de gelée est écarté, tailler très bas le Lespedeza pour qu'il reparte. Il ne faut pas que la souche gèle.

Ligaturage. Ligaturer du printemps à la fin de l'été. Protéger les rameaux nouveaux avec du raphia.

Arrosage. Éviter les excès d'eau. Le Lespedeza aime les sols secs. Arroser plus abondamment lors de la formation des bourgeons floraux.

Vaporisation. En été, bassiner le feuillage pour humidifier l'air environnant et protéger d'éventuelles attaques de parasites.

Engrais. Au printemps, donner plus d'engrais qu'à l'automne. Utiliser toujours un engrais organique à décomposition lente. À l'automne, lors de la floraison, préférer un engrais liquide dosé faiblement.

DIAGNOSTIQUER ET SOIGNER

PARASITES

Pucerons. Voir p. 33.

MALADIES

Pas de maladies connues qui détruisent le Lespedeza. Si le Bonsaï fait des feuilles jaunes et les perd prématurément, vérifier l'arrosage : il y a un risque d'excès ou de manque d'eau.

Rhizoctonia.
SYMPTÔMES. L'arbre peut émettre une pourriture au collet ou sur les branches. Un feutre blanc d'aspect cotonneux peut survenir. L'arbre, alors, s'affaisse.
REMÈDES. Éviter les engrais trop azotés, les excès d'eau. Placer dans un endroit aéré. Pulvériser des fongicides à base de Bénomyl.

TROÈNE

Persistant à semi-persistant. Famille des Oléacées. Originaire d'Asie orientale, ce genre comporte une cinquantaine d'espèces. Arbuste aux rameaux flexibles, à feuilles opposées et entières, caduques, persistantes ou semi-persistantes selon les espèces et leur origine. Les fleurs blanches sont assemblées en panicules et donnent, en automne, des baies noires ou bleu sombre.

LES STYLES

CRÉER

Par semis. Récolter les fruits à maturité ; les laisser pourrir en évitant la fermentation. Les mélanger ensuite à la terre, et attendre l'automne suivant pour les planter dans un sol meuble. Transplanter les pousses à la fin de la première année, en rabattant le pivot. Attendre 2 ans pour commencer à travailler le jeune plant en Bonsaï.

Par bouturage. Au printemps, avec des pousses de l'année précédente, sous abri, à la chaleur et à la lumière.

Par greffage. Greffe en fente de côté ou en placage et à l'étouffée. Assez difficile.

ENTRETENIR

Ensoleillement. Placé devant une fenêtre, le Troène demande beaucoup de lumière et apprécie le soleil du matin ou de l'après-midi, mais redoute le soleil brûlant. S'il est dehors, le placer dans un lieu bien ensoleillé.

Température. Demande une température élevée en été. *Ligustrum sinense* peut être sorti en saison chaude. L'hiver, la température peut être plus fraîche, mais ne doit pas descendre au-dessous de 12 à 14 °C. Les *Ligustrum obtusifolium* et *Ligustrum ovalifolium* aiment la chaleur, craignent le froid et ne supportent pas le gel.

Ventilation. Éviter les courants d'air et les changements brutaux de température. Choisir un emplacement aéré.

Céramique. Choisir de préférence un pot, émaillé à l'extérieur, peu profond, de forme rectangulaire. Les tons de bleu, de vert mettent en valeur le feuillage terne.

Nettoyage. Retirer les feuilles jaunes de l'arbre, comme celles sur le sol. Brosser le tronc 1 à 2 fois par an. Gratter la mousse qui grimperait sur le tronc. Retirer les mousses/algues de la terre.

Croissance. Assez rapide. Ce Troène, de surcroît, se ramifie très vite.

Rempotage. Tous les deux ans, au printemps. Tailler légèrement les racines, et ne pas blesser le pivot.

Terre. 70 % de terre végétale argileuse, 20 % de terreau, 10 % de sable de rivière. Éviter les terres trop acides.

Taille.
• *Taille des rameaux.* Fin février, rabattre les rameaux très court, puis les retailler pendant la période de végétation, lorsqu'ils se sont beaucoup développés. Les fleurs apparaissant sur les rameaux de l'année, l'attente d'un développement important permet de voir si l'arbre porte des boutons floraux. En hiver, il est possible de couper les tiges trop allongées.
• *Taille des branches.* À la fin de l'hiver, supprimer les branches disgracieuses ou abîmées ; mastiquer les grosses coupes.
• *Taille des feuilles.* Le *Ligustrum* portant de petites feuilles, la défoliation est inutile.

Ligaturage. Étant très flexible, il se sculpte très aisément. Le ligaturage peut s'effectuer toute l'année sur des rameaux et des branches aoûtés. Laisser le fil de cuivre 3 mois sur l'arbre et renouveler si nécessaire l'année suivante. Protéger l'écorce avec du raphia. Ligaturer le *L. ovalifolium* au printemps.

Arrosage. Abondant. Laisser le sol absorber toute l'humidité avant d'arroser à nouveau. Augmenter la fréquence en été et en hiver ; diminuer au printemps et en automne.

Ligustrum obtusifolium.
Âge =20 ans. Hauteur = 30 cm.
Style Nejikan.

LES ESPÈCES

Ligustrum sinense (Troène de Chine). Originaire de Chine, cet arbuste, qui peut atteindre 6 mètres, est une des cinquante espèces réparties essentiellement en Asie orientale. Glabre, il a un tronc couvert d'une écorce gris-beige. Il porte des rameaux flexibles, grêles et pubescents. Le feuillage persistant, ovale lancéolé, est luisant sur le dessus, velu au revers. Il donne, en juillet, de petites fleurs en grappes, blanches, resserrées, odorantes, rares sous nos climats, et en automne, de petites baies rouge sombre.

Ligustrum obtusifolium. Originaire du Japon, cet arbuste ne dépasse pas 3 mètres. Ses rameaux arqués sont pubescents, ses feuilles glabres, sur le dessus, pubescentes, dessous, elliptiques et vertes. En juillet, dans des lieux abrités, il a une très belle floraison, en grappes. Les fruits, globuleux (septembre/octobre), sont noirs.

Ligustrum ovalifolium (Troène de Californie). Originaire du Japon, il est un peu quelconque, mais a l'avantage d'être résistant. Il a un feuillage ovale, vert fade et glabre. Ses fleurs, qui paraissent en juillet, sont blanc-jaune et regroupées en grappes compactes. Il donne des fruits globuleux et noirs en octobre/novembre.

Vaporisation. Vaporisation quotidienne en hiver, autour du feuillage, pour humidifier l'air. Au besoin, placer le Bonsaï sur un plateau garni de pouzzolane maintenue humide.

Engrais. Apport d'engrais organique à décomposition lente de début mars à fin juin, et de début septembre à fin novembre, tous les quinze jours, en alternant l'apport par arrosage du sol et par pulvérisation foliaire. De début septembre à fin février, donner de l'engrais toutes les 6 semaines.

DIAGNOSTIQUER ET SOIGNER

PARASITES

Charançons.
SYMPTÔMES. Racines et collet rongés ; apparition des tissus. Feuilles encochées au bord du limbe.
REMÈDES. Pulvériser des insecticides à base de lindane et arroser avec des préparations à base de chlorfenvinphos.

Chenilles (sphinx, teignes, tenthrèdes et tordeuses). Voir p. 33.

MALADIES

Frisolée.
SYMPTÔMES. Limbe plus ou moins cloqué.
REMÈDES. Détruire les parties malades et, si nécessaire, l'arbre lui-même.

Mosaïques.
SYMPTÔMES. Apparition de taches blanc-jaune sur les feuilles, qui deviennent plus petites.
REMÈDES. Lutter contre les pucerons, vecteurs de la maladie, et détruire les parties malades.

Oïdium - Pourridié. Voir p. 34.

Copalme

Caduc. Famille des Hamamélidacées. Le genre comprend quatre espèces d'origine différente : une d'Asie Mineure, une d'Amérique du Nord, et deux de Chine. Le *Liquidambar* est un arbre balsamique, et son nom signifie « ambre liquide ». Il peut atteindre une cinquantaine de mètres ; seul le *Liquidambar* oriental ne dépasse pas les 15 mètres.

Créer

Par semis. Récolter les chatons, récupérer les graines, qui vont mettre un an à germer, les planter en terre, en situation chaude et ensoleillée. Les jeunes semis lèvent vite, et peuvent être mis en pot la première ou la deuxième année.

Par marcottage aérien. À la fin de l'automne, sur les pousses latérales de l'année.

Entretenir

Ensoleillement. Demande beaucoup de lumière et un bon ensoleillement toute l'année. À l'automne, s'il a bénéficié du soleil, les feuilles seront particulièrement colorées. Éviter toutefois les expositions prolongées au soleil le plus chaud de l'été.

Température. A besoin de beaucoup de chaleur en été, mais ne craint pas le froid en hiver, et reste peu sensible aux gelées brèves ou légères. Le *Liquidambar* oriental est le plus résistant au gel.

Ventilation. Résiste au vent, à l'air marin.

Céramique. Choisir un pot relativement profond, rond ou rectangulaire, de couleur assortie au feuillage d'automne.

Nettoyage. Retirer les feuilles jaunes de l'arbre, ainsi que celles sur le sol. Brosser le tronc 1 ou 2 fois par an. Gratter la mousse qui grimperait sur le tronc.

Croissance. Le Copalme d'Amérique a une croissance lente, alors que le *Liquidambar* de Formose connaît une croissance rapide.

Rempotage. Tous les 2 à 4 ans en fonction de l'âge, au printemps, quand les bourgeons commencent à gonfler. Tailler entre le tiers et la moitié des racines, et rempoter dans un pot de dimension supérieure au précédent, si nécessaire.

Les espèces

Liquidambar styraciflua. (Copalme d'Amérique). Arbre au tronc droit, à l'écorce brune et très crevassée, à la cime conique, qui porte des rameaux brun-rouge et ailés. Le feuillage caduc, triangulaire, denté, odorant, est vert clair brillant sur la face supérieure, plus clair et mat au revers, et prend des tons d'abord dorés, puis carmin, et enfin pourpres en automne. Les fleurs en avril-mai sont des chatons globuleux. Les fruits à capsules, rouges, mûrs en octobre, restent tout l'hiver sur l'arbre.

Liquidambar orientalis. Arbre originaire d'Asie Mineure, plus petit, de forme arbustive, aux rameaux rapprochés, aux petites feuilles tronquées, et aux fruits à capsules très pointues.

Liquidambar formosamum. Cet arbre, originaire de Chine et de Taïwan, a une écorce brune, plus lisse, et des feuilles larges, très rouges en automne, et mettant longtemps à tomber.

Terre. Mélange de 60 % de terre végétale et de 40 % de sable de rivière. Une terre profonde, fertile, bien drainée, sans exigence de composition chimique. Le *Liquidambar* de Formose est calcifuge.

Taille.
- *Taille des pousses.* Pincer les nouvelles pousses au début du printemps, en ne laissant que 2 paires de feuilles.
- *Taille des branches.* En fin d'hiver, couper les branches disgracieuses. Mastiquer si besoin.
- *Taille des feuilles.* Faire une défoliation en juin, environ tous les 3 ans.

LES STYLES

Copalme d'Amérique (Liquidambar styraciflua). *Âge = 5 ans. Hauteur = 25 cm. Style « Kabudachi ». Photo : juin.*

Ligaturage. Le Copalme d'Amérique et le *Liquidambar* de Formose ayant une croissance plutôt droite, la forme est donnée principalement par les tailles. Le *Liquidambar* oriental se ligature davantage. Si nécessaire, poser le fil de cuivre en juin et le retirer en septembre. Protéger l'écorce avec du raphia.

Arrosage. Abondant. Laisser le sol absorber toute l'humidité avant d'arroser à nouveau. Augmenter la fréquence, du printemps à l'été, et la diminuer de l'automne à l'hiver. Demande une bonne circulation de l'eau.

Vaporisation. Aime une atmosphère humide et en a besoin. Vaporiser autour de l'arbre régulièrement, pour apporter l'humidité indispensable à l'air. Lors des arrosages, mouiller le sol autour du *Liquidambar.*

Engrais. Faire un apport d'engrais organique à décomposition lente du début mars à la fin juin et du début septembre à la fin novembre, une fois par mois, sur le sol. Augmenter la dernière dose automnale pour préparer l'arbuste à l'hiver.

DIAGNOSTIQUER ET SOIGNER

PARASITES

Araignées rouges et jaunes. Voir p. 32.

Chenilles. Voir p. 33.

Cochenilles. Voir p. 33.

Pucerons. Voir p. 34.

Pommier

À fleurs et à fruits. Caduc. Famille des Rosacées. On compte au moins 25 espèces de Pommiers, en Europe, en Asie et en Amérique du Nord. Le Pommier est l'arbre le plus connu : il existait déjà à l'époque néolithique. Beaucoup sont ornementaux. Les Pommiers choisis ici sont des fruitiers qui donnent de petites pommes à l'état naturel, et qui sont donc plus faciles à réaliser en Bonsaï.

Créer

Par semis. Récolter les fruits mûrs, les laisser pourrir au frais. Laver les pépins, les sécher et les stratifier dans du sable. Semer à la fin de l'automne (novembre-décembre), dans un sol léger. La germination varie selon l'espèce. Les Pommiers ornementaux donnent des semis hétérogènes.

Par marcottage aérien. Au printemps.

Par greffage. C'est la technique la plus employée. À la mi-mars, on pratique la greffe en écusson, la greffe latérale, la greffe en fente ou la greffe par approche. Toutes donnent de bons résultats. Bien mastiquer pour atténuer le point de greffe par la suite. On peut greffer les Pommiers d'ornement sur les habituels porte-greffe fruitiers.

Fécondation manuelle.

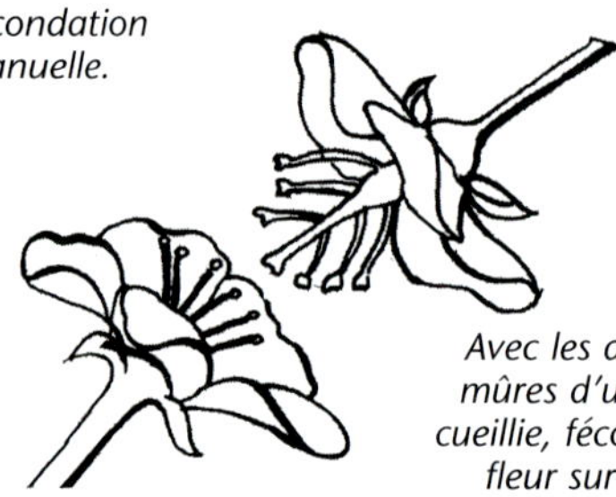

Avec les anthères mûres d'une fleur cueillie, féconder la fleur sur l'arbre.

Pommier cerise (Malus cerasifera).
Détail de la floraison (mi-avril, mi-mai). Fleurs et feuilles apparaissent à la même époque.

Entretenir

Ensoleillement. Le Pommier aime le plein soleil toute l'année.

Température. Le Pommier résiste bien au gel et ne craint pas les grosses chaleurs.

Ventilation. Supporte le vent.

Céramique. Les Pommiers ont besoin d'une céramique assez profonde. Elle peut être décorée en harmonie avec les fleurs, émaillée dans les bleus ou céladon, ou non émaillée, couleur terre.

Nettoyage. Retirer quelques pommes afin que l'arbre n'en porte pas trop. En cas de grande fructification, retirer un tiers des fruits pour éviter de fatiguer l'arbre. Enlever les feuilles qui ne sont pas tombées à l'automne, car ce sont des nids à parasites.

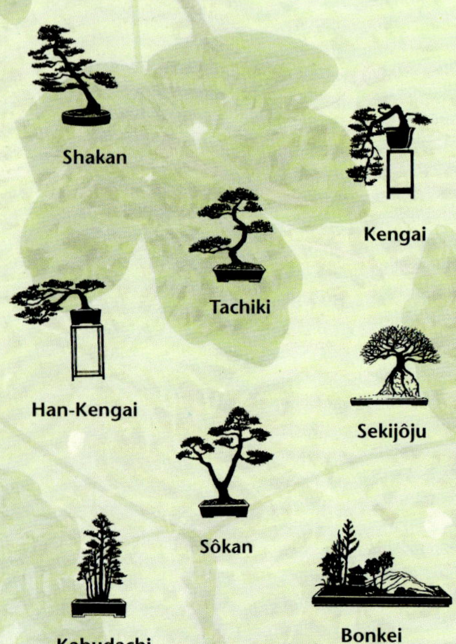

LES STYLES

Pommier (Malus halliana). *Âge = 25 ans. Hauteur = 35 cm. Style « Tachiki ». Photo : avril.*
Début de la floraison. On observe la couleur rose foncé des boutons floraux non encore épanouis, et le ton rose clair des boutons ouverts. Noter la timide apparition des feuilles.

Malus

Croissance. Assez rapide, même quand l'arbre est cultivé en pot.

Rempotage. Tous les ans, au printemps, au moment du débourrement. Tous les 2 ans pour les Pommiers âgés. Replacer dans un pot de dimension supérieure au précédent, après avoir taillé entre le tiers et la moitié des racines.

Pommier cerise (Malus cerasifera).
Âge = 18 ans. Hauteur = 35 cm.
Style « Tachiki ». Photo : octobre.
À la fin de l'automne, les fruits, de la taille d'une cerise, prennent une couleur rouge sang magnifique ; leur saveur est acide.

Terre. Une bonne quantité de terre végétale et de terreau (moitié-moitié), à laquelle on peut ajouter du sable et de la tourbe.

Taille de formation.
1 - Tailler la jeune pousse en laissant 3 à 5 nœuds. 2 - Les bourgeons se développent, permettant la ramification. 3 - Quand le Pommier est développé, commencer à ligaturer et à tailler.
4 - Tailler à nouveau pour favoriser la ramification.

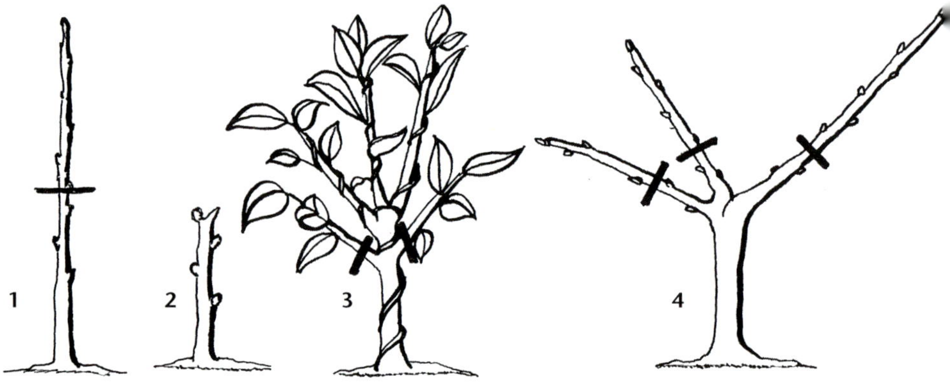

LES ESPÈCES

Malus cerasifera (Pommier cerise). Originaire du Japon, arbuste de 5-6 mètres de haut, au feuillage vert, ovale, aux fleurs blanches qui s'épanouissent en avril-mai. Les fruits sont de la taille d'une cerise, rouges ou jaunes, selon les cultivars.

Malus halliana. Originaire de Chine et du Japon, arbuste de 5 mètres de haut, au port étalé, au feuillage ovale, vert teinté de pourpre, aux fleurs roses, éclosant en mai, aux fruits comestibles tout petits, mûrs tardivement, et qui restent sur l'arbre une bonne partie de l'hiver.

Malus sieboldii. Originaire des montagnes du Japon, cet arbuste de port gracieux mesure entre 7 et 10 mètres. Il a des boutons floraux rose foncé, des fleurs rose pâle, des fruits comestibles rouges ou jaunes, de très petite taille.

Malus himekokoh. Originaire du Japon, il porte des fruits au goût exquis, de la taille de la petite clémentine.

Taille.
• *Pinçage.* Pincer les extrémités des départs après croissance.
• *Taille des rameaux.* Après la floraison, tailler les rameaux à deux yeux, vers le mois de juillet. Supprimer les pousses tardives.
• *Taille des branches.* Lors du rempotage, tailler les branches.

Ligaturage. Ligaturer du printemps à l'automne. Protéger l'écorce avec du raphia.

Arrosage. Arroser plus abondamment lors de la formation des bourgeons floraux; diminuer un peu l'arrosage quand l'arbre est en fleur, et reprendre un arrosage abondant ensuite.

Vaporisation. Bassiner l'ensemble de l'arbre lorsque l'on arrose. Éviter de bassiner lors de la floraison. Se vaporise rarement.

Engrais. Au printemps, après la floraison, donner un engrais organique à décomposition lente, sous forme liquide de préférence, ou en poudre. À l'automne, diminuer la fréquence et augmenter la dose.

Pommier (Malus himekokoh).
Les fruits sont plus gros que ceux que produisent habituellement les espèces miniaturisées, et excellents à déguster.

DIAGNOSTIQUER ET SOIGNER

PARASITES

Araignée rouge. Voir p. 32.

Cheimatobies.
SYMPTÔMES. Bourgeons perforés, feuilles découpées dont il ne reste parfois que les nervures. Les fruits peuvent être mordus. Présence de chenilles.
REMÈDES. Appliquer des huiles jaunes à la fin de l'hiver pour détruire les œufs. Au printemps, utiliser des insecticides à base de lindane ou de parathion.

Hyponomeutes (chenilles). Voir p. 33.

Mineuses (chenilles). Voir p. 33.

Tordeuses (chenilles). Voir p. 33.

Pucerons verts. Voir p. 33.

Pucerons lanigères. Voir p. 34.

Cochenilles. Voir p. 33.

MALADIES

Oïdium. Voir p. 31.

Tavelure.
SYMPTÔMES. Feuilles tachées irrégulièrement de vert-brun. Fruits tachés, décolorés et déformés.
REMÈDES. Retirer soigneusement les feuilles et les fruits malades ou morts, et vaporiser des fongicides.

Chancre européen.
SYMPTÔMES. Apparition de crevasses brunes sur les blessures ou les ramifications des branches. La crevasse grossit, se craquelle, encercle la branche, qui sèche et meurt dans sa partie supérieure. Apparition de bourrelets de défense alentour. Granulations rouges sur le chancre.
REMÈDES. Tailler et brûler les rameaux malades. Cureter le chancre. Badigeonner la plaie de fongicides cupriques et mastiquer. Pulvériser des fongicides à base de cuivre à la chute des feuilles.

Moniliose.
SYMPTÔMES. Les fleurs se dessèchent, les branches dépérissent.
REMÈDES. Tailler les rameaux malades. Au débourrement, pulvériser des fongicides à base de cuivre.

Feu bactérien.
SYMPTÔMES. Les nouvelles pousses et les bourgeons noircissent, sèchent, comme brûlés, et se recroquevillent. Les feuilles tombent et l'écorce se craquelle. Présence d'un champignon qui suinte.
REMÈDES. Tailler et brûler les rameaux malades. Désinfecter les outils. Éviter les engrais azotés et les sols humides. Au printemps, utiliser des fongicides à base de cuivre. Renouveler en période de végétation.

Crown gall ou galle du collet.
SYMPTÔMES. Apparition d'excroissances en forme de chou-fleur, d'abord blanches et molles puis brunes et craquelées, sur le collet et les racines supérieures. Pourriture qui met l'arbre en péril. Possibilité de tumeurs secondaires.
REMÈDES. Attention aux insectes. Supprimer les tumeurs, cureter et appliquer une solution à base d'alcool et de sodium. Désinfecter les outils. Passer une bouillie à base de fongicides organomercurés sur la terre.

Virus du bois caoutchouc.
SYMPTÔMES. Les branches mollissent et se courbent vers le sol. Les fleurs ne tiennent pas, l'arbre a perdu sa vigueur.
REMÈDES. Pas de traitement.

5 - Les bourgeons se développent.
6 et 7 - Année après année, supprimer les départs du tronc et continuer à tailler.
8 - Le résultat donne un arbre à la ramification accomplie et harmonieuse.

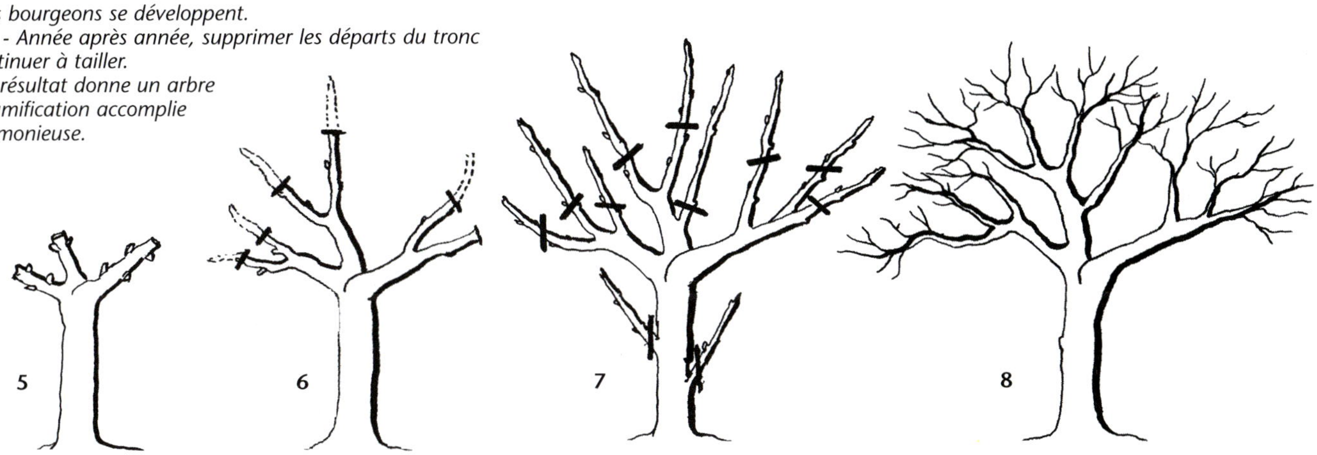

MILLETIA

À fleurs. Famille des Léguminosacées. Originaire du Japon. Une cinquantaine d'espèces sont répertoriées en Asie et en Afrique, et une en Australie. Ce sont de grands arbres ou des arbustes grimpants. Les fleurs sont pourpres, roses ou blanches, en grappe. Les feuilles sont généralement persistantes.

CRÉER

Par semis. Récolter la graine mûre dans sa gousse, en octobre. Ouvrir la gousse. Au printemps, planter la graine au chaud. Peu de graines arrivent à germination, et la pousse est lente.

Par bouturage. Au printemps. Choisir un rameau de l'année et l'étêter. Faire raciner dans un mélange tourbe/sable, en plaçant à la chaleur et à l'abri des vents froids. Attention aux gelées tardives et nocturnes.

Par marcottage simple. Au printemps. À l'automne, la marcotte émet des racines. La mettre en pot après l'avoir taillée, et la garder au chaud jusqu'au printemps suivant.

Par greffage. Greffe anglaise ou greffe en incrustation à pratiquer en serre, en février-mars. Penser à bien ligaturer et à bien mastiquer.

LES ESPÈCES

Milletia megasperma. Arbuste grimpant, originaire d'Australie, aux feuilles glabres, vert foncé, luisantes et persistantes, aux fleurs pourpres.
Milletia sinensis. Originaire de Chine, cette espèce ressemble beaucoup au *Milletia megasperma*, mais elle est plus résistante.
Milletia reticulata. Sorte de petite glycine, arbuste grimpant, d'une grande longévité, qui devient noueux en vieillissant, aux toutes petites feuilles vert foncé, brillantes et coriaces. Les fleurs violettes, claires ou foncées, apparaissent au début ou au milieu de l'été. Les rameaux sont souples, dressés vers le haut. C'est un arbuste bien ramifié, mais qui ne s'accroche pas comme la glycine.

ENTRETENIR

Ensoleillement. Le Milletia apprécie le soleil.

Température. Le Milletia aime la chaleur. Le protéger du gel. *Milletia megasperma* redoute le gel et craint le froid. Il est à considérer comme un arbre d'orangerie.

Ventilation. Le Milletia supporte le vent ; il a besoin d'emplacements bien aérés.

Céramique. Choisir des pots moyennement profonds. Le Milletia ne peut pas se développer dans des pots plats. La céramique peut être décorée en harmonie avec les fleurs.

Nettoyage. En automne, éviter que la mousse ne recouvre le bas du tronc ; la gratter et l'enlever.

Croissance. Très lente.

Rempotage. Au début du printemps, tous les ans ou tous les 2 ans, tailler 1/3 des racines et rempoter dans un pot de dimension supérieure au précédent.

Terre. Mélange, à parts égales, de terre végétale et de terreau. Un sol frais, léger et substantiel lui est favorable. Éviter les sols imperméables.

Taille.
• *Taille des rameaux.* Tailler les rameaux avec des ciseaux après la floraison et avant l'apparition des pousses, à une période avancée de l'été. Bien rabattre, en ne laissant que 3 yeux.
• *Taille des branches.* À l'automne, rabattre les branches assez court.

Ligaturage. Au printemps et en été. Entourer d'un fin fil de cuivre et diriger les branches et le tronc dans la forme souhaitée. Recommencer cette opération tous les ans.

LES STYLES

Arrosage. Bien arroser, même en hiver, sauf en cas de gel. L'été, bien mouiller le Milletia ; au besoin, le faire tremper. Laisser les fleurs faner entre deux arrosages pour le faire refleurir, ou bien le laisser tremper pendant un mois en plein été.

Vaporisation. Bassiner l'arbre et autour de l'arbre pour humidifier l'air environnant.

Engrais. Donner davantage d'engrais au Milletia au printemps, avant la floraison. En automne, donner lui de préférence de l'engrais sous forme liquide, en moins grande quantité.

(À gauche) Milletia (Milletia japonica).
Âge = 18 ans.
Hauteur = 70 cm.
Style « Nejikan ».
(À droite) Milletia (Milletia reticulata).
Âge = 10 ans.
Hauteur = 25 cm.
Style « Sekijoju ».
Photo : mai.

DIAGNOSTIQUER ET SOIGNER

PARASITES

Cochenilles. Voir p. 33.

MALADIES

Mosaïque.
SYMPTÔMES. Jaunissement du limbe. Des taches plus claires partent des nervures et s'étendent. Le limbe peut se déformer, et les feuilles tombent.
REMÈDES. Détruire les parties malades. Vérifier s'il n'y a pas de parasites. Pas de traitement.

MÛRIER

À fleurs et à fruits. Famille des Moracées. Originaire d'Asie. C'est l'arbre qui abrite les fameux vers à soie dont la culture remonte à l'an 2700 avant J.-C. Haut d'environ 15 mètres, il a une très grande longévité : il peut vivre 500 ans.

CRÉER

Par semis. Récolter la graine en juillet-août. Broyer les fruits. Laver pour séparer la graine de la pulpe. Sécher et stratifier. Semer en avril-mai. La germination se fait en 3 semaines. Éloigner les graines les unes des autres lors du semis, et prendre garde aux vers blancs. Après germination, abriter en automne et en hiver.

Par bouturage. Au printemps, choisir un rameau de l'année. L'étêter et le faire raciner dans un mélange à parts égales de tourbe et de sable. Protéger la bouture des éventuelles gelées et du vent froid.

Par marcottage aérien. Au printemps.

Par greffage. Pratiquer la greffe sur table en hiver, lorsqu'on ne peut pas obtenir le Mûrier par les autres méthodes. C'est un moyen d'obtention plus professionnel. La greffe en écusson se fait très tôt dans la saison, quand l'écorce du porte-greffe se détache facilement.

LES ESPÈCES

Morus nigra. (Mûrier noir). Originaire du sud du Caucase et de la mer Caspienne, cet arbre a une très grande longévité. Son écorce épaisse et fissurée est gris-brun ; ses feuilles, grandes, alternes, ovales, crénelées, vert foncé dessus, claires et pubescentes dessous, sont rugueuses. Il donne des fruits globuleux et charnus en août-septembre, d'abord rouges puis violet foncé à maturité et comestibles, très semblables aux mûres des ronces.

Morus alba (Mûrier blanc). Espèce aux formes diverses selon les variétés, aux feuilles alternes, bordées de grosses dents, souvent lobées, vert clair et luisantes dessus, vernies dessous, jaune d'or en automne. Les fruits, blanc rosé, ronds, au goût fade, sont mûrs en août-septembre.

ENTRETENIR

Ensoleillement. Le Mûrier aime le plein soleil. Il a besoin de beaucoup de lumière.

Température. Le Mûrier craint les gelées et le froid. Il préfère la chaleur.

Ventilation. Le Mûrier supporte le vent.

Céramique. Choisir des pots moyennement plats, de préférence vernissés, blancs, céladon, bleus, verts, beiges…

Nettoyage. Enlever les fruits fanés de l'arbre s'ils ne tombent pas tout seuls.

Croissance. Croissance lente : environ 3 mètres en 20 ans.

Rempotage. Rempoter au printemps (avril) tous les ans. Tailler un bon tiers des racines et replanter dans un pot de dimension supérieure au précédent, en veillant particulièrement au drainage.

Terre. La moitié de terre végétale, 1/4 de terreau et 1/4 de sable de rivière. Le Mûrier a besoin de sols légers et sableux, il n'aime pas les sols humides et lourds. Dans une terre trop fertile, le Mûrier termine sa croissance tard en automne et souffre des gelées.

Taille.
- *Pinçage.* Pincer les nouvelles pousses dès qu'elles ont un peu grandi en longueur.
- *Taille des rameaux.* Après la floraison, tailler les rameaux en ne laissant que deux yeux. À la fin de l'automne, retailler les longs rameaux en ne laissant que 2 ou 3 yeux.
- *Taille des branches.* Au début du printemps, avant le débourrement, tailler court les branches.

LES STYLES

Mûrier (Morus issaï).
Âge = 15 ans. Hauteur = 30 cm.
Style « Tachiki ». Photo : mai.
Dans son pays d'origine, le Japon, cet arbre atteint environ 10 mètres.

Ligaturage. Le ligaturage se pratique au printemps et en été. Entourer le fil de cuivre avec du raphia pour protéger l'écorce.

Arrosage. Le Mûrier est un arbre qui demande beaucoup d'eau. Il peut être nécessaire d'arroser 2 fois par jour au printemps et en automne. Toujours laisser sécher entre deux arrosages.

Vaporisation. On peut bassiner le feuillage du Mûrier en même temps que l'on arrose. Ne pas bassiner en pleine floraison. La durée de la floraison du Mûrier est courte.

Engrais. Donner davantage d'engrais au printemps. À l'automne, lorsque l'arbre porte des fruits, préférer un engrais liquide. Engrais organique à décomposition lente.

DIAGNOSTIQUER ET SOIGNER

PARASITES

Cochenilles. Voir p. 33.

N.B. Le bombyx du Mûrier, ou ver à soie, n'est pas nocif.

MALADIES

Pourridié. Voir p. 35.

MURRAYA

À fleurs et à fruits. Persistant. Intérieur. Famille des Rutacées. Originaire des régions tropicales, en particulier d'Asie. Le genre Murraya compte environ une demi-douzaine d'espèces d'arbres à l'écorce claire, au feuillage entier, pétiolé, d'un vert tirant sur le jaune. Ses fleurs blanches sont solitaires, grandes et odorantes. Ses fruits sont des baies oblongues rouge orangé, contenant 1 ou 2 graines.

CRÉER

Par bouturage. Prélever des boutures aoûtées. Conserver leurs feuilles. Les planter dans du sable, sous cloche, avec une bonne chaleur de fond humide. Empoter au printemps suivant.

ENTRETENIR

Ensoleillement. Le Murraya a besoin de beaucoup de lumière, mais éviter le soleil direct, s'il est brûlant.

Température. Le Murraya aime la chaleur. L'hiver, la température ne doit pas descendre en dessous de 17 °C. Il peut être sorti en été.

Ventilation. Attention aux courants d'air. Mais le Murraya a besoin d'aération : une bonne circulation d'air autour de l'arbre est nécessaire.

Céramique. Choisir une coupe relativement plate et moyennement profonde. Elle peut être émaillée ou non, ovale ou rectangulaire. Les tons de beige et céladon conviennent assez bien au Murraya.

Nettoyage. Retirer les feuilles jaunes, les fleurs fanées et les fruits blets.

Croissance. La croissance du Murraya est lente car le tronc est long à se former, puis à se développer en diamètre.

Rempotage. Tous les 2 ans, au printemps (avril-début mai). Tailler la moitié des racines et disposer dans un pot de dimension supérieure au précédent.

Terre. Mélanger 1/4 de tourbe, 1/4 de terre végétale, 1/4 de terreau et 1/4 de sable de rivière. Le Murraya aime les terres franches, tourbeuses, et apprécie un apport de terreau.

LES ESPÈCES

Murraya paniculata. Originaire des Indes, cette espèce au port arborescent atteint 3 mètres. Elle a des feuilles ovales et persistantes, et des fleurs blanches odorantes. Des fruits rouges apparaissent en août.
Murraya exotica. Originaire des Indes cet arbuste atteint trois mètres. Son feuillage est obtus, à folioles obovales, vert brillant. De nombreuses fleurs blanches, grandes, éclosent en août et exhalent un parfum qui rappelle celui du jasmin. Des fruits rouges, arrondis, monospermes, mûrissent à la suite.

Taille.
• *Taille des rameaux.* Rabattre les rameaux à 2 feuilles dès qu'ils en ont émis 5 ou 6, tout au long de la période de végétation.
• *Taille des branches.* Au printemps, tailler les branches allongées, cassées, abîmées, ou dont la croissance est inesthétique.

Ligaturage. Le Murraya peut se ligaturer toute l'année. Ne pas laisser le fil de cuivre plus de 8 semaines.

Arrosage. Le Murraya a besoin d'humidité. Arroser régulièrement en gardant le sol légèrement humide toute l'année. Ne pas détremper.

Vaporisation. Vaporiser autour du feuillage toute l'année, pour apporter une bonne hygrométrie, et le nettoyer.

Engrais. Au printemps et en automne, donner un engrais organique à décomposition lente. Alterner engrais liquide et solide. À un arbre en parfait état, on peut donner de l'engrais une fois en hiver.

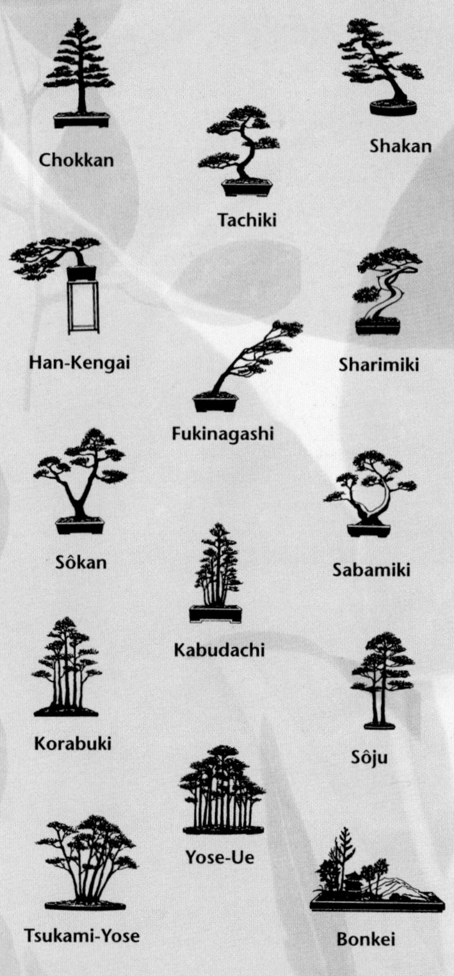

LES STYLES

Murraya (Murraya paniculata).
Âge = 150 ans. Hauteur = 80 cm.
Style « Sabamiki ».
Photo : novembre.

DIAGNOSTIQUER ET SOIGNER

PARASITES

Aleurodes des serres.
SYMPTÔMES. Miellat sur lequel se développe de la fumagine. Présence de mouches sur le limbe.
REMÈDES. Vaporiser des insecticides organophosphorés et des insecticides acaricides, en variant les produits pour éviter toute accoutumance.

Pucerons. Voir p. 33.

Araignée jaune (tétranyque tisserand). Voir p. 32.

Escargots.
SYMPTÔMES. Feuilles, pousses, bourgeons mordus. Surface foliaire réduite. Présence d'un voile blanc qui protège les escargots.
REMÈDES. Ramasser les escargots. Éviter un excès d'humidité sur la terre. Utiliser des molluscicides par contact ou ingestion.

MALADIES

Taches foliaires. Voir p. 35.

Mildiou.
SYMPTÔMES. Les feuilles présentent des taches jaunes. Au revers, présence de poussière blanche. Les feuilles tombent.
REMÈDES. Tailler et détruire les feuilles malades. Éviter l'excès d'humidité au niveau de la terre. Pulvériser des fongicides à base de cuivre.

NANDINA

À fleurs et à fruits. Persistant à subpersistant. Famille des Berbéridacées. Originaire du Japon, le Nandina atteint 2 mètres de haut. Son port raide et dressé, ses rameaux serrés rappellent un peu le Bambou. On le surnomme parfois « *Heavenly Bamboo* » ou « Bambou céleste ». Le feuillage, long et étroit, naît rouge, verdit puis s'empourpre à l'automne. Les fruits sont rouge vif. De petites fleurs blanches, sans intérêt, apparaissent en juillet-août. Le Nandina peut vivre en extérieur, mais il végète au nord de la Loire.

CRÉER

Par semis. Stratifier les baies après maturité. Au printemps, les semer sous verre. Abriter les pousses la première année. Empoter au printemps suivant. Protéger les racines les premières années.

Par bouturage. Prélever les rameaux inférieurs semi-aoûtés. Les planter dans un mélange sable-tourbe. Bien abriter en hiver.

ENTRETENIR

Ensoleillement. Le Nandina demande un bon ensoleillement, une bonne lumière. S'il est en extérieur, le placer cependant à la mi-ombre en plein été.

Température. Le Nandina est un arbuste de serre froide, il aime la chaleur. Il perd ses feuilles quand il a froid. Il peut être planté dehors au sud de Paris. Mais il faut le protéger du gel.

Ventilation. Le protéger du vent en extérieur et des courants d'air en intérieur. Décider, au départ, si on veut le cultiver dedans ou dehors.

Nettoyage. Il importe de supprimer les baies de l'inflorescence dès qu'elles commencent à se flétrir, car elles épuisent l'arbuste.

Croissance. Végétation lente.

Rempotage. Tous les 2 ou 3 ans, au printemps. Tailler la moitié des racines et disposer dans un pot de dimension supérieure au précédent, en étalant bien les racines dans toute la surface du pot.

LES ESPÈCES

Nandina domestica. Arbrisseau atteignant environ deux mètres, portant des tiges raides et érigées qui, âgées, peuvent être en partie recouvertes par la gaine des feuilles tombées. Le feuillage, rouge quand il est jeune, verdit en vieillissant. Entier, décomposé, acuminé et coriace, il a tendance à être plus touffu au sommet des tiges. Les fleurs blanches et minuscules éclosent au sommet des tiges, en grappe. Les fruits plus décoratifs sont des baies rouges vif à pourpre, gros comme un pois.

Nandina domestica « alba » est un cultivar très semblable dont les fruits sont blancs.

Terre. Mélange composé pour moitié de terre végétale ; 1/4 de terreau et 1/4 de sable de rivière. Le Nandina s'accommode d'une bonne terre de jardin et apprécie qu'on la recouvre de feuilles. Il aime un sol léger, fertile et frais.

Taille.

- *Taille des rameaux.* Pendant la période de végétation, attendre que les rameaux aient émis 4 ou 5 nœuds. Rabattre avec une paire de ciseaux, en ne laissant qu'un ou deux yeux.
- *Taille des branches.* En fin d'hiver, supprimer les branches mortes et raccourcir les branches trop longues.

Ligaturage. Au printemps et en été, mais le ligaturage est rarement pratiqué.

LES STYLES

Nandina (Nandina domestica). *Âge = 14 ans. Hauteur = 20 cm.*
Style « Sôkan » (3 troncs issus d'une même souche). Photo : novembre.

Arrosage. Modéré et régulier : cet arbrisseau demande une bonne circulation d'eau. S'assurer que le drainage est bon et arroser abondamment. Laisser sécher la terre entre deux arrosages.

Vaporisation. En intérieur, vaporiser tous les jours autour de l'arbre. En extérieur, bassiner les feuilles et les branches du Nandina en été.

Engrais. Faire un apport d'engrais organique à décomposition lente du début mars à fin novembre, excepté pendant les mois de juillet et d'août. Cet apport d'engrais doit être fait tous les mois pour les Nandinas situés dehors, et tous les quinze jours pour ceux qui sont placés en intérieur.

DIAGNOSTIQUER ET SOIGNER

PARASITES

Pucerons noirs de la fève. Voir p. 33.

Araignée jaune (tétranyque tisserand). Voir p. 32.

MALADIES

Virus de la mosaïque.

SYMPTÔMES. Les feuilles présentent des taches jaune plus clair sur le limbe et autour des nervures, en forme de mosaïques. Les vieilles feuilles jaunissent et tombent.

REMÈDES. Lutter contre d'éventuels insectes. Tailler les feuilles malades. Nettoyer les outils.

N.B. Si le Nandina n'a pas assez de lumière, les tons brun-rouge de son feuillage tendront à disparaître et les entre-nœuds seront très grands.

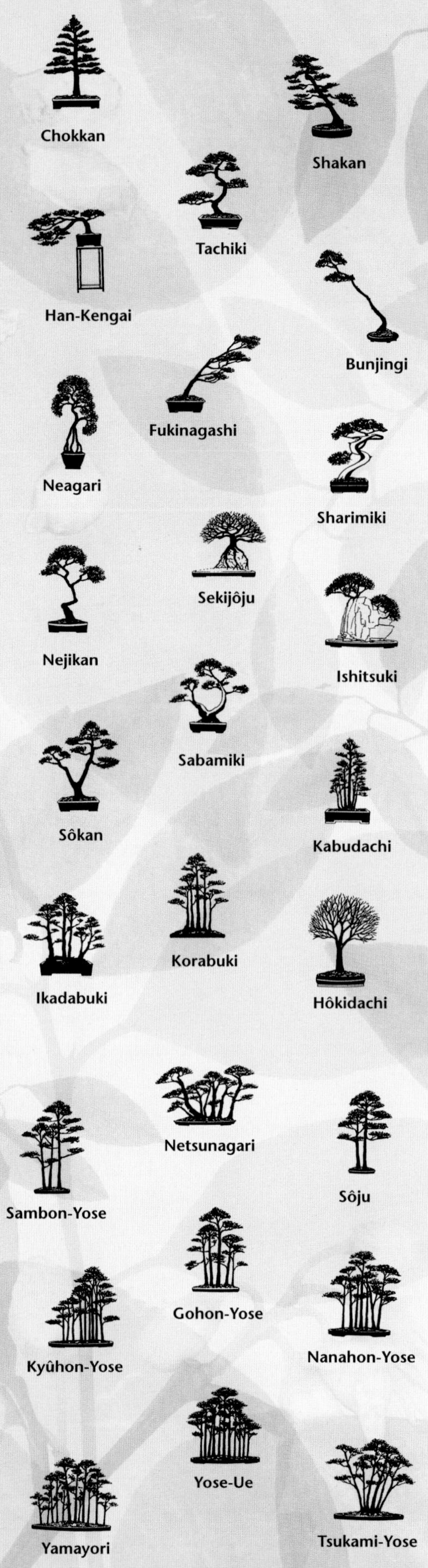

LES STYLES

OLIVIER

Persistant. Famille des Oléacées. Originaire d'Asie Mineure et d'Arabie méridionale, ce genre compte entre 30 et 40 espèces. Indissociable du paysage méridional, cet arbre est porteur de symboles depuis l'Antiquité. Il peut atteindre une douzaine de mètres et vit très longtemps. Plus il est âgé, plus le tronc se creuse et devient noueux. L'écorce, d'abord grise et lisse, brunit, s'épaissit, s'écaille et se gerce en vieillissant. Les rameaux se différencient de ceux de l'Olivier sauvage, ou Oléastre, par leur aspect plus rond et par l'absence d'épines. Les feuilles sont ovales, allongées, glabres et coriaces ; la partie supérieure est verte avec des points blancs, le revers est plus blanc et écailleux. L'Olivier donne de petites fleurs odorantes et blanches en mai-juin. Les fruits, mûrs en octobre-novembre, d'abord verts puis noirs à maturité, sont des drupes ovales, de forme variant suivant les variétés. La graine est à l'intérieur du noyau.

CRÉER

Par semis. Casser le noyau, en extraire la graine et la planter dans le sud de la France et sous abri. Chauffer dans les régions plus froides.

Par bouturage. Au printemps, avec les pousses de l'année précédente. Choisir de longues tiges, les mettre en terre jusqu'en dessous du dernier œil.

Par séparation de rejets. Laisser se développer les rejets au pied de l'arbre. Tailler régulièrement les rameaux très court. Après deux ans environ, butter le sol et planter les rejets.

Par greffe. En pépinière, sur des variétés plus rares. Difficile.

ENTRETENIR

Ensoleillement. Demande beaucoup de lumière et le plein soleil toute l'année.

Température. A besoin de beaucoup de chaleur en été, les hivers peuvent être frais, à la limite d'un léger gel bref. Excepté s'il se trouve dans des régions méridionales, en hiver, il est préférable de rentrer l'Olivier dans une pièce chauffée entre 5 et 15 °C.

Ventilation. Résiste au vent, à l'air marin.

Céramique. Choisir un pot moyennement profond, de coloris neutre, de forme rectangulaire ou ronde.

Nettoyage. Retirer les feuilles jaunes de l'arbre, ainsi que celles sur le sol. Brosser le tronc 1 à 2 fois par an. Gratter la mousse qui grimperait sur le tronc. Nettoyer régulièrement les feuilles avec un coton imbibé d'eau, afin que les pores ne se bouchent pas.

Croissance. Les jeunes sujets poussent relativement vite. Les arbres ont une croissance lente, qui ralentit encore avec l'âge.

Rempotage. Tous les 2 à 3 ans, en avril. Tailler un tiers des racines, et remettre l'arbre dans un pot de dimension supérieure, si nécessaire.

Terre. 60 % de terre végétale, 20 % de terreau et 20 % de sable de rivière. Il apprécie un sol sec, pierreux, léger mais profond. Pour l'*Oleaster,* une terre schisteuse et rocailleuse est conseillée.

Taille.
- *Taille des pousses.* Faire un léger pinçage au début du printemps.
- *Taille des rameaux.* Tailler les rameaux de

Olivier commun (Olea europaea).
Âge = 15 ans. Hauteur = 35 cm.
Style « Hokidachi ». Photo : septembre.
Il faut de très nombreuses années avant que le tronc des Oliviers cultivés en Bonsaï ne ressemble à celui des vieux Oliviers tortueux que l'on peut voir autour de la Méditerranée.

LES ESPÈCES

Olea europaea oleaster. Cet arbrisseau haut de 5 mètres, que l'on rencontre de la Côte d'Azur aux Pyrénées-Orientales, est buissonnant. Il porte des rameaux épineux, presque carrés. Les fruits, très petits, donnent peu d'huile.

mars à novembre, dans leur ensemble, dès qu'ils se sont longuement développés.

- *Taille des branches.* En mars-avril, couper les branches disgracieuses. Mastiquer si besoin.
- *Taille des feuilles.* La défoliation est généralement inutile, l'Olivier ayant de petites feuilles.

Ligaturage. Possible toute l'année sur des rameaux aoûtés. Ne pas laisser le fil de cuivre plus de 3 mois sur l'arbre. Si nécessaire, renouveler l'opération après 4 à 6 mois.

Arrosage. Abondant au moment de l'arrosage. Laisser le sol absorber toute l'humidité avant d'arroser à nouveau. L'Olivier redoute l'humidité, mais ne pas le laisser mourir de soif pour autant.

Vaporisation. Si le temps est trop sec, brumiser l'eau autour du feuillage. Pour les arbres gardés en intérieur, si le chauffage est allumé, vaporiser autour du feuillage ; mais attention à l'excès d'humidité.

Engrais. Faire un apport d'engrais organique à décomposition lente, de début mars à fin juin et de début septembre à fin novembre, toutes les 3 semaines, sur le sol. Augmenter la dernière dose automnale pour préparer l'arbuste à l'hiver s'il reste dehors. S'il est rentré, faire un apport toutes les 6 semaines.

DIAGNOSTIQUER ET SOIGNER

PARASITES

Chenilles (pyrales). Voir Tordeuses p. 33.

Chenilles (teignes - *Tinea olivella*).
SYMPTÔMES. La chenille vit sous l'épiderme des feuilles. C'est une mineuse. Des taches brunes et irrégulières apparaissent là où elles sont fixées. Chute des feuilles, ralentissement de croissance, réduction de la surface d'absorption chlorophyllienne.
REMÈDES. Enlever et brûler les feuilles habitées. Pulvériser des insecticides (méthomyl ou parathion).

Cochenilles lécanines. Voir p. 33.

Mouche de l'olive.
SYMPTÔMES. S'attaque principalement aux fruits à maturité.
REMÈDES. Retirer les fruits habités et les brûler. N.B. Assez rare sur les Oliviers Bonsaï.

Pou de l'Olivier ou chermès.
SYMPTÔMES. La femelle se fixe au revers des feuilles et sur les rameaux. Voir p. 33. Cochenilles diaspines.

Psylle.
SYMPTÔMES. Les œufs hibernent sur les branches. Les larves piquent les bourgeons, le limbe, l'extrémité des tiges, ce qui provoque l'enroulement des feuilles. Les jeunes pousses avortent. La présence de miellat brûle le limbe. Des plaies noires se forment, dues au champignon responsable de la fumagine.
REMÈDES. Pulvériser des insecticides d'origine végétale (nicotine) ou organo-phosphorés (parathion) ou organo-chlorés (lindane). En cas de forte attaque, pulvériser des pyréthrinoïdes. Les coccinelles et les punaises sont de bons parasites.

MALADIES

Oïdium. Voir p. 34.

VIGNE VIERGE

À fleurs et à fruits. Famille des Vitacées. Originaire d'Amérique du Nord et d'Asie, c'est un arbuste sarmenteux, grimpant, avec des disques terminaux (les ventouses), une floraison et une fructification discrètes, et une écorce qui ne s'exfolie pas.

CRÉER

Par semis. Récolter les fruits mûrs. Les laisser pourrir et recueillir la graine. La stratifier et la planter au printemps dans un mélange sable-tourbe. Attention : le fruit ne mesure guère plus de 8 millimètres. La graine est minuscule.

Par bouturage. Tailler des rameaux sans feuilles, avec au moins 3 yeux. Au printemps, les planter profondément, en ne laissant émerger qu'un œil. Les yeux enterrés poussent vigoureusement et vite. Si l'on plante plusieurs boutures ensemble, éviter que celles-ci ne s'emmêlent. À l'automne, rabattre les boutures. Rempoter au printemps suivant. Garder le sol frais, mais protéger des gelées.

Par marcottage simple. Au printemps, dans une terre humifère et fraîche.

Par greffe. En incrustation, en serre, de janvier à mars. Choisir des greffons d'un an. Retirer les yeux situés au bas du porte-greffe. Il n'est pas nécessaire de mastiquer la greffe. Il vaut mieux l'envelopper de bouillie argileuse pour l'empêcher de sécher.

Par jeunes plants de pépinière. Choisir un sujet dont le collet et le tronc montrent un arbre intéressant à la silhouette déjà formée. /Voir 1re partie/.

ENTRETENIR

Ensoleillement. La Vigne vierge aime le plein soleil. A besoin de lumière pour que son feuillage d'automne soit flamboyant.

Vigne vierge (Parthenocissus). *Âge = 8 ans. Hauteur = 12 cm. Style « Tachiki ». Photo : octobre.*

LES STYLES

LES ESPÈCES

Parthenocissus tricuspidata. C'est la Vigne vierge la plus répandue. Cet arbuste-liane très ramifié, aux tiges grêles, au feuillage caduc, ovale, vert lustré en été, qui devient jaune d'or et orange à l'automne, porte des fleurs en juillet-août, et des fruits bleu foncé, ronds et petits, en septembre-octobre.

Température. La Vigne vierge supporte la chaleur et assez bien le gel.

Ventilation. Attention, en plein vent, certains rameaux risquent de casser.

Céramique. Planter de préférence dans un pot relativement profond. Les poteries, émaillées dans les bleus, décorées ou non, sont d'un très bel effet.

Nettoyage. Éviter le développement de mousses à la base du tronc. La Vigne vierge résiste bien à la pollution.

Croissance. Rapide. Grandes ramifications.

Rempotage. Planter chaque année, au début du printemps, dans un pot de dimension supérieure au précédent. Tailler 1/3 des racines.

Terre. Mélange, à parts égales, de terre végétale et de terreau. La Vigne vierge aime les sols profonds et peu humides, et n'a pas d'exigences particulières : une bonne terre de jardin convient.

Taille.
- *Taille des rameaux.* Après la floraison, attendre que les nouvelles pousses aient atteint environ 5 yeux pour rabattre aux ciseaux à 1 ou 2 nœuds.
- *Taille des feuilles.* Tailler les feuilles des arbres en bonne santé à la fin du printemps ou au début de l'été (juin). Donner alors moins d'eau à la Vigne vierge.

Ligaturage. Au printemps et en été. Éviter de ligaturer si les feuilles sont encore molles. Attendre un peu.

Arrosage. Arroser abondamment, mais laisser sécher entre deux arrosages. Nécessité d'un très bon drainage, pour éviter toute stagnation de l'eau.

Vaporisation. On peut bassiner le feuillage et les branchages lorsqu'on arrose l'arbre. Ne pas vaporiser après une défoliation, ni lorsque l'arbre est en fleur.

Vigne vierge (Parthenocissus).
Âge = 10 ans. Hauteur = 20 cm.
Style « Kengai ». Photo : octobre.

Engrais. Au printemps et en automne, donner un engrais organique à décomposition lente, de façon régulière.

DIAGNOSTIQUER ET SOIGNER

PARASITES

Cochenilles. Voir p. 33.

MALADIES

Mildiou.

SYMPTÔMES. Taches jaunes sur le dessus des feuilles. Au revers, poussière blanche. Chute prématurée des feuilles.

REMÈDES. Enlever et détruire les feuilles malades. Pulvériser des fongicides à base de cuivre.

Black-rot.

SYMPTÔMES. Apparition de taches brun-rouge sur les feuilles. Formation de points noirs sur ces taches.

REMÈDES. Enlever les feuilles malades. Pulvériser des fongicides à base de cuivre.

LES STYLES

SAPIN ou ÉPICÉA

Conifère persistant. Famille des Pinacées. Longtemps classés avec les Pins, les Épicéas sont depuis plus d'un siècle un genre à part. Autrefois, on disait Sapinette ou Épinette, mot altéré du latin : *picea :* arbre à résine ; *pix :* la poix. Les *Picea,* une cinquantaine d'espèces, originaires de l'hémisphère Nord, des régions montagneuses pour la plupart, se distinguent de l'*Abies* (Sapin) par une cime toujours pointue, des branches inclinées et des rameaux pendants. Les aiguilles sont en spirales épaisses, piquantes et vert clair. Les cônes pendent à l'extrémité des rameaux ; ils ont des écailles minces qui ne se désarticulent pas à l'âge mûr.

CRÉER

Par semis. Faire sécher les cônes cueillis entre septembre et janvier. Pour le *Picea glauca,* cueillir les cônes à la fin août ou en septembre. Prélever les cônes et y laisser mûrir les graines le plus longtemps possible, puis les faire prégermer pendant une dizaine de jours, dans du sable humide. On peut les protéger en les saupoudrant de minium. Les semer en avril, quand elles commencent à germer, sur un sol frais. En général, les pousses apparaissent au bout de 3 semaines. Garder les jeunes plants sous verre, à l'ombre et dans un endroit humide. Retirer le verre en juin. Mettre en pot au printemps suivant.

Par bouturage. Prélever les boutures de flèches de fin juin à début août. L'enracinement, difficile, peut demander jusqu'à 2 ans. Tailler à l'aide d'un greffoir le long de la base des pousses de l'année. Il n'est pas nécessaire de retirer les aiguilles. Repiquer les boutures au chaud et à l'ombre.

Par marcottage simple. Choisir des branches basses et souples. /Voir 1re partie/.

Par greffage. Surtout sur le *Picea glauca.* Mais en serre. Greffe d'été ou greffe d'hiver sont des méthodes difficiles.

Par jeune plant. Choisir un jeune plant au tronc déjà formé, au feuillage dense, aux branches ramifiées. Voir 1re partie.

ENTRETENIR

Ensoleillement. Les Épicéas aiment le plein soleil, mais aussi l'ombre.

Température. Beaucoup d'espèces entrent en période de végétation tôt dans la saison. Elles craignent les gelées nocturnes et les gelées tardives, mais aiment l'air frais.

Ventilation. Les Épicéas, surtout le *Picea jezoensis,* aiment bien le vent.

Céramique. Choisir une coupe peu profonde, car les racines de l'Épicéa s'enfoncent peu dans le sol.

Nettoyage. Penser à retirer branchettes et aiguilles abîmées ou mortes à l'intérieur de la couronne et sur le sol. Brosser régulièrement l'écorce et retirer la mousse du collet.

Croissance. Les *Picea glauca, jezoensis* et *orientalis* ont une croissance lente. Le *Picea excelsa* a une croissance lente en haute altitude, mais rapide en moindre altitude. Plus il pousse lentement, plus sa silhouette est effilée.

Rempotage. Tous les 3 à 5 ans, en fonction de l'âge, au printemps (avril). Tailler un tiers du chevelu des racines. Rempoter dans un pot de dimension légèrement supérieure au précédent.

Terre. Préparer un mélange composé de 1/3 de terreau, 1/3 de terre végétale et 1/3 de sable de rivière. La plupart des espèces préfèrent un sol argileux, silico-argileux et argilo-calcaire. Les sols siliceux et calcaires ne leur conviennent pas et les sols glaiseux ne sont pas bons.

Taille.

- *Pinçage.* En avril, pincer les nouvelles pousses des rameaux. Le pinçage se fait une seule fois dans l'année.
- *Taille des feuilles.* On ne coupe pas les aiguilles.

LES ESPÈCES

Picea excelsa (Épicéa commun). On le confond souvent avec le Sapin.
Sa silhouette est conique, ses branches descendent presque jusqu'au sol.
Il pousse jusqu'à 2 000 mètres.
Ses aiguilles en spirale autour du rameau sont raides et piquantes, luisantes, vert foncé. Les cônes pendent, fusiformes, minces et triangulaires avec leurs écailles rousses.
Picea glauca (Épinette blanche ou du Canada). Taille limitée, tronc droit effilé, branches longues et étalées et forme pyramidale. Les aiguilles sont vert-de-gris, les cônes petits, verts ; bruns à maturité. Forte odeur de résine.
Picea nigra (Épinette noire). Port conique, étroit et touffu. Aiguilles vert-bleu, cônes rouges, puis bruns.
Picea jezoensis (Épicéa de Yedo). Peut atteindre 50 mètres de haut. Sa silhouette est caractérisée par une longue flèche. Aiguilles vert brillant sur la face supérieure et blanc argent sur la face inférieure. L'extrémité des rameaux est retournée sur elle-même. Cônes rouges, puis bruns.
Picea orientalis. Peut atteindre 50 mètres. Le tronc est droit, la cime dense et pyramidale. Les aiguilles, très courtes, non piquantes et épaisses sont vert foncé. Les cônes violets deviennent bruns, avec des écailles fermes.

• *Taille des branches.* Bien rabattre les rameaux en ne laissant que peu de touffes d'aiguilles sur chaque branche, au printemps. Lors des tailles suivantes, rabattre les rameaux un peu moins court.

Ligaturage. À la fin de l'automne ou au début de l'hiver, ligaturer le Picea. Retirer le fil de cuivre environ 9 à 10 mois plus tard.

Arrosage. Le sol doit être bien drainé. Arroser abondamment, puis laisser sécher. L'Épicéa aime les sols humides, mais pas détrempés.

Vaporisation. Bassiner le feuillage autant que possible, surtout au printemps et en été. L'Épicéa aime l'air très humide.

Engrais. Au printemps et à l'automne, utiliser un engrais organique à décomposition lente. Augmenter la dernière dose automnale (octobre).

Épicéa de Yedo (Picea jezoensis). Âge = 10 à 40 ans. Hauteur = 60 cm. Style « Yose-Ue ». Photo : avril. Forêt exceptionnelle, plantée sur un plateau de roche reconstituée (mélange de résine synthétique et poudre de roche).

DIAGNOSTIQUER ET SOIGNER

PARASITES

Nématodes des racines. Voir p. 34.

Araignée rouge Voir p. 32.

Grands charançons du Pin.
SYMPTÔMES. Écorce du collet et des branches rongée, apparition des tissus, écoulement de résine des plaies. Galeries creusées sous l'écorce, aiguilles et bourgeons rongés.
REMÈDES. Tailler et détruire les parties envahies. Dès les premières attaques, utiliser des émulsions huileuses sur les jeunes sujets. Pulvériser des insecticides fin mars-début avril.

Scolytes. Voir p. 34.

Callidies.
SYMPTÔMES. Galeries aplaties à la base du tronc. Présence possible de coléoptères noirs.
REMÈDES. Détruire les branches malades. Pulvériser des insecticides lors de la sortie des adultes.

Sirex.
SYMPTÔMES. Galeries cylindriques dans le tronc et les branches maîtresses. Présence possible de guêpes indiquant des larves blanches.
REMÈDES. Pulvériser des insecticides lors de la sortie des adultes.

Pyrales (chenilles). Voir p. 33.

Tordeuses (chenilles). Voir p. 33.

Bombyx (chenilles). Voir p. 33.

Némates (chenilles vertes).
SYMPTÔMES. Les aiguilles de l'année sont rongées et les nouvelles pousses déformées.
REMÈDES. Pulvériser des insecticides lorsque les pousses s'allongent.

Pucerons. Voir p. 33.

Chermes.
SYMPTÔMES. Formation de galles sphérique ou épineuses à l'extrémité des nouveaux rameaux.
REMÈDES. À la fin de l'hiver, pulvériser des insecticides d'origine minérale. Au début du printemps, pulvériser des insecticides d'origine organo-chlorée ou organo-phosphorée.

MALADIES

Brunissement des aiguilles.
SYMPTÔMES. Les aiguilles se dessèchent et des grains noirs apparaissent sur leur face inférieure.
REMÈDES. Utiliser des fongicides. Lors de plantation de forêt, éviter de planter trop serré.

Septoriose.
SYMPTÔMES. Les aiguilles se dessèchent, les rameaux prennent la forme d'une crosse. Apparition de grains noirs sur les parties sèches.
REMÈDES. Tailler et détruire les rameaux malades. Fongicides à base de cuivre ou de zinèbe.

Rouilles. Voir p. 35.

Chancre.
SYMPTÔMES. Les racines pourrissent, les feuilles pâlissent, jaunissent et sèchent. Présence possible de poussière blanche sur le collet pourri.
REMÈDES. Incorporer à la terre des fongicides à base de zinèbe. Éviter que l'eau ne stagne, donner un engrais équilibré.

LES STYLES

PIN

Conifère persistant. Famille des Pinacées. Plus de 80 espèces. Le *Pinus* est le genre le plus important des conifères. Le Pin préfère les régions montagneuses. Presque toutes les espèces sont originaires de l'hémisphère Nord (excepté le *Pinus insularis*). C'est un arbre de haute taille, à la cime généralement conique. Ses rameaux longs, couverts d'écailles, portent des rameaux courts aux feuilles circulaires et persistantes réunies en faisceaux dans une gaine écailleuse. On distingue les Pins à deux, à trois ou à cinq aiguilles. Les cônes, ou pignes, ou pommes de pin, sont de forme pyramidale, avec des écailles ligneuses.

CRÉER

Par semis. Récolter sur les cônes des graines, ou pignons. Les graines sont le plus souvent ailées (excepté celles de *Pinus cembra, koraiensis* et *parviflora*). La maturité et la germination des graines varient avec les espèces. De nombreuses espèces ouvrent leurs cônes quand les graines sont mûres, d'autres ont besoin d'être séchées pour laisser évacuer leurs graines. Pour le *Pin mugo,* cueillir les cônes en décembre. Les laisser sécher puis les conserver au frais, à l'ombre. Faire prégermer les graines et planter mi-avril. La germination se fait en deux mois.

Par bouturage. Méthode peu utilisée, car le racinage est très long. Se fait à la fin de l'hiver avec des boutures prélevées sur de jeunes sujets : de courts rameaux de deux ans. Tremper ces boutures dans une hormone d'enracinement avant de les planter.

Par marcottage simple. Dénuder la partie à enterrer de la branche à marcotter. Entailler l'écorce sur 3 centimètres pour permettre un meilleur enracinement. Enterrer et maintenir la terre humide. Lorsque apparaissent de nouvelles pousses au sommet de la branche, le racinage est fait. Séparer alors la marcotte de l'arbre et empoter. On peut également réaliser des marcottages aériens.

Par greffe en placage ou en fente. En hiver et en serre, le Pin sylvestre est un excellent porte-greffe pour les conifères à deux aiguilles. Le Pin noir est recommandé comme porte-greffe pour les espèces à forte croissance.

LES ESPÈCES

Il existe en France plus de 26 espèces ; le Pin sylvestre, qui peut vivre 600 ans, le Pin maritime, le Pin à crochet, le Pin cembro, le Pin laricio, le Pin parasol, le Pin d'Alep, Le Pin mugo, le Pin noir sont indigènes.
La plupart des espèces ont une forme conique et arrondie quand elles sont jeunes, et globuleuse et aplatie lorsqu'elles sont âgées. La forme des cônes, qui varie selon les espèces, est un moyen de reconnaissance.

Par jeunes plants de pépinière. On peut trouver de nombreuses espèces de Pin dans des pépinières. Toujours bien regarder le tronc et la densité du ramage avant de faire un choix.

ENTRETENIR

Ensoleillement. Plein soleil. Les Pins ont généralement besoin de beaucoup de lumière et supportent mal l'ombrage.

Température. Les Pins aiment la chaleur et poussent mieux dans les régions chaudes. Ces sont des arbres très résistants qui supportent très bien les froids vifs de l'hiver et même les gelées.

Ventilation. Les Pins aiment le vent et s'épanouissent dans des situations aérées. Ils redoutent la pollution. Le Pin noir est le plus résistant.

Pin de Thunberg (Pinus Thunbergii).
Âge = 70 ans. Hauteur = 60 cm.
Style « Shakan ». Photo : avril

Céramique. Les Pins ont besoin d'un sol profond et bien drainé. Choisir en conséquence une coupe assez profonde.

Nettoyage. Les vieilles aiguilles du Pin jaunissent à l'automne. Les retirer à l'aide d'une pince. Toujours bien tailler l'intérieur de la couronne et retirer toutes les parties abîmées ou mortes. Nettoyer le sol de tout ce qui est mort. Brosser la mousse qui remonte du sol sur la base du tronc, afin qu'elle ne se développe pas.

Croissance. Généralement rapide : une dizaine de mètres en vingt ans. Le *Pin mugo* reste petit, il ne dépasse guère 3 mètres. Certaines variétés naines (de rocailles) ont une croissance lente.

Rempotage. En avril, tous les trois à cinq ans, dans un pot de dimension supérieure au précédent. Tailler 1/3 des racines en prenant garde de ne pas blesser la racine maîtresse. Conserver les mycorhizes pour une bonne réimplantation.

Terre. Mélange composé d'1/3 de terreau, d'1/3 de terre végétale et d'1/3 de sable de rivière. Les Pins n'ont pas d'exigence particulière et s'adaptent à tous les sols. En général, les variétés de montagne poussant sur des sols siliceux sont élancées. Elles ont un tronc droit, à la cime courte, alors que celles poussant sur des terrains calcaires ont des troncs courts et tordus. Les sols doivent être frais et humides pour certaines espèces, pauvres et secs pour d'autres. Pour le *Pin Mugo,* par exemple, il faut des sols froids et marécageux. D'une manière générale, il est préférable d'éviter les sols trop calcaires (excepté pour le Pin noir) et de donner un sol léger.

Taille.
- *Pinçage.* Une fois par an, en avril, pincer les chandelles entre le pouce et l'index. En retirer environ les deux tiers.
- *Taille des aiguilles.* Retirer une fois par an au printemps toutes les nouvelles aiguilles après qu'elles se sont ouvertes et avant qu'elles n'aient durci, afin de conserver un feuillage dense et de petites aiguilles.
- *Taille des branches.* En octobre, couper les rameaux juste au-dessus d'une touffe d'aiguilles. Rabattre environ 1/3 de la longueur de la branche.

Ligaturage. En automne et en hiver. Recommencer tous les ans si besoin. Ne pas coincer d'aiguilles entre le fil et l'écorce.

Arrosage. Arroser régulièrement et abondamment si le drainage est bon. Maintenir sec de temps en temps. Le Pin supporte les étés chauds et secs. Il craint, en revanche, les excès d'eau au niveau du sol. Bien laisser la terre s'assécher entre deux arrosages.

Vaporisation. Le Pin supporte un air sec. Il n'est pas nécessaire de le bassiner souvent. Le Pin maritime et le Pin d'Alep demandent une humidité de l'air plus élevée.

Engrais. Donner de l'engrais organique à décomposition lente du printemps à l'automne, excepté en juillet-août.

DIAGNOSTIQUER ET SOIGNER

PARASITES

Mêmes parasites que le Pin à cinq aiguilles. Voir p. 138.

MALADIES

Mêmes maladies que le Pin à cinq aiguilles. Voir p. 138.

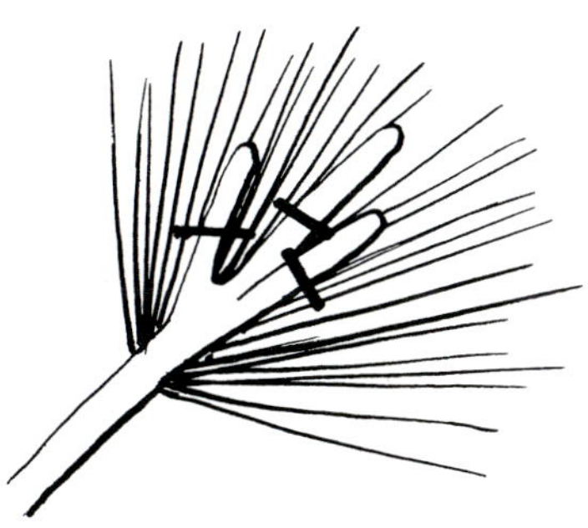

Taille des chandelles chez le Pin à 5 aiguilles.

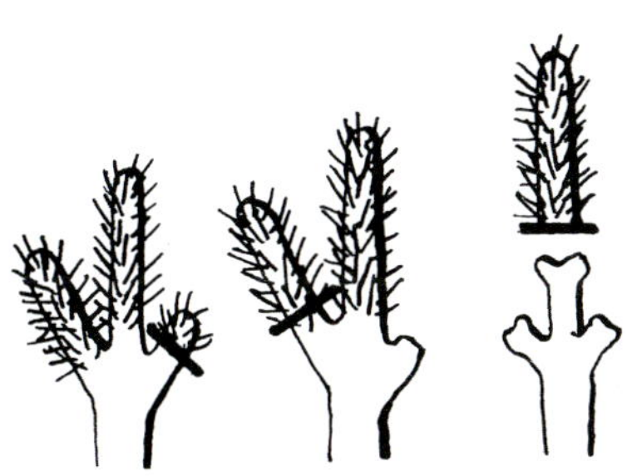

Pincer les chandelles près de l'insertion, en égalisant les plus longues sur les plus courtes.

En octobre, tailler les branches trop longues.

PIN À CINQ AIGUILLES

Conifère. Famille des Pinacées. Originaire du Japon où il est connu sous le nom de « Goyo-Matsu », le *Pinus pentaphylla* est une variété de *Pinus parviflora,* qui signifie « à petites fleurs ». C'est un Pin blanc. Dans la nature, il peut atteindre 25 mètres. Son tronc est érigé et tortueux. Sa silhouette pyramidale, avec un feuillage dense quand l'arbre est jeune, devient irrégulière quand il est âgé ; de même, les branches de large envergure deviennent horizontales, prenant un aspect pittoresque à maturité. Peu nombreuses, elles sont recourbées à leur extrémité et tendent à se dépouiller en vieillissant ; celles du haut se développent en couronne. Des boutons résineux apparaissent sur l'écorce des jeunes sujets. Les aiguilles sont réunies en faisceaux par cinq (d'où l'appellation *pentaphylla*), elles sont persistantes, raides ou tordues, d'un bleu-vert, marginées par deux lignes couleur résine. Les cônes sont brun foncé et restent sur l'arbre environ sept ans.

LES STYLES

CRÉER

Par semis. Les cônes mûrissent à 2 ans. Les récolter à ce moment, en septembre-octobre. Les laisser sécher à la chaleur, où ils vont s'ouvrir. Récolter alors les pignons, et les faire tremper dans de l'eau. Ceux qui coulent peuvent être plantés. Passer un fongicide sur les graines et les semer au printemps, après les avoir stratifiées dans du sable. On peut aussi les planter à la fin de l'automne : ainsi, elles sont naturellement stratifiées pendant l'hiver. Après la germination, la pousse est très fragile. La rempoter au deuxième printemps.

Par marcottage simple. Choisir une branche basse et souple. Retirer les aiguilles de la partie à enterrer. Inciser l'écorce. Enterrer. Maintenir humide. Sevrer la marcotte du pied mère dès que de nouvelles pousses apparaissent.

Par marcottage aérien. Dénuder de ses aiguilles la partie de la branche à marcotter. Faire une entaille. La maintenir ouverte à l'aide d'une boule de sphagnum. Recouvrir la marcotte de mousse humide et enfermer le tout dans un sac en plastique clos aux extrémités. Dès que les racines apparaissent (au printemps de l'année suivante), sevrer la marcotte et l'empoter en la considérant comme un Bonsaï nouvellement rempoté.

Par bouturage. Difficile. À la fin de l'hiver, prélever des boutures sur de jeunes sujets. Choisir des rameaux courts, de 2 ans. Tremper les boutures dans des hormones d'enracinement avant de les planter.

Par greffe. En placage ou en fente. En hiver et en serre. On peut greffer ensemble un Pin noir et un Pin blanc, pour accélérer la croissance de ce dernier, qui pousse lentement.

ENTRETENIR

Ensoleillement. Plein soleil. Le Pin est un arbre qui demande beaucoup de lumière pour une bonne croissance. Quelques cultivars nains ont besoin d'un peu d'ombre pendant les mois d'été. Au soleil, les aiguilles seront petites, et les entre-nœuds, courts.

Température. Le Pin résiste aux grands froids comme à la chaleur. Il aime les situations fraîches.

Ventilation. Il supporte le vent, mais protéger les variétés aux aiguilles fines des vents desséchants.

Céramique. Il a besoin d'un sol profond, il faut donc choisir une coupe assez profonde.

Le *Pinus pentaphylla* donne prise au vent par ses aiguilles, et un pot profond le maintient et l'empêche de basculer. On rencontre très souvent ce Bonsaï dans des pots bleu cobalt ou bruns.

Nettoyage. Retirer délicatement entre le pouce et l'index les vieilles aiguilles qui jaunissent à l'automne. Tailler l'intérieur du feuillage ; enlever ce qui est mort ou abîmé à l'intérieur du feuillage et sur le sol. Brosser régulièrement l'écorce et gratter la mousse qui gagnerait le collet.

Croissance. Elle est particulièrement lente chez les Pins blancs du Japon.

Rempotage. Tous les 3 à 5 ans, dans un pot de dimension supérieure au précédent. En mars, tailler 1/3 des racines.

Pin à cinq aiguilles (Pinus pentaphylla).
Âge = 200 ans. Hauteur = 70 cm.
Photo : mai. Bien qu'il soit proche d'un style « Shakan », cet arbre exceptionnel est d'un style non classique appelé « main de Bouddha » ; la forme tout à fait particulière de l'arbre (la courbe du tronc et l'avancée de la couronne supérieure) évoque, en effet, la main protectrice de Bouddha : placé à l'entrée des jardins, l'arbre de ce « style » est signe de bienvenue. Il en existe de rares spécimens.

Pinus pentaphylla

Le Pin à cinq aiguilles garde sa ligature une dizaine de mois. Retirer le fil de cuivre est une opération délicate On voit les différentes phases, et en particulier l'utilité de la pince pour le couper.

Retirer les vieilles racines. Ne pas les laver, et conserver un peu de l'ancienne terre pour favoriser le redémarrage. Protéger 3 semaines après le rempotage. Conserver les mycorhizes, pour une bonne réimplantation.

Terre. 1/3 de terreau, 1/3 de terre végétale et 1/3 de sable de rivière. Un bon drainage est nécessaire. Aucune exigence en ce qui concerne le sol.

Taille.

• *Pinçage.* En avril, pincer de 2/3 les chandelles)avant qu'elle) ne s'ouvrent, entre le pouce et l'index. Si la couronne est dense, retirer un bourgeon sur trois. En revanche, si on veut l'épaissir, il faut conserver les trois bourgeons. Pincer d'abord les bourgeons qui poussent le plus lentement. Le pinçage peut se faire sur 3 semaines. Terminer par les bourgeons dont la croissance est le plus rapide. Cela égalisera les aiguilles.

Pincement manuel des bourgeons d'un Pin ; il suffit ici de les couper à leur base avec les ongles.

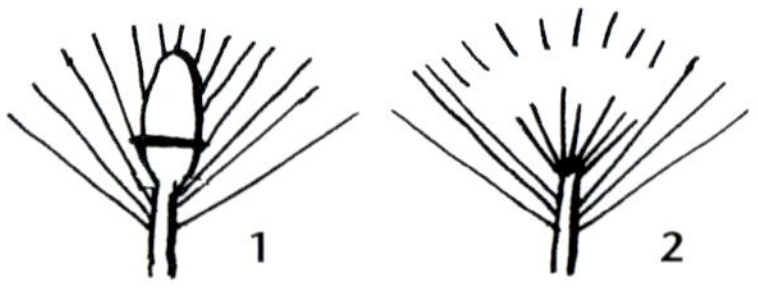

Pin à une chandelle.
1 - Pincer la chandelle aux 2/3 avant qu'elle ne s'ouvre (avril). 2 - Les aiguilles sortent plus courtes, drues et pointues.

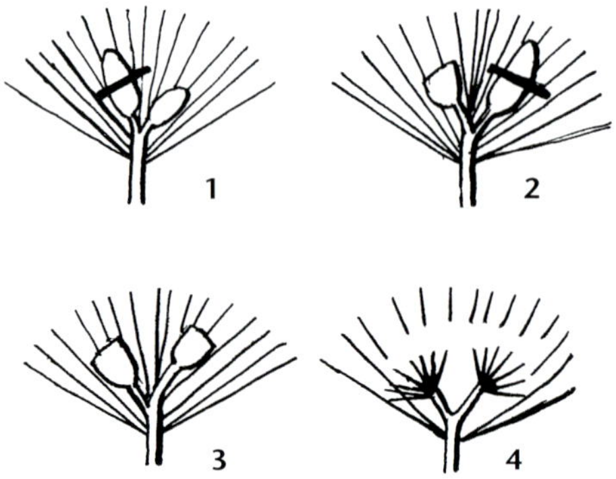

Pin à deux chandelles.
1 - Pincer aux 2/3 la chandelle la plus longue.
2 - Une semaine plus tard, tailler aux 2/3 l'autre chandelle. 3 - Les chandelles s'égalisent.
4 - Les aiguilles sortent plus petites et équilibrées.

• *Taille des branches.* En octobre, tailler les rameaux qui ont davantage grandi. Couper 1/3 de la branche au-dessus d'une grappe d'aiguilles, sans couper les aiguilles.

Ligaturage. Ligaturer en octobre et jusqu'en mars. Laisser le fil de cuivre sur les branches jusqu'à la fin de l'été. Si le fil semble s'incruster dans l'écorce, le reti-

Le fil doit être retiré afin qu'il ne marque pas l'écorce, à plus forte raison afin qu'il ne s'incruste pas dans le bois.

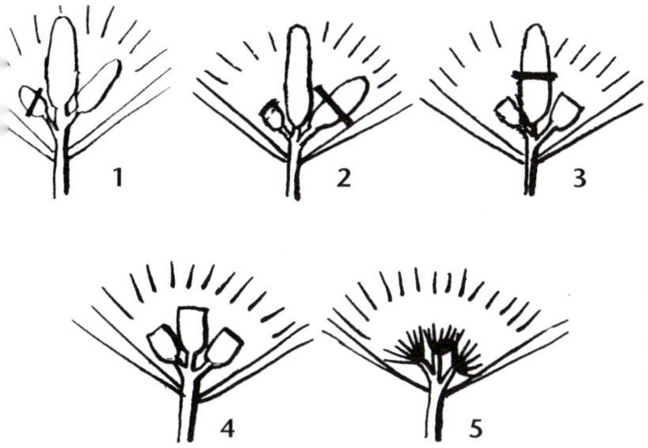

Pin à trois chandelles.
1 - Tailler la chandelle la plus courte aux 2/3. 2 - Tailler la chandelle moyenne une semaine plus tard aux 2/3. 3 - Tailler enfin la chandelle la plus grande aux 2/3. 4 - Les chandelles sont alignées. 5 - Les aiguilles sortent plus courtes et régulières.

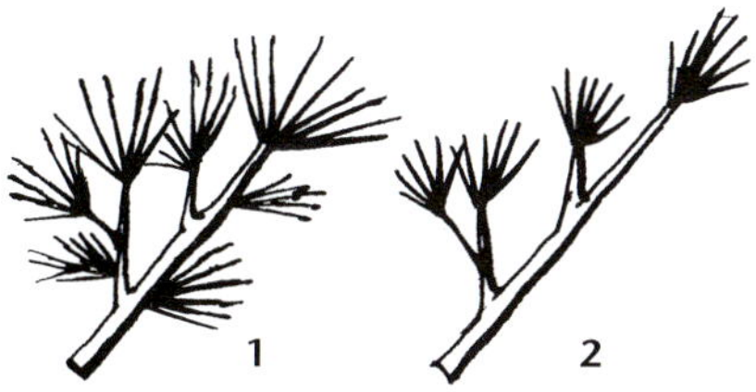

Épilation manuelle des aiguilles de Pin.
1 - En octobre, retirer à la main les vieilles aiguilles. 2 - L'arbre nettoyé est prêt à passer l'hiver.

DIAGNOSTIQUER ET SOIGNER

PARASITES

Charançons du Pin.
SYMPTÔMES. Nids dans les racines. Écorce du collet et des grosses branches rongée ; apparition des tissus ; écoulement de résine des plaies ; galeries creusées dans le bois. Aiguilles rongées.
REMÈDES. Tailler et détruire les parties envahies. Dès les premières attaques, utiliser des émulsions huileuses sur les jeunes sujets. Pulvériser des insecticides fin mars-début avril.

Scolytes. Voir p. 34.

Capricornes et buprestes.
SYMPTÔMES. Le tronc est rongé ; présence de galeries dans le bois. Présence possible de coléoptères.
REMÈDES. Pulvériser des insecticides à base de lindane ou de parathion, en mars-avril.

Hannetons des Pins.
SYMPTÔMES. Les aiguilles et les rameaux sont déformés et rongés. Végétation ralentie. Présence de gros coléoptères bruns.
REMÈDES. Pulvériser des insecticides.

Chrysomèles ou galéruques.
SYMPTÔMES. Les aiguilles sont rongées, les rameaux, déformés ; la croissance est ralentie. Présence de coléoptères jaunes.
REMÈDES. Pulvériser des insecticides.

Bombyx (chenilles). Voir p. 33.
N.B. Rare sur le Pin sylvestre.

Processionnaires du Pin (chenilles).
SYMPTÔMES. Nids soyeux accrochés aux aiguilles ; rameaux déformés ; aiguilles rongées.
REMÈDES. Détruire les nids en taillant et en brûlant les rameaux porteurs (mettre des gants pour éviter l'urticaire et autres allergies). Dès les premières attaques, injecter du pétrole dans les bourses soyeuses. En septembre, appliquer un larvicide.

Sphinx ou noctuelles (chenilles).
SYMPTÔMES. Les aiguilles sont rongées, le limbe est perforé par des chenilles sortant la nuit. La température élevée favorise leur développement.
REMÈDES. Utiliser des boulettes de son, des brisures de riz ou des graines mélangées aux insecticides.

Pyrales du tronc (chenilles).
SYMPTÔMES. Creux dans le tronc, d'où s'écoule de la résine qui s'agglutine sur l'écorce.
REMÈDES. Retirer l'amas de résine. Pulvériser des insecticides à base de lindane.

Tordeuses des pousses (chenilles). Voir p. 33.

Lophyres du Pin.
SYMPTÔMES. Présence d'un cocon brun sur le tronc, les branches, les aiguilles, ou dans la terre. Les aiguilles sont rongées.
REMÈDES. Dès les premières attaques, pulvériser des insecticides organophosphorés. Tailler les rameaux envahis par les parasites.

Pucerons lanigères. Voir p. 34.

Cochenilles. Voir p. 33

MALADIES

Maladie rouge du Pin.
SYMPTÔMES. Les aiguilles des branches basses jaunissent en hiver, et se tachent de points noirs au printemps. Elles sèchent, rougissent et tombent. Ne pas confondre la maladie rouge du Pin avec un rougissement de l'extrémité des aiguilles, qui indique un déséquilibre entre l'alimentation et la transpiration de l'arbre.
REMÈDES. Détruire les parties abîmées ; éviter un excès d'humidité de la terre. Pulvériser préventivement des fongicides au printemps. De juillet à septembre, utiliser des fongicides de synthèse.

Maladie des bandes rouges.
SYMPTÔMES. Les aiguilles sont tachées de jaune en automne. Au printemps, apparition de bandes rouges et de croûtes sur les plaies.
REMÈDES. En période végétative, pulvériser des fongicides à base de cuivre.

Pourridié. Voir p. 35.

Rouilles. Voir p. 35.
N.B. Sur tous les Pins sauf le *Pentaphylla.*

rer. Si l'arbre est blessé, nettoyer la plaie avec du mastic cicatrisant.

Arrosage. Ne pas donner trop d'eau, pour un meilleur développement. Un excès d'eau fait souffrir le *Pinus pentaphylla.* Pour obtenir des aiguilles plus petites, limiter l'arrosage au printemps. Arroser davantage les arbres plantés sur roche. Toujours laisser le sol s'assécher avant d'arroser. Le *Pinus pentaphylla* est un arbre qui préfère les terrains secs.

Vaporisation. Bassiner le feuillage en été. Cela rafraîchira le Bonsaï et délogera les parasites qui pourraient se trouver dans le feuillage. Le *Pinus pentaphylla* apprécie particulièrement les atmosphères humides.

Engrais. Du printemps à l'automne, avec un arrêt en juillet et août, donner de l'engrais organique à décomposition lente, peu à la fois, mais souvent : environ une fois par mois. Augmenter la dernière dose automnale et y adjoindre un peu de nitrate, qui nourrira la terre. Ne pas donner d'engrais à un arbre nouvellement rempoté ou chétif.

PISTACHIER

Persistant ou caduc. Famille des Anacardiacées. La plupart des arbres sont originaires du pourtour méditerranéen. Ce genre compte huit espèces plus ou moins rustiques. Les fleurs, dioïques, sont petites, et le fruit est une drupe sèche à noyau osseux.

CRÉER

Par semis. Au printemps, sous châssis. Cette obtention donne un très beau *P. chinensis,* mais fragile.

Par bouturage. De préférence au printemps, prendre des tiges aoûtées, les planter dans un sol profond et fertile, à la chaleur et au soleil.

Par marcottage. Au réveil de la végétation. Marcottage simple ou aérien sur *P. lentiscus* et *terebinthus.* Aérien sur *P. vera.*

Par greffage. Du *P. vera* sur *P. chinensis* et *P. terebinthus.* Plutôt réservée aux pépiniéristes des régions méditerranéennes.

Par jeunes plants de pépinière.
/Voir 1re partie./

ENTRETENIR

Ensoleillement. Demande beaucoup de lumière et le plein soleil toute l'année.

Température. A besoin de beaucoup de chaleur en été. Les *P. terebinthus* et *chinensis* sont les plus résistants au froid hivernal. Il est cependant conseillé de les traiter en arbres d'orangerie. Les *P. lentiscus* et *vera* demandent une température de 7 à 18 °C en hiver.

Ventilation. Résiste au vent, à l'air marin.

Céramique. Choisir un pot moyennement profond, de coloris neutre ou vif, de forme rectangulaire, ovale ou ronde.

Nettoyage. Retirer les feuilles jaunes de l'arbre, ainsi que celles sur le sol. Brosser le tronc 1 à 2 fois par an. Gratter la mousse sur le tronc. Nettoyer régulièrement le feuillage avec un coton imbibé d'eau.

Croissance. Assez lente. Plus rapide en pleine terre dans leurs zones naturelles.

LES ESPÈCES

Pistacia atlantica. Pistachier de l'Atlas. Originaire des îles Canaries, il atteint une douzaine de mètres. Arbre forestier. Ses feuilles oblongues sont persistantes ; les fleurs pourpres, en grappe, éclosent au printemps. Les fruits, des drupes d'abord jaunes puis bleues, ne sont pas comestibles.

Pistacia chinensis. Pistachier de Chine. Originaire de Chine centrale et occidentale, il atteint 25 mètres de haut, alors qu'en Europe il ne dépasse pas 15 mètres. Port élancé. Son feuillage ovale et acuminé donne à l'automne une superbe teinte rouge vif, de petites grappes de fleurs éclosent en avril à l'extrémité des rameaux ; les petits fruits, d'abord rouges puis violets, sont mûrs en octobre-novembre.

Pistacia terebinthus. Pistachier térébinthe. Originaire du Proche-Orient et de l'Afrique du Nord où il atteint une douzaine de mètres, en Europe il ne dépasse pas 5 mètres. Son bois, à l'écorce brun-rouge, est apprécié en marqueterie. Son feuillage caduc, coriace, est vert foncé et brillant dessus, plus pâle et mat au revers. Les fleurs brun-vert éclosent sous les feuilles. Les fruits, des drupes globuleuses, rouges puis brunes, sont aigres, rafraîchissants et comestibles.

Pistacia vera. Pistachier originaire du Proche-Orient. Il atteint 8 à 10 mètres dans le Midi. Son feuillage caduc, ovale, est vert foncé et velu. Les fleurs brun-vert, en grappes, éclosent en avril. Les fruits, rouges et ridés, portent dans une coque le fruit jaune-vert, la pistache.

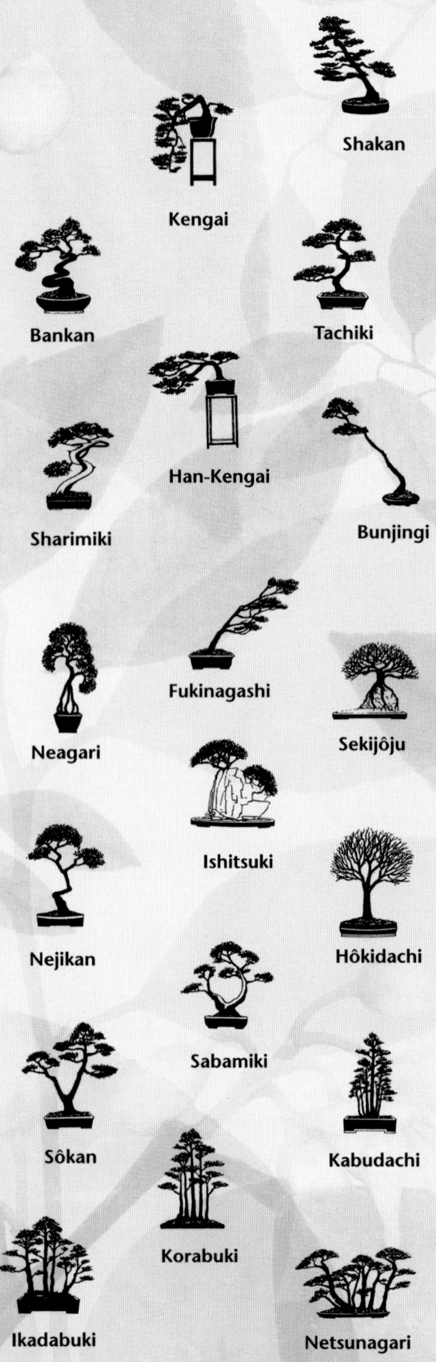

LES STYLES

Pistachier lentisque (Pistacia lentiscus).
Âge = 20 ans. Hauteur = 55 cm.
Style « Shakan ». Photo : octobre.
Ce Pistachier, plus connu dans le Midi sous le nom de Lentisque, a un feuillage persistant, à l'écorce rouge, dont l'odeur de résine fait qu'on le surnomme Arbre au mastic.
Les fruits rouge sombre sont toxiques.

Rempotage. Tous les 2 à 3 ans en avril. Le *P. chinensis* n'a pas d'exigences. Tailler un tiers des racines, et remettre dans un pot de dimension supérieure au précédent si nécessaire.

Terre. 60 % de terre végétale, 20 % de terreau et 20 % de sable de rivière. Un sol sec, rocheux et profond convient bien. Le *P. chinensis*, lui, n'a pas d'exigences particulières.

Taille.
• *Taille des pousses.* Faire un léger pinçage au début du printemps.
• *Taille des rameaux.* Tailler les rameaux de mars à novembre, dans leur ensemble, dès qu'ils se sont longuement développés.
• *Taille des branches.* En mars-avril, couper les branches disgracieuses. Mastiquer si besoin.
• *Taille des feuilles.* La défoliation est généralement inutile, les Pistachiers ayant de petites feuilles.

Ligaturage. Possible toute l'année sur des rameaux aoûtés. Ne pas laisser le fil de cuivre plus de 3 mois sur l'arbre. Si nécessaire, renouveler l'opération après 4 à 6 mois.

Arrosage. Abondant au moment de l'arrosage. Laisser le sol absorber toute l'humidité avant d'arroser à nouveau. Les Pistachiers ne demandent pas trop d'humidité, mais il ne faut pas pour autant les laisser mourir de soif.

Vaporisation. En été, vaporiser autour du feuillage pour donner à l'air le taux d'humidité nécessaire. En automne et en hiver, supprimer les vaporisations si l'arbre est dans une pièce fraîche.

Engrais. Faire un apport d'engrais organique à décomposition lente, de début mars à fin juin et de début septembre à fin novembre, toutes les 3 semaines, sur le sol. Augmenter la dernière dose automnale pour préparer l'arbuste à l'hiver.

DIAGNOSTIQUER ET SOIGNER

PARASITES

Aleurodes.
En atmosphère de serre essentiellement.
SYMPTÔMES. À la face inférieure du limbe, sur les jeunes pousses, ils sécrètent un miellat qui développe le champignon de la fumagine. Vol de petites mouches blanches.
REMÈDES. Un support collant jaune (Soverode), inesthétique. Pulvériser, dès l'apparition, des insecticides variés : organo-phosphorés, pour fumigation, à action aphicide, de contact et d'ingestion.

Cochenilles diaspines et lécanines sur le tronc et les branches. Voir p. 33.

Pucerons verts. Voir p. 33.

MALADIES

Taches noires. Voir *Acer palmatum* p. 41.

PODOCARPUS

Conifère. Famille des Podocarpacées. Originaire des régions tropicales et subtropicales de l'hémisphère Sud, cet arbre peut atteindre 12 mètres. C'est le « Pin des bouddhistes », un arbre à aiguilles, aux branches horizontales et fortes, aux rameaux denses et aux feuilles persistantes. On compte une centaine d'espèces, mais seules quelques-unes sont présentes en Europe occidentale.

CRÉER

Par semis. Récolter la graine à maturité. La planter en juillet, en serre chaude, après l'avoir stratifiée – ou encore en février.

Par bouturage. Choisir des pousses presque aoûtées. Planter les boutures dans une terre siliceuse, sous châssis. Protéger du soleil direct. Après enracinement, protéger du gel de l'hiver. Empoter au printemps suivant.

ENTRETENIR

Ensoleillement. Le Podocarpus aime la lumière et peut recevoir le soleil.

Température. Le Podocarpus a besoin de chaleur. Il peut être sorti l'été, dans le Midi. En hiver, la température ne doit pas descendre en dessous de 13 °C.

Ventilation. Attention aux courants d'air.

Céramique. Choisir un pot moyennement profond. Les émaux bleus lui conviennent. La forme de la coupe doit être assortie au style de l'arbre.

Nettoyage. Supprimer les départs du tronc. Veiller à ce qu'il n'y ait pas d'insectes sous l'écorce du tronc, qui peut se détacher de temps en temps.

Croissance. Très lente.

Rempotage. Tous les 2 ou 3 ans, à la fin du printemps. Tailler entre le tiers et la moitié des racines, et remettre dans un pot de dimension supérieure au précédent.

Terre. 1/4 de terre végétale, 1/4 de terreau, 1/4 de terre de bruyère et 1/4 de sable de rivière. Le Podocarpus aime les terres franches, meubles et bien drainées.

LES ESPÈCES

Podocarpus maki. Originaire de Chine, cet arbuste aux branches dressées, presque verticales, a des feuilles linéaires, lancéolées, pointues à l'extrémité, vert foncé sur le dessus, avec une nervure médiane allongée. Les fruits sont globuleux à maturité.

Podocarpus macrophyllus. Originaire de Chine, puis introduit au Japon. Très voisin du précédent, il peut atteindre 18 mètres, a des branches fortes, horizontales, des feuilles longues, coriaces, qui sont rouges à leur apparition, puis vert brillant dessus et glauques dessous. Il donne des fleurs jaune pâle sans intérêt et des fruits verts ou pourpres.

Taille.
• *Pinçage.* Pincer les nouvelles pousses (les chandelles) entre le pouce et l'index, pendant la période de végétation.
• *Taille des rameaux et des branches.* Sans couper les aiguilles, tailler aux ciseaux les branches trop allongées, au-dessus d'une insertion foliaire. On peut supprimer, si nécessaire, à la main, quelques aiguilles dont la taille est disproportionnée.

Taille du Podocarpus.

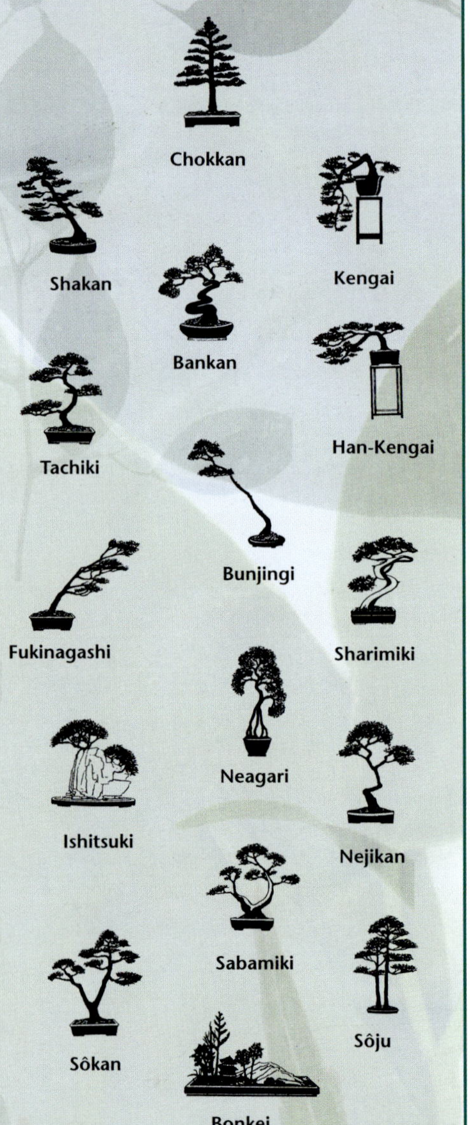

LES STYLES

Podocarpus (Podocarpus maki).
Âge = 80 ans. Hauteur = 85 cm. Style « Shakan ». Photo prise à l'occasion d'une exposition à Taïwan. Arbre souvent appelé le « Pin des bouddhistes ».

Ligaturage. Le Podocarpus peut se ligaturer toute l'année. Pour ligaturer les jeunes rameaux, attendre qu'ils soient aoûtés. Retirer le fil de cuivre au bout de 8 à 10 semaines.

Arrosage. Régulier et modéré. Maintenir la surface de la terre légèrement humide. Cet arbre a besoin d'un bon drainage.

Vaporisation. Vaporiser autour du feuillage tous les jours en brumisation légère, pour apporter à l'arbre l'humidité ambiante dont il a besoin. Si nécessaire, en hiver, le placer sur un plateau garni de pouzzolane maintenue humide.

Engrais. Au printemps et en automne, donner un engrais organique à décomposition lente. À un arbre parfaitement sain, on peut donner de l'engrais une fois en hiver.

DIAGNOSTIQUER ET SOIGNER

PARASITES

Pucerons. Voir p. 33.

Araignée jaune (tétranyque tisserand). Voir p. 32.

Cochenilles diaspines et lécanines. Voir p. 33.

Cochenilles farineuses. Voir p. 33.

Escargots.
SYMPTÔMES. Pousses, aiguilles mordues. Surface foliaire réduite. Présence d'un voile blanc qui protège les escargots.
REMÈDES. Ramasser les escargots. Éviter l'excès d'humidité au niveau de la terre. Utiliser des molluscicides par contact ou ingestion.

MALADIES

N.B. Si le Podocarpus a trop d'eau, ses aiguilles vont grisailler puis sécher et tomber. S'il manque de lumière, elles vont grandir démesurément, et l'arbre va s'étioler.

POURPIER EN ARBRE

À fleurs. Persistant. Famille des Portulacées. Originaire d'Afrique. Cet arbuste, seul espèce du genre, est aussi appelé *Portulacaria fruticosa*. Toulours vert, il ressemble aux pourpiers et peut atteindre 1 mètre. Le tronc gris, annelé, porte des rameaux frutescents, érigés et épais. Le feuillage glabre, oboval, opposé, vert vif est plane et charnu. La floraison, généralement printanière, est de couleur rosée, avec de petites fleurs.

CRÉER

Par bouturage. Au milieu du printemps, prélever des boutures d'une dizaine de centimètres. Les laisser faner au soleil ou à la lumière pendant 3 jours environ. Les planter dans un mélange composé pour moitié de tourbe et pour moitié de sable. Ne pas arroser. Au bout de quelques jours, arroser très modérément. Attendre la formation de radicelles pour arroser plus abondamment. Mais ne pas tremper la terre.

ENTRETENIR

Ensoleillement. Placer le Portulacaria dans un endroit lumineux; il peut recevoir le soleil. Cependant, en été, dans le Midi, s'il est sorti, le placer à la mi-ombre.

Température. Une bonne chaleur constante lui est bénéfique. En hiver, il peut supporter que la température descende jusqu'à 10 °C.

Ventilation. Attention aux courants d'air. Mais favoriser une circulation d'air autour du Portulacaria.

Céramique. Choisir un pot de profondeur moyenne. Les tons de bleu, de brun, ou naturels lui conviennent bien.

Nettoyage. Retirer les feuilles jaunes qui se forment. Retirer tous les départs du tronc et des branches maîtresses.

Croissance. Rapide au départ. Mais il faut 3 ou 4 ans pour avoir un tronc et des ramifications.

Rempotage. Tous les 2 ans, au printemps, tailler les racines d'un tiers de leur longueur et remettre dans un pot de dimension supérieure au précédent. Attendre une quinzaine de jours avant d'arroser à nouveau.

LES ESPÈCES

Crassula arborescens. Espèce très voisine, de la famille des Crassulacées, originaire d'Afrique australe. Appelé Crassule ou Arbre de Jade, en raison de la couleur de ses feuilles, cet arbuste peut atteindre 3 mètres. Il a un port massif, une écorce brun-gris, des rameaux charnus. Ses tiges frutescentes sont dressées et arrondies. Le feuillage est persistant, épais, charnu, opposé, conné, entier, glabre, arrondi et glauque. Ses grandes fleurs éclosent en mai.

Terre. 1/4 de terre de bruyère, 1/4 de terre végétale, 1/4 de terreau et 1/4 de sable de rivière. On peut ajouter à une bonne terre franche de la brique pilée, du sable et du terreau.

Taille.
- *Pinçage.* Pincer les pointes des nouvelles pousses dès qu'elles ont atteint la longueur souhaitée.
- *Taille des feuilles.* Retirer délicatement les feuilles des rameaux inférieurs âgés.
- *Taille des rameaux.* Pincer ou tailler l'extrémité des rameaux, en ne laissant que 2 ou 3 paires de feuilles par rameau.
- *Taille des branches.* Si nécessaire, entre avril et octobre, pour parfaire la structure de l'arbre.

Ligaturage. En général, la forme est donnée par la taille. Mais, pour les styles « Han-Kengai » et « Kengai », on peut ligaturer l'arbre. Attendre que les nouveaux rameaux soient aoûtés. Ne pas laisser le fil plus de 6 semaines. Protéger l'écorce avec du raphia. Attention, les branches sont très cassantes.

LES STYLES

Pourpier en arbre (Portulacaria afra).
Âge = 45 ans. Hauteur = 65 cm.
Style « Sokan ».

Arrosage. En général, donner peu d'eau. Garder l'arbre assez sec en hiver. En été, arroser modérément. Peut rester près de 15 jours sans eau.

Vaporisation. Brumiser de l'eau tous les jours autour du feuillage et sur les feuilles, pour redonner une hygrométrie élevée. Au besoin, placer sur un plateau recouvert d'un lit de gravier.

Engrais. De mai à septembre, avec une interruption en juillet-août. Donner de préférence, une fois par mois, de l'engrais liquide. Ne jamais donner d'engrais en hiver.

DIAGNOSTIQUER ET SOIGNER

PARASITES

Cochenilles lécanines et diaspines. Voir p. 33.

Cochenilles farineuses. Voir p. 33.

Escargots.
SYMPTÔMES. Le feuillage est découpé, le limbe, mordu, et la surface foliaire, réduite.
REMÈDES. Retirer les escargots. Éviter une terre trop humide. Utiliser des molluscicides par contact ou ingestion.

MALADIES

Fonte des semis.
SYMPTÔMES. Les racines sont détruites, l'arbuste ne pousse plus. Au collet, pourriture humide. Les rameaux noircissent par endroits, s'allongent à terre et meurent. L'arbuste « fond ». Les tiges se feutrent.
REMÈDES. Maintenir une bonne chaleur et une bonne circulation de l'air; éviter les excès d'eau. Donner de l'azote et de la potasse à la terre.

Mildiou.
SYMPTÔMES. Les feuilles sont tachées de jaune. Au revers, présence de poussière blanche. Les feuilles tombent.
REMÈDES. Tailler et détruire les feuilles malades. Pulvériser des fongicides à base de cuivre. Éviter trop d'humidité au niveau de la terre.

Helminthosporiose.
SYMPTÔMES. Les rameaux présentent des lésions jaunes, puis brunes, qui envahissent l'arbuste.
REMÈDES. Pulvériser préventivement un traitement à base de captane. S'assurer, lors des rempotages, que la terre est saine.

Fusariose.
SYMPTÔMES. La partie supérieure des rameaux présente des lésions brunes et chancreuses qui s'étendent.
REMÈDES. Vérifier l'état de la terre. La désinfecter, au besoin.

Anthracnose.
SYMPTÔMES. Taches brunes circulaires sur lesquelles apparaissent des points roses. Pourriture molle. Destruction des parties malades.
REMÈDES. Tailler les rameaux malades. Pulvériser des fongicides à base de cuivre.

Taches foliaires. Voir p. 35.

PRUNIER D'ORNEMENT

À fleurs. Caduc. Famille des Rosacées. Son origine remonte à la nuit des temps. L'homme a, au fur et à mesure des siècles, développé ces arbres pour en faire des fruitiers différents et comestibles pour la plupart. Il existe plus de deux cents espèces, originaires, pour la majorité, des régions tempérées de l'hémisphère Nord. Tous les *Prunus* ont une fleur à pistil unique qui donne naissance à un fruit unique muni d'un seul noyau ne contenant qu'une graine. Le noyau est enveloppé d'une pulpe, sauf chez l'Amandier, où la pulpe se trouve à l'intérieur du noyau. Certains *Prunus* sont cultivés non pour leurs fruits, mais pour leur floraison très décorative.

CRÉER

Par bouturage. Après la floraison, prélever des rameaux d'un an, les étêter et les planter dans une terre végétale additionnée de sable avec une hormone d'enracinement. Au printemps suivant, mettre les jeunes pousses en pot, les tailler et les rempoter tous les printemps pendant deux à trois ans.

Par marcottage aérien. Au printemps. Sectionner la tige lorsque de nouvelles feuilles apparaissent.

Par greffage. Greffe en écusson, en été.

Par jeunes plants de pépinière. C'est l'obtention qui a le plus de chances d'aboutir. Choisir des sujets bien racinés avec un chevelu important.

ENTRETENIR

Ensoleillement. Les *Prunus* demandent une exposition ensoleillée.

Température. Ils aiment la chaleur et redoutent le froid et le gel. Les protéger en hiver dès que la température approche 5 à 7 °C.

Ventilation. Ils résistent au vent, aiment les situations aérées. Ce sont des arbres de haie.

Céramique. Préférer une coupe moyennement profonde, avec un bel émaillage extérieur qui mette les fleurs en valeur.

Nettoyage. Retirer les fleurs fanées. Après la chute des feuilles, nettoyer le sol des feuilles mortes. Enlever les rejets de la base du tronc.

Croissance. Rapidité moyenne.

Rempotage. Tous les ans, au printemps, après la floraison. Tailler environ un tiers des racines et replanter dans un pot de dimension supérieure au précédent, si nécessaire. Les *Prunus* demandent un bon drainage.

Terre. Mélanger 40 % de terre végétale, 40 % de terreau et 20 % de sable de rivière. Les *Prunus* n'ont pas d'exigences particulières ; il leur faut un sol normal, au pH neutre.

Taille.
- *Taille des pousses.* Faire un léger pinçage avant la floraison. Pincer les bourgeons trop abondants, les départs inutiles et les rameaux pour éviter qu'ils ne s'allongent trop.
- *Taille des rameaux.* Après la floraison, raccourcir les rameaux pour une croissance fine des branches et pour éviter que ces dernières ne se cassent en hiver. Cette taille permet une belle floraison au printemps suivant.
- *Taille des branches.* Après la floraison et avant l'apparition ou le durcissement des feuilles, faire une bonne taille de structure, courte, et couper les branches disgracieuses. Mastiquer si besoin.
- *Taille des feuilles.* La défoliation est généralement inutile, les *Prunus* ayant de petites feuilles.

Ligaturage. Poser le fil à la fin du printemps et le retirer en automne. Protéger l'écorce avec du raphia et agir délicatement, les branches étant très cassantes. Favoriser la formation par les tailles, la suspension de poids et le serre-joint.

LES STYLES

Cerisier (Prunus subhirtella).
Âge = 30 ans. Hauteur = 65 cm.
Style « Sabamiki ». Photo : avril.

LES ESPÈCES

Prunus « Accolade ». Cerisier à fleurs. Arbre pouvant atteindre 5 mètres de haut, au port étalé, au feuillage caduc, ovale acuminé, denté, vert sombre puis jaune en automne. Les fleurs rose tyrien sont pendantes et éclosent en avril.

Prunus cerasifera. Prunier d'ornement par excellence. Cet arbuste serait originaire de Perse. De port dressé, il peut atteindre de 7 à 10 mètres. Sa cime est arrondie, ses rameaux sont pourpres. Le feuillage, caduc, alterne, ovale, est rouge au printemps, pourpre en été, et pâlit en automne. Les bourgeons roses donnent des fleurs blanches ou roses selon la variété, en mars-avril. Les rares fruits, petits, rouge bordeaux, ronds, mûrissent en août-septembre.

Prunus subhirtella. Cerisier à fleurs originaire du Japon. À l'état sauvage, il atteint environ 25 à 30 mètres, mais en culture il ne dépasse pas les 10 mètres. Arbre au tronc épais, très ramifié, aux branches étalées, aux rameaux grêles, qui porte des feuilles caduques, vert clair, ovales et dentées, devenant jaune orangé à l'automne. Les fleurs blanc rosé éclosent en fin d'hiver et au printemps. Les fruits, rouge très sombre, sont petits et rares. Il existe de nombreux hybrides de cette variété à la très grande longévité.

Arrosage. Bien mouiller le *Prunus* lors de l'arrosage. Laisser le sol absorber toute l'humidité avant d'arroser à nouveau. L'arrosage doit être plus fréquent lorsque l'arbre bourgeonne et en été. Diminuer en période de floraison.

Vaporisation. Bassiner en été, mais jamais en plein soleil, ni lorsque le *Prunus* est en fleur.

Engrais. Faire un apport d'engrais organique à décomposition lente, de la fin de la floraison à la fin de juin et de début septembre à fin novembre, une fois par mois, sur le sol. Augmenter la dernière dose automnale pour préparer l'arbuste à l'hiver. Rajouter du phosphate en automne.

DIAGNOSTIQUER ET SOIGNER

PARASITES

Le *Prunus « Accolade »* est résistant aux attaques de parasites.

Scolytes. Voir p. 34.

Bombyx (chenilles). Voir p. 33.

Tordeuses (chenilles). Voir p. 33.

Cochenilles diaspines et lécanines. Voir p. 33.

Araignée rouge. Voir p. 32.

MALADIES

Rouilles. Voir p. 35.

Pourriture. Voir p. 35.

Oïdium. Voir p. 34.

Galle du collet ou Crown gall.
SYMPTÔMES. Excroissance en forme de chou-fleur, d'abord molle et blanche, puis brune et craquelée, sur le collet et les racines supérieures. Pourriture mettant la vie de l'arbre en péril. Possibilité de tumeurs secondaires.
REMÈDES. Attention aux blessures lors des soins, et aux insectes. Utiliser des outils désinfectés. Supprimer les tumeurs ; cureter, appliquer une solution à base d'alcool et de sodium. Passer sur le sol une bouillie à base de fongicides organomercurés.

Maladie criblée.
SYMPTÔMES. Taches marron bordées de rouge sur le feuillage, qui sèche, se perfore et tombe. Les rameaux sont tachés et déformés.
REMÈDES. Tailler les rameaux malades. En avril-mai, utiliser des fongicides de synthèse.

Prunus amygdalus

AMANDIER

À fleurs et à fruits. Famille des Rosacées. Originaire des montagnes de l'Asie centrale et occidentale, c'est un arbre d'environ 12 mètres, au tronc épais, aux branches noueuses, divisées, coudées, aux feuilles vertes, luisantes, oblongues, finement dentelées. Les fleurs apparaissent avant les feuilles, parfois en décembre-janvier, plus souvent en février-mars. Elles sont blanches, rose clair ou rose tyrien. Les fruits sont gris-vert, avec deux graines : les amandes, comestibles chez les arbres cultivés *(P. sativa)*, mais toxiques chez les arbres sauvages *(P. amara)*.

CRÉER

Par semis. Récolter la graine en automne. La stratifier dans un endroit sec et la semer au printemps. Protéger du gel la première année.

Par marcottage aérien. En mai, juin et juillet.

Par greffage.
- *Greffe en écusson.* En été. Laisser la greffe toute l'année sans intervenir. Rabattre la tige d'un an à la fin de l'hiver. L'œil supérieur d'où part le prolongement du tronc doit être situé du côté opposé au point de greffe, pour pouvoir atténuer la courbe éventuelle et la boursouflure par la suite. Rabattre l'œil sous l'œil supérieur, qui devient un gourmand en se développant.

Par jeunes plants de pépinière.
/Voir 1re partie./

ENTRETENIR

Ensoleillement. L'Amandier aime le plein soleil et la lumière.

Température. L'Amandier aime la chaleur et craint le froid. Il faut le protéger en hiver.

Ventilation. Supporte le vent.

Céramique. Choisir une coupe relativement profonde, car il aime les sols profonds.

Nettoyage. Retirer tous les rejets qui partent du tronc. Enlever les fleurs fanées de l'arbre.

Croissance. Lente.

Rempotage. Tous les ans, soit au début du printemps, soit après la floraison, tailler un bon tiers du chevelu des racines et remettre dans un pot de dimension supérieure au précédent.

Terre. La moitié de terre végétale et la moitié de terreau. L'Amandier se développe bien dans des sols calcaires, secs et profonds.

Taille.
- *Taille des rameaux.* Après que les fleurs fanent et avant que les pousses ne durcissent, tailler avec des ciseaux les rameaux à 2 ou 3 yeux.
- *Taille des branches.* Laisser les branches à croissance lente, qui ont déjà les bourgeons de l'année suivante, et tailler les longues branches à la fin de l'été. En octobre, retailler légèrement toutes les branches de l'arbre.

Taille des rameaux.

Ligaturage. Au printemps et en été. Veiller, en plaçant le fil de cuivre, à ne pas blesser l'arbre et à ne pas arracher les futurs boutons floraux.

Arrosage. Arroser plus abondamment juste avant la floraison, et réduire l'arrosage pendant que l'arbre est en fleur.

LES STYLES

Amandier (Prunus amygdalus « Amento »).
Âge = 10 ans. Hauteur = 35 cm.
Style « Tachiki ». Photo : avril.
On peut admirer l'éclatante floraison, laquelle, s'il y a pollinisation, donnera de beaux fruits.

Vaporisation. Ne pas bassiner l'arbre quand il est en fleur. Après la floraison, le bassiner tandis qu'on l'arrose.

Engrais. Au printemps et en automne, engrais organique à décomposition lente. Ne pas donner d'engrais à un arbre en fleur. Augmenter un peu la dose à la fin de l'automne, pour préparer l'arbre à à l'hiver et lui permettre une belle floraison, toujours précoce dans la saison.

Amandier (Prunus amygdalus « Amento »).
Ce détail, photographié en juin, montre les jeunes fruits. Ces petites « pêches de vigne » arrivent à maturité fin août-début septembre, sans que soit modifiée la couleur verte de leur peau. Elles sont délicieuses.

DIAGNOSTIQUER ET SOIGNER

PARASITES

Cochenilles diaspines et lécanines. Voir p. 33.

Tordeuses (chenilles). Voir p. 33.

Araignée rouge. Voir p. 32.

MALADIES

Pourriture. Voir p.35.

Rouilles. Voir p. 35.

Tavelure.
SYMPTÔMES. Taches grises bordées de rouge sur le feuillage, les fruits et les boutons floraux. Fleurs et fruits sèchent et avortent.
REMÈDES. Tailler les feuilles et les rameaux malades. Pulvériser des fongicides à base de zinèbe.

ABRICOTIER

À fleurs et à fruits. Famille des Rosacées. Originaire de Chine et de Corée, très cultivé au Japon, cet arbre d'environ 12 mètres a une cime arrondie, une écorce gris-vert, un feuillage ovale, caduc, finement dentelé. Les fruits jaunes ou verdâtres sont peu comestibles. De février à avril, il porte des fleurs blanches, rose clair ou foncé, ou rouges. La variété 'Rosa plena' fleurit en février-mars.

CRÉER

Par bouturage. Au printemps, tailler un rameau d'un an, l'étêter et le planter dans une bonne terre de jardin allégée avec du sable. L'année suivante, mettre cette nouvelle pousse en pot et la tailler. Recommencer pendant 2 ou 3 ans.

Par marcottage aérien. Au printemps. /Voir 1re partie./

Par greffage. En été, greffe en écusson. /Voir 1re partie./

ENTRETENIR

Ensoleillement. L'Abricotier aime le plein soleil.

Température. L'Abricotier aime la chaleur. Il craint le gel pour ses branches, mais supporte le froid.

Ventilation. Cet arbre a besoin d'être exposé dans un endroit aéré.

Céramique. Choisir une coupe moyennement profonde, avec un bel émaillage qui mette en valeur les fleurs de l'arbre.

Nettoyage. Retirer l'excès de fruits pour ne pas fatiguer l'arbre. En automne, après la chute des feuilles, bien retirer toutes les feuilles mortes. Enlever les départs du tronc.

Croissance. Rapide et vigoureuse.

Rempotage. Tous les ans, au printemps, après la floraison. Tailler 1/3 des racines et replanter l'Abricotier dans un pot de dimension supérieure au précédent. Un bon drainage est nécessaire.

Terre. Mélange, à parts égales, de terre végétale et de terreau. On peut adjoindre un peu de sable au mélange terreux. L'Abricotier aime les sols calcaires, secs et profonds.

Taille.
• *Pinçage.* Pincer les nouveaux bourgeons trop abondants et les départs inutiles dès leur apparition. Pincer les départs sur les rameaux pour éviter que les branches ne s'allongent trop. Le pinçage s'effectue juste avant que les feuilles ne durcissent.

LES ESPÈCES

***Prunus mume* 'Rosa plena'.** Cultivar qui donne des fleurs doubles, roses, s'épanouissant très tôt, dès la fin de l'hiver. C'est à l'ingénieur français Alphand que ce cultivar, appelé parfois *Prunus alphandii*, doit son nom.

Abricotier (Prunus mume).
Âge = 7 ans. Hauteur = 10 cm.
Style « Tachiki ». Photo : juin.

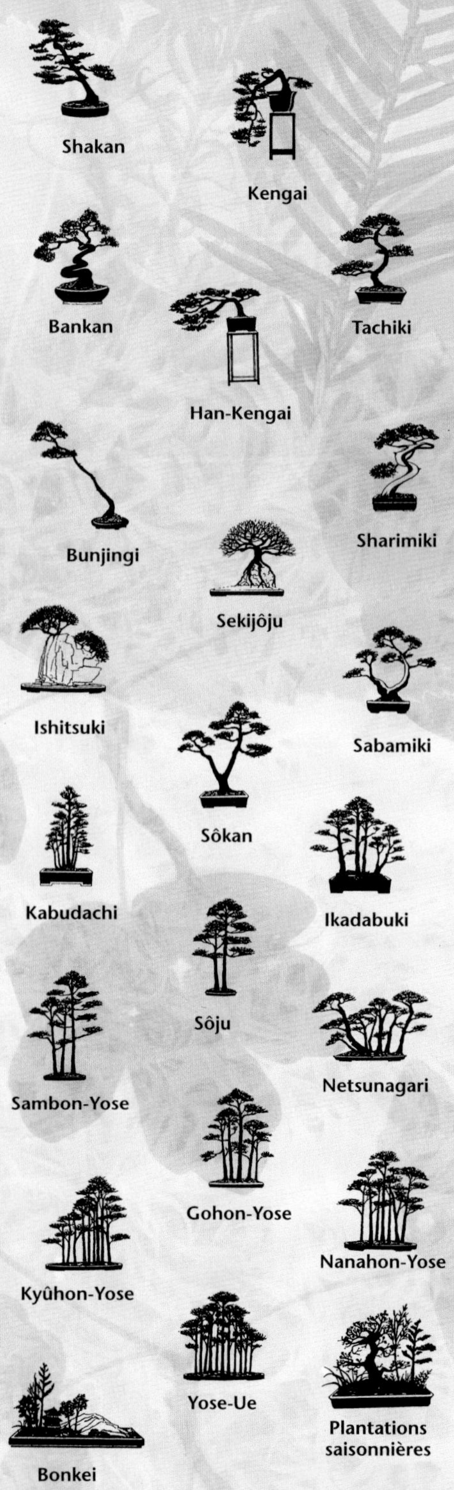

LES STYLES

Abricotier (Prunus mume).
Âge = 120 ans.
Style « Sharimiki ».
Photo : juin.
Remarquable spécimen dont le tronc, en partie mort, a été sculpté, ciselé, pour le faire paraître encore plus vieux.

• *Taille des rameaux.* Pincer l'extrémité des rameaux de façon ordonnée pour que les branches poussent fines et ne se cassent pas en hiver, et qu'elles donnent des fleurs au printemps suivant. La taille des rameaux se fait après la floraison. Pour obtenir de bons résultats, il faut un travail très minutieux.
• *Taille des branches.* Lors du rempotage, examiner la silhouette de l'arbre et tailler les branches inutiles. Tailler une fois par an, en ne laissant que 2 ou 3 feuilles par branche après la floraison.

Ligaturage. De la fin du printemps à l'automne. Protéger les branches cassantes avec du raphia. Il n'est pas toujours nécessaire d'enrouler les branches avec du fil de cuivre. On peut les diriger par suspension de poids et former le tronc à l'aide du serre-joint, cela de concert avec la taille.

Arrosage. Dès que la surface de la terre est sèche. Arroser abondamment lorsque l'Abricotier bourgeonne, et en été.

Vaporisation. Ne pas bassiner l'Abricotier quand il est en fleur. Lors des arrosages de l'été, mouiller le feuillage. Ne jamais bassiner en plein soleil.

Engrais. Après la floraison et jusqu'à l'automne, donner à l'Abricotier un engrais organique à décomposition lente. Après la floraison et avant juillet, donner de préférence de l'engrais liquide. En automne, donner de l'engrais solide ou en poudre. Ne pas donner d'engrais à un arbre malade.

DIAGNOSTIQUER ET SOIGNER

PARASITES

Scolytes. Voir p. 34.

Bombyx (chenilles). Voir p. 33.

Tordeuses (chenilles). Voir p. 33.

Cochenilles diaspines et lécanines. Voir p. 33.

Araignée rouge. Voir p. 32.

MALADIES

Rouilles. Voir p. 35.

Pourriture. Voir p. 35.

Crown gall ou galle du collet.
SYMPTÔMES. Excroissance en forme de chou-fleur, d'abord molle et blanche, puis brune et craquelée, sur le collet et les racines supérieures. Pourriture mettant en péril la vie de l'arbre. Possibilité de tumeurs secondaires.
REMÈDES. Attention aux insectes et aux blessures lors des soins. Désinfecter les outils. Supprimer les tumeurs. Cureter. Appliquer une solution d'alcool et de sodium. Passer sur la terre une bouillie à base de fongicides organo-mercurés.

Oïdium. Voir p. 34.

Maladie criblée.
SYMPTÔMES. Taches marron bordées de rouge sur le feuillage, qui sèche et tombe après s'être perforé. Rameaux tachés et déformés.
REMÈDES. Tailler les rameaux malades. En avril-mai, utiliser des fongicides de synthèse.

GRENADIER

À fleurs et à fruits. Famille des Punicacées. Originaire d'Asie orientale et occidentale et du pourtour du bassin méditerranéen, le Grenadier est aujourd'hui cultivé jusqu'au sud des États-Unis et en Amérique du Sud. Ce genre ne comprend que 2 espèces aux feuilles caduques, le *Punica protopunica* et le *Punica granatum*.

CRÉER

Par semis. Récolter les fruits mûrs. Les laisser pourrir. Recueillir les graines à l'intérieur. Les laver. Les sécher. Les stratifier dans du sable et semer au printemps, au chaud. Le semis est valable seulement dans le midi de la France.

Par bouturage. En juin-juillet. Toujours bien humidifier la bouture et l'aérer. Empoter au printemps suivant. Protéger du froid et du gel.

Par marcottage aérien. Au printemps. /Voir 1re partie/.

Par jeunes plants de pépinière. /Voir 1re partie/.

LES ESPÈCES

Punica protopunica **et** ***Punica granatum.*** Le ***Punica granatum*** est un arbuste cultivé pour ses fleurs ou pour ses fruits. Il atteint 7 mètres. Il a un port irrégulier, des branches légèrement épineuses, des rameaux grêles, des feuilles caduques, oblongues, luisantes et glabres. De juin à septembre, il porte des fleurs aux pétales chiffonnés, rouge écarlate. En septembre-octobre, il porte des fruits jaune orangé ou rougeâtres, renfermant plusieurs graines comestibles.

ENTRETENIR

Ensoleillement. Le Grenadier aime le plein soleil et a besoin de lumière. L'exposer à la mi-ombre en plein été.

Température. Le Grenadier craint le froid et le gel. Semblable aux arbres d'orangerie, il aime la chaleur.

Ventilation. Ne craint pas le vent. A besoin d'un emplacement aéré.

Céramique. Des pots moyennement profonds sont préférables.

Nettoyage. Retirer quelques fleurs des branches trop chargées : si l'arbre donne des fruits, les enlever avant qu'ils ne tombent tout seuls, pour ne pas fatiguer l'arbre.

Croissance. Assez rapide lorsque l'arbre est jeune.

Rempotage. Tous les ans ou tous les 2 ans, au printemps, quand les feuilles commencent à s'ouvrir, tailler un bon tiers des racines du Grenadier et remettre dans un pot de dimension supérieure au précédent.

Terre. Mélange, à parts égales, de terre végétale et de terreau. On peut apporter du sable au mélange terreux. Aime les terres argileuses.

Taille.
- *Pinçage.* Au début du printemps et à la fin de l'automne, rabattre les départs à 2 yeux.
- *Taille des rameaux.* Après la floraison, tailler les rameaux en ne laissant que 2 yeux. Laisser grandir. Lorsque le rameau atteint environ 8 centimètres, retailler en ne laissant qu'un œil.

Ligaturage. Ligaturer de la fin du printemps à l'été. Protéger les branches cassantes avec du raphia. Recommencer tous les ans.

Arrosage. Un bon drainage est nécessaire. Arroser abondamment en été, légèrement en hiver. Ne pas laisser l'arbre se dessécher.

LES STYLES

Grenadier (Punica granatum).
Âge = 20 ans. Hauteur = 25 cm.
Style « Tachiki ».
Photo : juin.

Vaporisation. Bassiner l'arbre en dehors de la période de floraison. Si possible, l'exposer à la rosée nocturne.

Engrais. Au printemps, donner un engrais organique à décomposition lente. Lors de la floraison, en automne, apporter un peu d'engrais liquide.

DIAGNOSTIQUER ET SOIGNER

PARASITES

Pucerons verts. Voir p. 33.

Araignée rouge. Voir p. 32.

MALADIES

Rouilles. Voir p. 35.

Oïdium. Voir p. 34.

Tavelure.
SYMPTÔMES. Apparition de lésions brunes chancreuses sur les rameaux. Les feuilles, tachées de noir, jaunissent et tombent. Les fruits, nécrosés et noirs, se craquellent.
REMÈDES. Tailler les feuilles jaunes. Retirer les fruits malades. Tailler les rameaux malades. Pulvériser des bouillies à base de cuivre ou de zirame.

PYRACANTHA

À fleurs et à fruits. Famille des Rosacées. Cinq espèces sont originaires d'Asie. La sixième *(Pyracantha coccinea)* est originaire d'Europe et ressemble beaucoup au Cotonéaster. Le Pyracantha tire son nom de ses branches épineuses et de ses fruits couleur feu.

CRÉER

Par semis. Récolter les graines peu avant leur maturité et les semer en pleine terre. La germination a lieu au printemps suivant. On peut aussi stratifier les graines une année et semer au printemps suivant. La germination est capricieuse, et les arbres obtenus à partir de graines mettent cinq ans avant de donner des fleurs et des fruits.

Par bouturage. Au début de l'été, prélever les rameaux porteurs de fruits en hiver. Les étêter et les planter. Le racinage est rapide. Rempoter au printemps suivant.

LES ESPÈCES

Pyracantha angustifolia. D'origine chinoise, c'est un arbuste de 4 mètres environ, de forme étalée, parfois prostrée. Ses feuilles semi-persistantes, oblongues, peuvent être légèrement dentées à la pointe, vert foncé et brillantes au-dessus, grisâtres en dessous. Il fleurit en mai-juin. Les fruits présents à partir d'octobre, rouge brique à orange, tiennent tout l'hiver, jusqu'en mars.

Pyracantha (Pyracantha angustifolia).
Âge = 12 à 25 ans. Hauteur = 60 cm. Style « Yose-Ue ». Photo : août-septembre.

LES STYLES

Pyracantha (Pyracantha angustifolia).
Âge = 15 ans. Hauteur = 25 cm.
Style « Nejikan ». Photo : mai.

Par marcottage. Au printemps. Préférer le marcottage simple, en gardant la terre bien humide.

Par jeunes plants de pépinière. /Voir 1re partie./

Croissance. Elle est plus rapide en pleine terre. En pot, elle est assez lente.

Rempotage. Au printemps, tous les 2 ans. Tailler les racines et remettre dans un pot de dimension supérieure au pot précédent. Attention, la transplantation est difficile. Penser à garder un peu de l'ancienne terre pour obtenir une meilleure reprise des racines.

Terre. Mélange, à parts égales, de terre végétale et de terreau. Le Pyracantha aime les sols profonds, frais, légers et meubles. Il lui faut un bon drainage.

Taille.
• *Taille des rameaux.* Après la floraison, et avant que les nouvelles pousses ne durcissent, tailler aux ciseaux les rameaux (en été). En automne, retailler les pousses tardives.
• *Taille des branches.* À la fin de l'hiver, raccourcir les branches en vue de former l'arbre.

Ligaturage. Le Pyracantha peut se ligaturer toute l'année. Éviter d'enrouler le fil lorsque les nouvelles branches sont molles. Ne pas laisser ce fil de cuivre plus de 6 mois sur l'arbre.

Arrosage. Abondant avant et après la floraison. Le Pyracantha, s'il est bien drainé, demande beaucoup d'eau.

Vaporisation. Lors des arrosages d'été, on peut bassiner le feuillage. Mais ne jamais bassiner lorsque l'arbre est en fleur et porte des fruits.

Engrais. Au printemps, donner de l'engrais liquide avant la floraison. En automne, donner de l'engrais organique à décomposition lente une fois par mois.

ENTRETENIR

Ensoleillement. Le Pyracantha aime la lumière et ne craint pas le plein soleil. On peut toutefois le placer à la mi-ombre en plein été.

Température. Le Pyracantha aime la chaleur et craint le gel. Ses régions préférées sont le Sud-Est, le littoral du Sud-Ouest et le sud de la Bretagne.

Ventilation. Supporte le vent, mais à condition d'être arrosé abondamment.

Céramique. Planter dans un pot moyennement profond et émaillé.

Nettoyage. Retirer toutes les feuilles jaunes pour éviter les parasites. Si les fruits sont trop nombreux, les enlever après fructification.

DIAGNOSTIQUER ET SOIGNER

PARASITES

Pucerons verts. Voir p. 33.

Pucerons lanigères. Voir p. 34.

Cochenilles virgules. Voir p. 33.

Hyponomeutes (chenilles). Voir p. 33.

MALADIES

Tavelure.
SYMPTÔMES. Apparition de lésions brunes chancreuses sur les rameaux. Les feuilles, tachées de noir, jaunissent et tombent. Les fruits, nécrosés et noirs, se craquellent.
REMÈDES. Tailler les feuilles jaunes. Retirer les fruits malades. Tailler les rameaux malades. Pulvériser des bouillies à base de cuivre ou de zirame.

Feu bactérien.
SYMPTÔMES. Les nouvelles pousses et les boutons floraux noircissent et se dessèchent, comme brûlés. Les parties malades se recroquevillent. Apparition d'un champignon blanc-beige qui suinte.
REMÈDES. Tailler et brûler les rameaux malades. Désinfecter les outils. Éviter les engrais azotés et les terres trop humides. Utiliser des fongicides cupriques au début de la floraison et en période de végétation.

CHÊNE

Caduc. Famille des Fagacées. Originaire des zones tempérées de l'hémisphère Nord, des tropiques, d'Amérique du Sud (Colombie) et du Sud-Est asiatique. On compte 250 espèces.

CRÉER

Par semis. Récolter les glands mûrs pour la plupart en octobre. Les faire sécher un peu en les retournant de temps en temps. Puis les conserver en silos (comme des pommes de terre) ou dans un sable très légèrement humide. Semer en mars-avril, après les gelées, à 6 centimètres de profondeur. La germination a lieu en 6 semaines. Lorsque les graines ont levé, les protéger des oiseaux. Rempoter au printemps suivant.

Par bouturage. Choisir des rameaux de 1 à 3 ans. Tremper des boutures dans une hormone d'enracinement. Maintenir les boutures au chaud tant qu'elles n'ont pas raciné.

Par marcottage aérien. Procédure habituelle. /Voir 1re partie/. Envelopper la marcotte d'une double feuille plastique, face intérieure en polyéthylène et face exté-

Chêne rouvre (Quercus robur).
Âge = 30 ans. Hauteur = 90 cm.
Style « Tachiki ». Photo : mai.

LES ESPÈCES

Quercus pedonculata. Chêne blanc qui mesure 40 mètres de haut. Il vit au moins 400 ans et peut être millénaire. Le tronc droit, épais et court se divise en grosses branches sinueuses, coudées, épaisses. Sommet irrégulier. Feuillage caduc en touffes, avec 4 ou 5 paires de lobes avec deux oreillettes à la base, vert foncé, légèrement bleuté, glabre. Les glands sont mûrs en automne.

Quercus robur. Chêne noir qui atteint 40 mètres. Tronc droit, cylindrique, avec une flèche. Branches moins sinueuses. Le feuillage est homogène avec 7 ou 8 paires de lobes, arrondi à l'extrémité, sans oreillette à la base, vert clair, luisant, roux à l'automne. Il peut rester attaché à l'arbre en hiver. Les glands sont mûrs à la fin de l'automne.

Quercus pubescens. Ne dépasse pas 20 mètres de haut. Tronc court, tortueux, sommet irrégulier : longévité moins grande. Feuillage caduc aux lobes irréguliers, face inférieure grise, feuilles marcescentes. Glands globuleux portés par un pédoncule.

LES STYLES

rieure en aluminium, ce qui réduit la déperdition et maintient plus de chaleur.

Par jeunes plants de pépinière. Choisir des sujets dont la racine pivotante n'est pas trop profonde et le système radiculaire bien développé. /Voir 1re partie./

Ligaturage. Si nécessaire, ligaturer le Chêne du printemps à l'automne. Mais façonner le plus possible la silhouette en taillant.

Arrosage. Bien arroser au printemps et en été et laisser sécher la terre entre deux arrosages. Un bon drainage est nécessaire. La terre peut être humide en surface.

Vaporisation. Bassiner en été : l'eau nettoie les feuilles de la pollution et limite les risques d'éventuelles attaques de parasites.

Engrais.
Au printemps et en automne, penser à donner un engrais organique à décomposition lente.

ENTRETENIR

Ensoleillement. Le Chêne pédonculé a besoin de beaucoup de lumière, alors que le Chêne rouvre est davantage un arbre de futaie et doit être placé à la mi-ombre en été. Placer de préférence le Chêne pubescent au nord, mais à la lumière. Emplacement à la mi-ombre en été.

Température. Résiste au gel et aime la chaleur. Redoute les gelées tardives. Le Chêne rouvre aime les climats doux et humides.

Ventilation. Supporte le vent.

Céramique. La racine maîtresse s'enfonce profondément : choisir une coupe profonde.

Nettoyage. Si au printemps, lors de la sortie des nouvelles feuilles, il subsiste de vieilles feuilles sèches, les retirer délicatement. Ne pas laisser les mousses envahir la base des racines et du tronc.

Croissance. Le Chêne rouvre grandit moins vite que le Chêne pédonculé, qui, comme le Chêne pubescent, a déjà une croissance lente.

Rempotage. Au printemps, tous les 3 ans, dans un pot de dimension supérieure au précédent. Tailler la moitié du chevelu des racines. Attention à ne pas blesser le pivot, qu'il faut réduire chez les jeunes sujets.

Terre. 1/3 de terre végétale, 1/3 de sable de rivière et 1/3 de terreau. Le Chêne rouvre s'épanouit dans une terre meuble bien drainée et relativement sèche. Le Chêne pubescent pousse dans une terre sèche, calcaire, peu fertile. En général, sol fertile, profond, terrain de bois.

Taille.
• *Taille des pousses.* Laisser démarrer les boutons. Les couper aux ciseaux dès qu'ils fanent et, en été, avant que les nouvelles pousses ne soient aoûtées.
• *Taille des rameaux.* Réduire en coupant avec des ciseaux : ne laisser qu'une ou deux paires de feuilles. Couper quand les rameaux ont émis 4 ou 5 paires de feuilles.
• *Taille de structure.* Avant le départ de la végétation, supprimer les branches qui s'entrecroisent.

DIAGNOSTIQUER ET SOIGNER

PARASITES

Hannetons.
SYMPTÔMES. Racines rongées qui abritent des hannetons dans un nid. Feuilles découpées et mangées.
REMÈDES. Répandre des insecticides sur la terre en automne pour détruire les larves. Au printemps, pulvériser des insecticides contre les adultes.

Buprestes.
SYMPTÔMES. Écorce perforée d'où partent des galeries. Branches desséchées. Présence de coléoptères gris-argent.
REMÈDES. Tailler puis détruire les branches envahies.

Scolytes. Voir p. 34.

Capricornes.
SYMPTÔMES. Écorce perforée d'où partent des galeries. Branches desséchées. Présence de coléoptères bruns.
REMÈDES. Tailler puis détruire les branches envahies.

Lucanes.
SYMPTÔMES. Tronc rongé par de gros vers blancs. Présence possible de coléoptères bruns. Ces insectes n'attaquent que les arbres qui vont mourir.
REMÈDES. Aucun.

Orchestes.
SYMPTÔMES. Feuillage rongé par des larves et limbe rongé par des coléoptères.
REMÈDES. Pulvériser des insecticides.

Cossus (chenilles). Voir p. 33.

Bombyx et processionnaires (chenilles). Voir p. 33.

Géomètres (chenilles). Voir p. 33.

Tordeuses (chenilles). Voir p. 33.

Mineuses (chenilles). Voir p. 33.

Pucerons. Voir p. 33.

Cynips.
SYMPTÔMES. Galles chevelues vert-rouge sur les tissus de l'arbre, habitées par des larves ; rondes en forme d'artichaut sur les rameaux.
REMÈDES. Tailler les rameaux envahis.

MALADIES

Fonte des semis.
SYMPTÔMES. Les bourgeons éclosent avec un champignon qui les fait s'affaisser. Pourriture humide au collet. L'arbre semble fondre en s'affaissant, puis meurt.
REMÈDES. Éviter une stagnation de l'eau, trop d'humidité. Placer l'arbre à l'air.

Oïdium. Voir p. 34.

Cloques.
SYMPTÔMES. Cloques vertes, puis brunes sur le feuillage. En cas d'attaque forte, les feuilles tombent.
REMÈDES. Pulvériser des fongicides à base de cuivre.

Chancre.
SYMPTÔMES. Au niveau des cicatrices et des fentes entre les ramifications, des plaies se creusent, se boursouflent et se craquellent ; les branches meurent. Les branches voisines développent des bourrelets de défense. Apparition de points rouges sur le bois.
REMÈDES. Tailler et détruire les rameaux malades. Cureter les chancres. Badigeonner les plaies avec un fongicide. Recouvrir de mastic cicatrisant. Pulvériser des bouillies à base de cuivre lors de la chute des feuilles.

Maladie du corail.
SYMPTÔMES. Un chancre sur les rameaux et les branches qui sèchent et meurent. Apparition de grains rouges sur les parties mortes.
REMÈDES. Tailler et détruire les rameaux malades. Traitement chimique déconseillé.

Taches foliaires. Voir p. 35.

Anthracnose.
SYMPTÔMES. Taches rousses irrégulières granuleuses sur le feuillage. Les jeunes rameaux se dessèchent.
REMÈDES. Pulvériser des bouillies à base de cuivre sur le feuillage.

Pourridié. Voir p. 35.

Chêne du Sud ou de Méditerranée

À fleurs et à fruits. Famille des Fagacées. Originaires du pourtour méditerranéen, ces espèces pédonculées ont un feuillage persistant ou subpersistant. Ce sont des arbustes qui peuvent vivre très longtemps.

Créer

Par semis. Stratifier dans de la terre glaise ou du charbon de bois, voire enrober de cire, puis semer les graines juste après leur maturité, les glands gardant peu de temps leur faculté germinative. Opérer au frais.

Par bouturage. Au chaud, choisir des rameaux latéraux, aoûtés. Les imprégner d'hormones d'enracinement et les planter dans une terre profonde et plutôt caillouteuse.

Par greffage. Surtout avec des cultivars.

Par jeunes plants de pépinière. C'est l'obtention qui a le plus de chances d'aboutir. Choisir des sujets bien racinés avec un chevelu important.

Entretenir

Ensoleillement. Demande beaucoup de lumière et le plein soleil toute l'année.

Température. A besoin de beaucoup de chaleur en été. Le Chêne kermès supporte un froid bref et peu vif en hiver, mais craint les froids longs en hiver. Les 2 autres espèces ne supportent pas le froid, et toutes redoutent le gel. À rentrer en pièce fraîche et lumineuse en hiver.

Ventilation. Résiste au vent, à l'air marin.

Céramique. Choisir un pot relativement profond, de forme ronde, ovale ou rectangulaire, de coloris s'harmonisant avec l'écorce et le feuillage.

Nettoyage. Retirer les feuilles jaunes de l'arbre, ainsi que celles qui sont sur le sol. Brosser le tronc 1 à 2 fois par an. Gratter la mousse qui grimperait sur le tronc.

Croissance. Très lente chez le Chêne vert, un peu moins chez le Chêne-liège et le Chêne kermès.

LES ESPÈCES

Quercus coccifera (Chêne kermès ou Garric). Petit arbre touffu dont l'écorce brune et lisse, puis grise et gercée, sert aux tanneurs et permet d'obtenir la teinture rouge. Rameaux pubescents, feuillage persistant, coriace, denté, vert foncé et brillant dessus. Le fruit, le gland, est inclus aux 2/3 dans une cupule globuleuse à écailles.
Quercus ilex (Chêne vert ou Yeuse). Arbre à l'écorce gris-vert, puis brun sombre en vieillissant, fissurée, au feuillage persistant, coriace, vert foncé, brillant et glabre dessus, grisâtre et duveteux au revers. Les fleurs jaunes, écloses en avril-mai, donnent en septembre-octobre des fruits comestibles : des glands rouge sombre, pointus, à demi enfermés dans une cupule grise.
Quercus suber (Chêne-liège). De silhouette trapue, cet arbre à l'écorce grise et crevassée donne du liège par démasclage. Le feuillage subpersistant, obovale, coriace, denté, est vert foncé et brillant dessus, grisâtre et couvert de duvet au revers. Les fleurs, des chatons, peuvent éclore une deuxième fois à l'automne. Les fruits comestibles, de gros glands allongés, enfermés pour moitié dans une cupule à écailles grises, fructifient irrégulièrement.

Rempotage. Tous les 2 à 3 ans, en avril, dans un sol sec, rocheux et profond. Les Chênes kermès et vert préfèrent les sols calcaires, et le Chêne-liège les redoute. Tailler un tiers des racines, et remettre dans un pot de dimension supérieure au précédent si nécessaire.

LES STYLES

Quercus coccifera (Chêne kermès).
Âge = 12 ans. Hauteur = 30 cm.
Style « Tachiki ».
Photo prise en automne.
On voit clairement que le gland n'est pas miniaturisé dans les mêmes proportions que l'arbre.

Terre.
• *Quercus coccifera :* 50 % de terre végétale, 20 % de terreau et 30 % de sable de rivière.
• *Quercus ilex :* 30 % de terre végétale, 30 % de terreau et 40 % de sable de rivière.
• *Quercus suber :* 60 % de terre végétale, 20 % de terreau et 20 % de sable de rivière.

Taille.
• *Taille des pousses.* Faire un léger pinçage au début du printemps.
• *Taille des rameaux.* Tailler les rameaux de mars à novembre, dans leur ensemble, dès qu'ils se sont longuement développés.
• *Taille des branches.* En fin d'hiver, faire une bonne taille de structure, courte, et couper les branches disgracieuses. Mastiquer si besoin.
• *Taille des feuilles.* La défoliation est généralement inutile, ce Chêne ayant de petites feuilles.

Ligaturage. Possible toute l'année sur des rameaux aoûtés. Ne pas laisser le fil de cuivre plus de 3 mois sur l'arbre. Si nécessaire, renouveler l'opération l'année suivante.

Arrosage. Abondant au moment de l'arrosage. Laisser le sol absorber toute l'humidité avant d'arroser à nouveau. Ce Chêne préfère des sols secs et arides et ne demande pas trop d'humidité, mais il ne faut pas pour autant le laisser mourir de soif.

Vaporisation. En été, vaporiser autour du feuillage pour donner à l'air le taux d'humidité nécessaire. En automne et en hiver, supprimer les vaporisations si l'arbre est dans une pièce fraîche. Le Chêne-liège demande une humidité ambiante plus élevée.

Engrais. Faire un apport d'engrais organique à décomposition lente, de début mars à fin juin et de début septembre à fin novembre, toutes les 3 semaines, sur le sol. Augmenter la dernière dose automnale pour préparer l'arbuste à l'hiver.

DIAGNOSTIQUER ET SOIGNER

PARASITES

Voir *Quercus* - chêne p. 158.

MALADIES

Galles.

SYMPTÔMES. Les feuilles présentent des tumeurs sur la nervure principale, ce qui entraîne une crispation du limbe. Les tiges portent des tumeurs rondes, brunes et rugueuses. Les fleurs et les fruits avortent.

REMÈDES. Couper et brûler les parties malades. Désinfecter les outils. Éviter les excès d'eau et les mauvaises conditions de culture.

RHAPIS

Persistant. Famille des Palmacées ou Arécacées. Origine tropicale. Genre renfermant environ cinq espèces de Palmiers nains. Les tiges, nombreuses, dressées et grêles, en touffes assez compactes, rappellent les Roseaux. Des rejets apparaissent à la base. Les fleurs sont jaune pâle à pédoncule, les fruits, monospermes et obovoïdes, les feuilles, alternes, pétiolées, découpées en trois et très nervurées. Une gaine fibreuse entoure le tronc, tel un filet.

CRÉER

Par division des touffes. Toute l'année en serre ; ou au printemps.

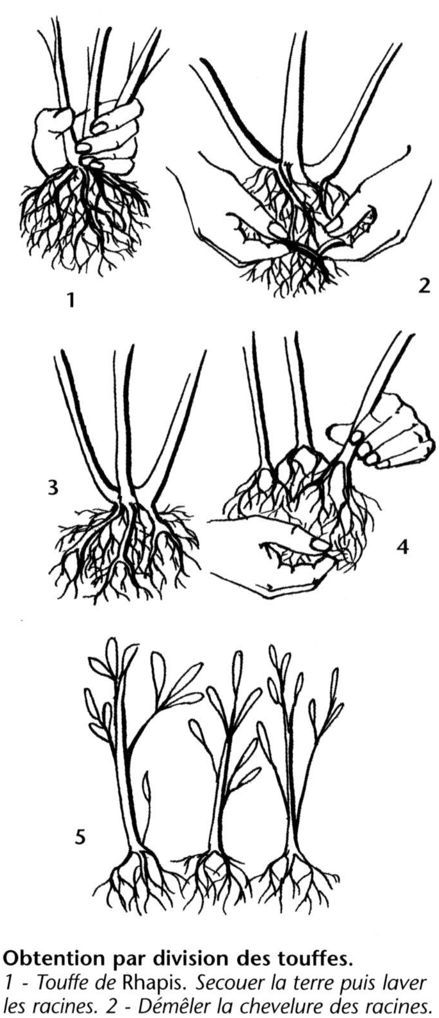

Obtention par division des touffes.
1 - Touffe de Rhapis. *Secouer la terre puis laver les racines. 2 - Démêler la chevelure des racines. 3 - Isoler les racines se rapportant à chaque tronc. 4 - Tirer pour séparer les troncs ; sectionner si nécessaire. 5 - Chaque* Rhapis *pourra être planté dans un pot individuel.*

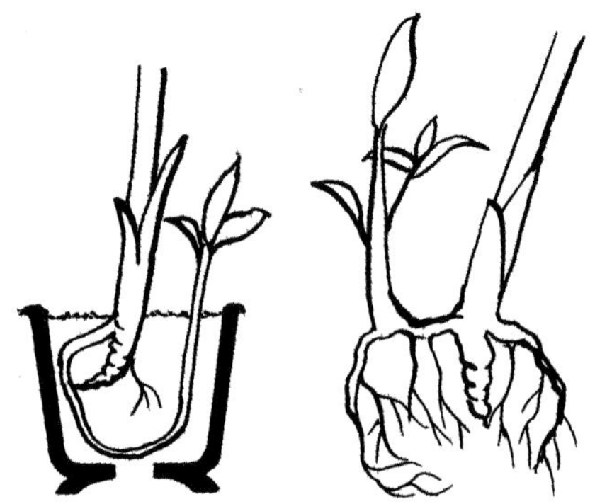

Développement radiculaire et nouveaux troncs.

Par séparation des rejets latéraux.

Par semis. Mais il est difficile de se procurer des graines.

ENTRETENIR

Ensoleillement. Le Rhapis supporte la lumière, mais il préfère les pièces plus sombres et croît facilement dans des emplacements peu lumineux.

Température. Le Rhapis aime la chaleur. L'hiver, la température ne doit pas descendre en dessous de 17 °C.

Ventilation. Attention aux courants d'air. Aérer régulièrement la pièce.

Céramique. Choisir un pot plat ou de profondeur faible à moyenne. Les céramiques peuvent être non émaillées, dans les tons de brun, ou émaillées. Dans ce dernier cas, elles sont, le plus souvent, bleu cobalt.

Nettoyage. Tailler la pointe des feuilles lorsqu'elle jaunit beaucoup, mais celle-ci continuera à jaunir. En la découpant, lui conserver sa forme initiale (ne pas couper droit). Retirer les rejets si on ne désire pas

LES STYLES

Rhapis (Rhapis humilis). *Âge = 10 ans.*
Hauteur = 25 cm. Style « Kabudachi ».
Photo : décembre.

LES ESPÈCES

Rhapis humilis. Originaire du Japon. Les tiges atteignent 1 mètre à 1,50 mètre. Port élégant. Les feuilles vert foncé, persistantes, sont découpées en 7 à 10 segments étalés.

Rhapis excelsa. Originaire de Chine. Des palmes en éventail sur des cannes semblables à celles des Bambous (au moins 3 mètres). Les tiges, minces et denses, sont tissées de fibres rêches, formant des touffes. Les feuilles, d'un vert brillant, sont divisées en 3 à 10 larges segments.

Rhapis excelsa « variegata ». C'est un cultivar japonais au feuillage segmenté vert bordé d'ivoire.

obtenir une forêt. Nettoyer les feuilles avec une éponge humide.

Croissance. Lente tout au long de sa vie.

Rempotage. Tous les 3 ans, au printemps (mars-avril). Tailler la moitié des racines et disposer dans un pot de dimension supérieure au précédent.

Terre. 1/4 de terre végétale, 1/4 de terreau, 1/4 de terre de bruyère et 1/4 de sable de rivière. Le Rhapis n'a aucune exigence particulière. La terre doit être une bonne terre franche additionnée de sable et de terreau, voire de tourbe.

Taille. Si l'on veut raccourcir un Rhapis, on peut tailler la tige principale, mais uniquement si des rejets latéraux sont apparus. Hormis de cette façon, le Rhapis ne se taille pas.

Ligaturage. Il n'y en a pas.

Arrosage. Demande peu d'eau. Plus son emplacement est sombre, moins il faut arroser. Garder la terre assez sèche, sans toutefois la laisser se dessécher.

Vaporisation. Vaporiser autour du feuillage tous les jours, en brumisation légère, pour apporter à l'arbre l'humidité ambiante dont il a besoin.

Engrais. Au printemps et à l'automne, donner un peu d'engrais organique à décomposition lente.

DIAGNOSTIQUER ET SOIGNER

PARASITES

Araignée jaune. Voir p. 32.

Thrips.
SYMPTÔMES. Le feuillage présente des plages grises, plus ou moins desséchées. Le limbe, mordu, sèche. Présence d'insectes brun-jaune.
REMÈDES. Pulvériser des insecticides de synthèse sur la face inférieure des feuilles. Au besoin, renouveler au bout d'une dizaine de jours. En cas de forte attaque, utiliser des aphicides.

Cochenilles diaspines et lécanines. Voir p. 33.

MALADIES

Pourriture des bourgeons. Voir p. 35.

Fonte des semis.
SYMPTÔMES. Le collet présente une pourriture humide, les jeunes racines pourrissent, les tissus se désagrègent. Les feuilles se couchent et « fondent ».
REMÈDES. Maintenir une chaleur constante, aérer en évitant les courants d'air. Éviter l'excès d'arrosage. Donner de l'azote et de la potasse à la terre.

Fusariose.
SYMPTÔMES. Les feuilles brunissent en partant du centre. Elles peuvent sécher et tomber. Brunissement des tissus.
REMÈDES. Éviter les excès d'eau dans la terre.

Taches foliaires. Voir p. 35.

Taches jaunes.
SYMPTÔMES. Les feuilles présentent des points noirs qui se déchirent et laissent échapper une poudre jaune. Les feuilles peuvent sécher.
REMÈDES. Il faut tailler et brûler les feuilles malades. Pulvériser des fongicides à base de cuivre et désinfecter le sol.

Maladie des points noirs.
SYMPTÔMES. Le feuillage présente des points noirs cerclés de vert, et se dessèche petit à petit.
REMÈDES. Tailler et détruire les feuilles malades. Bien aérer. Pulvériser des fongicides à base de cuivre.

RHODODENDRON

À fleurs. Famille des Éricacées. Originaire d'Asie. Connu aussi sous le nom d'Azalée. On appelait Azalées les espèces de serre, et Rhododendrons, les espèces rustiques. Mais aucune différence scientifique ne les distingue. On appelle d'ailleurs Azalées les Rhododendrons nains.

CRÉER

Par semis. Récolter les graines, les garder au sec et les semer en mai. La germination démarre au bout de 3 semaines. Maintenir le sol humide. Laisser le semis en terre pendant 2 ans avant de rempoter, en évitant la moisissure.

Par bouturage. Prélever en juin. Planter en serre ou sous verre dans du sable et de la tourbe. En octobre, le racinage est terminé. Laisser sous verre tout l'hiver. Rempoter au printemps suivant.

Par marcottage simple. En juillet. En septembre-octobre de l'année suivante, sevrer la marcotte et mettre en pot.

Par jeunes plants de pépinière.

Rhododendron (Rhododendron indicum).
Âge = 8 ans. Hauteur = 12 cm.
Style « Sôkan ». Photo : avril.
Fleurs et feuilles miniaturisées donnent un résultat remarquable.

LES STYLES

LES ESPÈCES

Rhododendron impeditum. Espèce buissonnante, aux nombreuses pousses enchevêtrées, couvertes d'écailles noires, au feuillage vert-gris dessus et brun dessous. Des fleurs mauves, légèrement odorantes, apparaissent fin avril.

Rhododendron indicum ou ***lateritium***, appelé aussi ***Azalea indica.*** Arbuste de 1,50 m au port dense, au feuillage persistant ou semi-persistant, vert foncé, qui fleurit en juin. Les fleurs sont de couleurs variées, mais en général rouge saumon, et relativement grandes.

ENTRETENIR

Ensoleillement. Placer à la mi-ombre. Les variétés à petites feuilles supportent mieux le soleil que les autres.

Température. Le Rhododendron aime la chaleur et craint le gel. Le garder au chaud en hiver, mais pas en appartement.

Ventilation. Le Rhododendron supporte bien le vent, mais il demande alors des arrosages plus abondants.

Céramique. Pendant la période de création des Rhododendrons, il est préférable d'utiliser des coupes non vernissées, de profondeur moyenne. Il est rarement cultivé dans des coupes plates.

Nettoyage. Retirer l'excès de bourgeons floraux. Après la floraison, retirer les fleurs fanées. Retirer tous les départs du tronc et des racines. Balayer régulièrement le sol, souvent couvert de feuilles qui sont tombées.

Croissance. Lente et régulière.

Rempotage. Rempoter après la floraison, tous les ans pour les jeunes arbres, tous les 2 ans pour les arbres plus âgés. Tailler 1/3 des racines et remettre dans un pot de dimension supérieure au précédent.

Terre. Mélange composé pour moitié de terre de bruyère, d'1/4 de terreau et d'1/4 de tourbe. Le Rhododendron a besoin d'un sol humide, frais, léger, humifère et sableux. La terre peut être acide, mais jamais calcaire. Le Rhododendron s'étiole dans un sol composé seulement de terre de bruyère.

Taille

• *Pinçage.* Lorsque l'arbre est en petits bourgeons, pincer les feuilles au-dessus des bourgeons pour faciliter la floraison.
• *Taille des rameaux.* À la fin de l'été, après que les fleurs ont fané et avant que les feuilles ne durcissent, tailler les rameaux avec des ciseaux. Rabattre à 2 paires de feuilles.
• *Taille des branches.* Lors du rempotage, tailler les branches mortes ou le branchage trop dense, pour aérer l'arbuste.

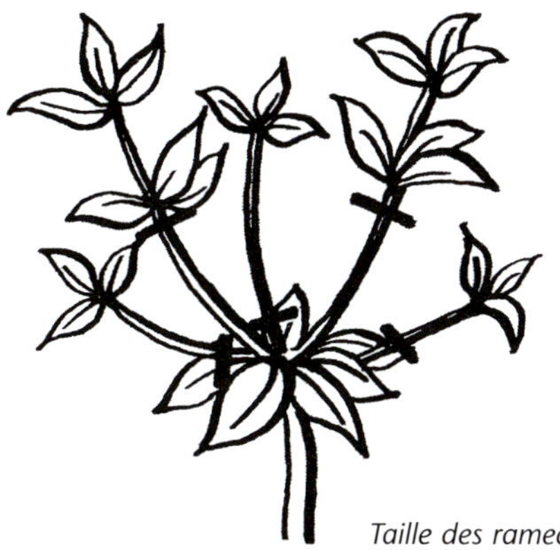

Taille des rameaux.

Ligaturage. Ligaturer du printemps à l'automne. Les branches du Rhododendron cassent facilement. Pour les durcir, ne pas arroser la veille du ligaturage.

Arrosage. Maintenir la motte humide. Les racines sèchent vite et cela est fatal à l'arbre. Arroser fréquemment toute l'année, sauf lorsqu'il gèle.

Vaporisation. Bassiner le feuillage matin et soir en été. Après un rempotage, vaporiser autour des feuilles jusqu'à ce que les nouvelles racines reprennent. Éviter tout bassinage sur les fleurs.

Engrais. Donner de l'engrais organique faiblement concentré au printemps et en automne. Ne pas donner d'engrais pendant la floraison.

DIAGNOSTIQUER ET SOIGNER

PARASITES

Nématodes. Voir p. 34.

Charançons.
SYMPTÔMES. L'arbre jaunit et sèche, la croissance est ralentie, les feuilles sont découpées et le limbe est mordu. Dégâts nocturnes. Présence de larves dans les tissus.
REMÈDES. Pulvériser des insecticides de contact de mai à juillet. Dans la terre, incorporer des insecticides organo-phosphorés.

Tordeuses (chenilles). Voir p. 33.

Cicadelles.
SYMPTÔMES. Feuilles jaunies par des insectes verts qui piquent le feuillage. Limbe décoloré. Les feuilles peuvent tomber.
REMÈDES. Tailler les rameaux envahis. Pulvériser des insecticides de contact ou des insecticides organo-phosphorés systémiques.

Tigre du Rhododendron.
SYMPTÔMES. Face inférieure du limbe tachée de points noirs. Face supérieure jaunie et marbrée. Chute des feuilles.
REMÈDES. Pulvériser des bouillies à base de parathion ou d'oléoparathion sur la face inférieure des feuilles.

MALADIES

Pourriture des racines et de la tige. Voir p. 35.

Phyllosticta.
SYMPTÔMES. Le feuillage présente des taches desséchées. Apparition de points noirs sur les parties sèches. Chute des feuilles malades.
REMÈDES. Tailler les feuilles malades. Pulvériser des fongicides à base de cuivre.

Pestalozzia.
SYMPTÔMES. Sur les feuilles du bas, apparition de taches grises qui sèchent et se déchirent.
REMÈDES. Éviter l'excès d'humidité. Retirer les feuilles malades. Pulvériser des fongicides de synthèse.

Rouilles. Voir p. 35.

Pourridié. Voir p. 35.

Chlorose.
SYMPTÔMES. Les feuilles jaunissent autour du limbe et près des nervures. Les nouvelles feuilles sont petites et décolorées.
REMÈDES. Donner de l'azote, du fer, du magnésium et du zinc à la terre. Éviter les excès de calcium et de sodium, de froid ou d'eau. Éviter les courants d'air et les gaz toxiques. Placer à la lumière.

SAGERETIA

Persistant. Famille des Rhamnées ou Rhamnacées. Le nom Sageretia vient de Sageret, agriculteur français à qui les Chinois ont dédié cet arbre, originaire d'Asie centrale et australe, des régions chaudes d'Amérique du Nord et de Java. La plupart des Sageretias âgés de dix ans et plus sont des arbres qui viennent de Chine populaire, où ils ont été prélevés dans la nature, puis cultivés en Bonsaï. Le genre comprend une douzaine d'espèces d'arbustes aux branches rigides, grêles, épineuses ou non.

CRÉER

Par semis. Récolter la graine à maturité. La stratifier. La planter en serre à multiplication au printemps, avec une bonne chaleur de fond, et conserver une humidité de l'air.

Par bouturage. Au printemps, prélever des boutures sur les pousses latérales. Les étêter. Tailler la paire de feuilles du bas. Tremper dans une hormone d'enracinement et planter dans un mélange sable-tourbe, en serre ou sous châssis. Faire durcir la nouvelle pousse en l'acclimatant petit à petit à une ambiance plus fraîche. Empoter l'année suivante.

ENTRETENIR

Ensoleillement. Demande une bonne luminosité. Peut être sorti l'été dans le Midi. Le placer alors à la mi-ombre s'il y a beaucoup de soleil. En hiver, garder une situation lumineuse.

Température. Cet arbuste, proche des arbres d'orangerie, aime la chaleur. En hiver, la température peut descendre à 12 °C.

Ventilation. Il ne supporte pas les courants d'air. À protéger des vents froids ou forts, s'il est sorti.

Céramique. Moyennement profonde, souvent non émaillée.

Nettoyage. Retirer les départs du tronc et les feuilles jaunes. Balayer le sol et retirer les mousses/algues.

Croissance. Très lente pour la formation du tronc. En revanche, le feuillage et les ramifications se développent très rapidement.

LES ESPÈCES

Sageretia theezans. Écorce s'exfoliant, un peu semblable à celle du Platane, brune et rugueuse. Les branches sont rigides, les feuilles, opposées au court pétiole, ovales, légèrement dentées. Les fleurs blanc-vert sont petites et sans intérêt. Les fruits sont des baies bleues contenant une graine.

Rempotage. Tous les 2 ans, au printemps (avril-mai), tailler la moitié des racines et remettre dans un pot de dimension supérieure au précédent, si nécessaire.

Terre. 1/4 de terre de bruyère, 1/4 de terreau, 1/4 de terre végétale et 1/4 de sable de rivière. Le Sageretia aime les sols frais avec une bonne terre franche.

Sageretia (Sageretia theezans).
Âge = 25 ans. Hauteur = 30 cm.
Style « Shakan ». Photo : juin.

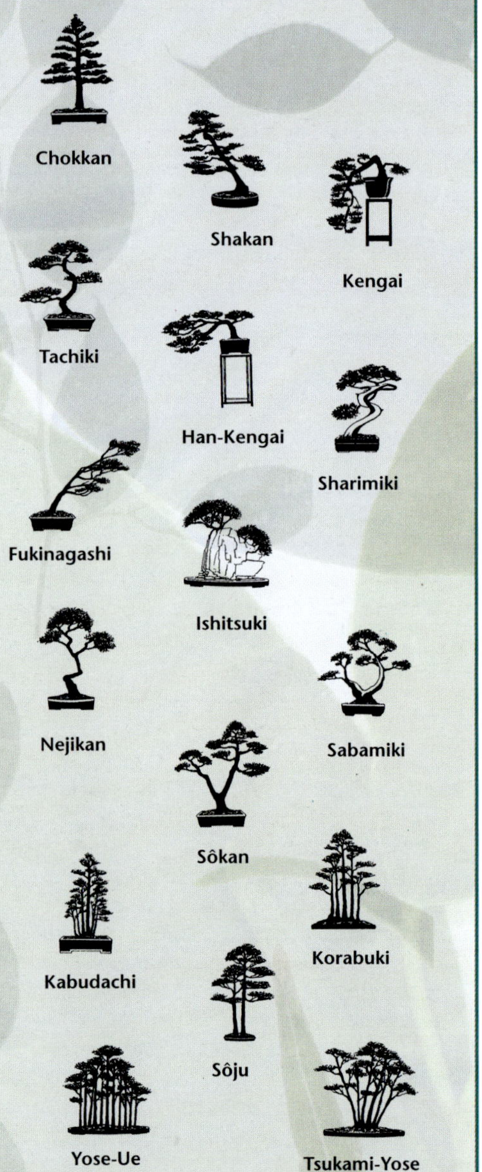

LES STYLES

Sageretia (Sageretia theezans). *Âge = 150 ans. Hauteur = 45 cm.*
Style « Shakan ». Photo : mai.
Spécimen exceptionnel issu d'un arbre prélevé dans la nature, en Chine populaire.

Taille.
• *Taille des rameaux.* En période végétative, tailler les nouvelles pousses en ne laissant que 2 ou 3 paires de feuilles sur chaque rameau.
• *Taille des branches.* Tailler avant la pousse les branches cassées, abîmées ou inesthétiques. Si l'on ne taille pas le Sageretia, des fleurs blanches et molles apparaissent aux insertions foliaires et fatiguent l'arbre.

Ligaturage. Cet arbuste peut se ligaturer toute l'année. Il ne doit pas garder son fil de cuivre plus de 6 à 8 semaines. Attendre que les nouvelles pousses soient aoûtées pour les ligaturer.

Arrosage. Plus abondant l'été que l'hiver. Garder une humidité légère et régulière à la surface du pot. Cet arbuste nécessite un bon drainage.

Vaporisation. Vaporiser autour du feuillage tous les jours. En hiver, placer le Sageretia sur un plateau garni de pouzzolane maintenue humide.

Engrais. Au printemps et en automne, donner un engrais organique à décomposition lente. Alterner engrais liquide et engrais solide. Ne pas donner d'engrais à un arbre malade.

DIAGNOSTIQUER ET SOIGNER

PARASITES

Pucerons. Voir p. 33.

Araignée jaune (tétranyque tisserand). Voir p. 32.

Escargots.
SYMPTÔMES. Les bourgeons, les pousses et les feuilles sont mordus. Un voile blanc protège les escargots.
REMÈDES. Ramasser les escargots. Éviter un excès d'humidité au niveau de la terre. Utiliser des molluscicides par contact ou ingestion.

Cochenilles (rares) diaspines, lécanines et farineuses. Voir p. 33.

Aleurodes.
SYMPTÔMES. Miellat sur lequel se développe la fumagine. Présence de mouches verdâtres sur le limbe ; elles s'envolent dès qu'on touche l'arbre.
REMÈDES. Vaporiser des insecticides acaricides, en variant les produits pour parer à toute accoutumance.

MALADIES

Chlorose.
SYMPTÔMES. Le feuillage jaunit progressivement en partant du limbe. Les parties malades sèchent. Les nouvelles feuilles sont décolorées.
REMÈDES. Éviter un excès de calcium et d'eau, de froid ; éviter les courants d'air et les gaz toxiques. Placer l'arbre à la lumière. Donner du fer, du magnésium, du zinc et de l'azote à la terre.

Oïdium. Voir p. 34.

N.B. Si le Sageretia a trop d'eau, ses feuilles vont sécher et tomber. Il a besoin de lumière et de chaleur constante pour avoir un feuillage bien vert et bien développé. Il faut le vaporiser quotidiennement.

SAULE

Caduc. Famille des Salicées. Originaire des régions froides et tempérées de l'hémisphère Nord. Arbre de petite taille qui peut être centenaire. Des chatons (inflorescences) apparaissent au début du printemps ou en été, en fonction des variétés.

Saule (Salix babylonica).
Âge = 15 ans. Hauteur = 35 cm.
Style « Hôkidachi ».
Photo : octobre.

LES ESPÈCES

Salix alba. Le plus grand, au feuillage gris-blanc. Tronc droit très ramifié. Cime ample. Le *Salix nigra* est un hybride.

Salix babylonica. Saule pleureur. Les rameaux flexibles pendent jusqu'au sol. Originaire de Chine, du Japon, de Corée. De petite taille (une dizaine de mètres). Feuilles lancéolées, longues, légèrement dentées, vert foncé dessus, vert glauque dessous. Des chatons sortent avec les feuilles, grêles et jaunes. Il existe de nombreuses variétés à petites feuilles que l'on peut utiliser en Bonsaï.

LES STYLES

CRÉER

Par semis. La graine mûrit en mai-juin. Dès la récolte, semer dans un sol humide et sableux. Rempoter la pousse deux années après.

Par bouturage. Bouturer en juin des pousses herbacées. Les planter dans un mélange tourbe-sable maintenu humide.

Par marcottage simple. Maintenir la terre sableuse humide. Sevrer la marcotte et la mettre en pot, en mai-juin.

ENTRETENIR

Ensoleillement. Aime les situations ensoleillées. En été, placer à la mi-ombre mais à la lumière.

Température. Peu exigeant, s'accommode de températures fraîches. Éviter les trop fortes chaleurs.

Ventilation. Le Saule s'épanouit dans les endroits aérés. Cet arbre ne craint pas le vent.

Céramique. Choisir une coupe moyennement plate lorsque l'arbre s'élève. Lorsqu'il est en cascade ou semi-cascade, une poterie profonde est nécessaire. Il faut toujours prévoir un bon drainage.

Nettoyage. Bien nettoyer l'intérieur de la couronne en été. Retirer toutes les parties mortes sur l'arbre et sur la terre en automne. Brosser le tronc.

Croissance. Généralement rapide. À noter que la croissance des mâles est plus faible que celle des femelles.

Rempotage. Deux fois par an, au début du printemps et au début de l'été. Après avoir taillé la moitié des racines, remettre dans un pot de dimension supérieure au précédent. Penser à préparer un bon drainage.

Terre. 1/3 de terre végétale, 1/3 de sable de rivière et 1/3 de terreau. Le Saule a besoin d'un sol humide, marécageux, léger et frais.

Taille.
- *Taille des pousses.* Au tout début du printemps, faire une taille des pousses avant que la sève ne circule.
- *Taille des rameaux.* Tailler en ne laissant qu'un œil à bois. Couper au moment du rempotage les longs nouveaux départs. Retailler à la fin de l'automne.

Ligaturage. Au printemps et en été. Entourer le fil de cuivre de raphia pour protéger les branches. On peut former l'arbre par suspension de poids. Après avoir ligaturé, diriger délicatement les branches à la main.

Arrosage. Abondant si le drainage est bien effectué. Garder toujours humide. En été, il peut être nécessaire de faire tremper l'arbre dans une bassine d'eau.

Vaporisation. Bien bassiner l'arbre, qui demande une hygrométrie élevée. Cela le préservera des parasites et nettoiera son feuillage de la pollution. Penser à laisser la terre s'assécher entre deux arrosages abondants. Vaporiser souvent autour du feuillage au moment de la végétation.

Engrais. Au printemps et en automne. Donner au Saule un engrais organique à décomposition lente. Ne pas donner d'engrais en juillet-août, ni dans les six semaines qui suivent un rempotage, ni à un arbre chétif.

DIAGNOSTIQUER ET SOIGNER

PARASITES

Érinoses.
SYMPTÔMES. Duvet blanc au printemps, rouge en été sur le limbe. Feuillage déformé. Les chatons ont l'aspect de galles vertes.
REMÈDES. Tailler les rameaux envahis par les galles. Pulvériser des acaricides.

Capricornes.
SYMPTÔMES. Écorce perforée d'où partent des galeries, rongées par des larves blanches. L'arbre dépérit. Présence de coléoptères.
REMÈDES. Tailler les branches envahies. Enfoncer un fil de fer dans les galeries pour détruire les adultes.

Cossus et zeuzères (chenilles). Voir p. 33.

Charançons.
SYMPTÔMES. Branches et rameaux creusés par des larves blanches. Extrémités de l'arbre desséchées. Présence possible de coléoptères.
REMÈDES. Pulvériser des insecticides à base de lindane.

Bombyx, tenthrèdes, tenthrèdes galligènes, chrysomèles (chenilles).
SYMPTÔMES. Les feuilles sont rongées par des larves ou des chenilles. Présence possible de coléoptères.
REMÈDES. Pulvériser des insecticides à base de parathion ou de lindane.

Galles en rosette.
SYMPTÔMES. Les petites feuilles aux extrémités sont en forme d'artichauts et abritent des vers minuscules.
REMÈDES. Tailler et brûler les rameaux envahis. Pulvériser des insecticides à base de parathion.

Pucerons. Voir p. 33.

Cochenilles. Voir p. 33.

MALADIES

Oïdium. Voir p. 34.

Chancre.
SYMPTÔMES. Au niveau des cicatrices et des ramifications, des plaies se creusent, se boursouflent et se craquellent. Les branches meurent. Les branches voisines émettent des bourrelets de défense. Points rouges sur le bois.
REMÈDES. Tailler et brûler les rameaux malades. Cureter les chancres. Badigeonner des fongicides à base de cuivre. Recouvrir de mastic à cicatriser. Pulvériser des bouillies à base de cuivre lors de la chute des feuilles.

Tavelure du Saule.
SYMPTÔMES. Taches noires au revers des feuilles. Les rameaux sèchent et se recourbent. Les tachent partent des nervures, puis s'élargissent.
REMÈDES. Tailler et brûler les parties malades. Au début du printemps, pulvériser préventivement un mélange cuivre-zinèbe.

Croûtes noires.
SYMPTÔMES. Croûte épaisse sur les feuilles.
REMÈDES. Retirer les feuilles malades et mortes, pulvériser des fongicides à base de cuivre.

Anthracnose.
SYMPTÔMES. Taches rondes et brunes sur les feuilles. Lésions sur les nervures des feuilles. Les feuilles s'enroulent. Les taches des rameaux se transforment en chancres.
REMÈDES. Tailler les parties malades. Pulvériser un fongicide à base de cuivre.

Chancre noir.
SYMPTÔMES. Taches brunes sur les nervures des feuilles et lésions sur les rameaux. Les feuilles s'enroulent et tombent.
REMÈDES. Tailler les parties malades. Pulvériser des fongicides à base de cuivre au début du printemps et à la chute des feuilles.

Rouilles. Voir p. 35.

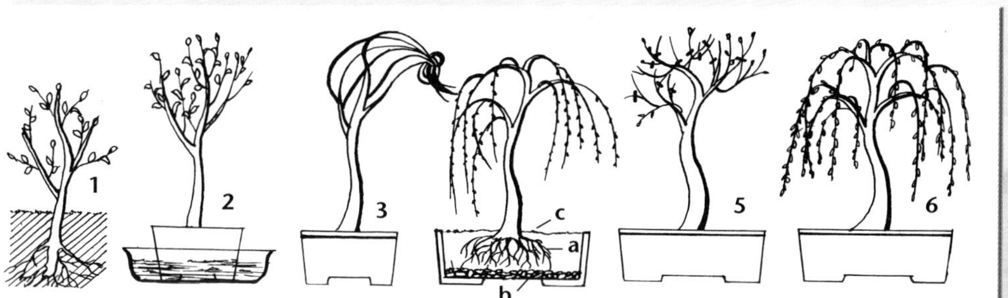

Formation d'un saule.
1. Bouturer. 2. Rempoter et laisser le fond du pot dans une bassine d'eau. 3. Ligaturer les longues pousses en hiver ; les rameaux étant très souples, on peut les plier entre eux de façon à les maintenir vers le haut. 4. a) Ancienne motte. b) Drainage. c) Ajouter de la terre. 5. Tailler les rameaux. 6. Rempoter au printemps.

SCHEFFLERA

Persistant. Famille des Araliacées. Originaire d'Asie. Cet arbre de 15 mètres environ, au tronc mince quand il est jeune, ne se ramifie pas en couronne, mais émet des racines aériennes. Le feuillage est vert lustré, et les feuilles sont grandes, avec un long pétiole.

CRÉER

Par semis. Récolter les graines dans les baies du Schefflera à maturité. Les stratifier après les avoir fait sécher. Les planter au printemps, sous serre ou sous châssis, dans un mélange tourbe-argile. Faire durcir la jeune pousse et empoter au printemps suivant.

Par bouturage. En serre, à n'importe quel moment de l'année. Sous abri, avec une bonne chaleur de fond, au printemps, bouturer les rameaux.

ENTRETENIR

Ensoleillement. Le Schefflera a besoin de beaucoup de lumière. Plus il en reçoit, plus ses feuilles restent petites lors de leur développement. Supporte le soleil s'il n'est pas brûlant.

Température. Une bonne chaleur constante est nécessaire. Lui assurer entre 16 et 20 °C l'hiver.

Ventilation. Attention aux courants d'air.

Céramique. Moyennement profonde, souvent émaillée, dans les tons de bleu ou céladon.

Nettoyage. Retirer les feuilles jaunes. Ne pas tailler les racines aériennes, nécessaires à la vie de l'arbre.

Croissance. Assez rapide et régulière.

Rempotage. Tous les 2 ans, rempoter au début du printemps (mars). Tailler la moitié des racines et replacer dans un pot de dimension supérieure au précédent. Les Scheffleras plantés sur des roches volcaniques peuvent voir leurs racines raccourcies quand leur croissance est rapide.

Terre. Mélanger 1/4 de terre de bruyère, 1/4 de terreau, 1/4 de terre végétale et 1/4 de sable de rivière. Les Scheffleras aiment les sols secs.

Taille.
- *Taille des rameaux.* Au printemps, on peut raccourcir l'ensemble des rameaux pour encourager la ramification et garder un arbre compact et dense. Supprimer alors les branches desséchées ou mortes.
- *Taille des feuilles.* Tous les 2 à 3 ans en juin. Pour obtenir un Schefflera avec de petites feuilles, il est bon de le défeuiller, soit en coupant toutes les feuilles de moitié (l'autre moitié jaunira et tombera), soit en coupant le pétiole.

Ligaturage. Le Schefflera se ligature rarement. La forme est donnée exclusivement par la taille.

Arrosage. Donner peu d'eau. Le Schefflera produit des feuilles plus petites s'il est peu arrosé. S'il est planté sur une roche

LES ESPÈCES

Schefflera arboricola. Originaire de Taïwan. Appelé aussi ***Heptapleurum,*** il ressemble au Brassaia. Les branches sont frêles, le tronc est souple, le feuillage, palmé, vert brillant, rassemblé en 7 ou 8 feuilles. L'inflorescence est érigée, chargée de baies dont la couleur va du rouge orangé au noir.

Schefflera actinophylla. Originaire de Nouvelle-Guinée et de Java, appelé aussi Brassaia, il peut atteindre 30 mètres de haut. Les branches blanchissent aux extrémités. Le feuillage, persistant, vert brillant, oblong, en couronne, forme comme une ombrelle. Des inflorescences terminales aux pétales lie-de-vin donnent des baies pourpres.

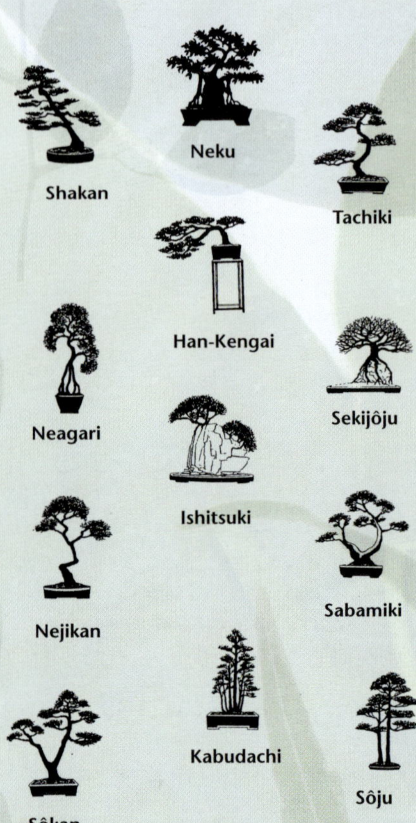

LES STYLES

Schefflera (Schefflera arboricola).
Âge = 10 ans. Hauteur = 30 cm.
Style « Kabudachi ». Photo : juin.

volcanique, humidifier régulièrement la roche. Ne pas laisser d'eau dans le plateau.

Vaporisation. Vaporiser autour du feuillage en brumisation légère, de temps en temps, pour le nettoyer. Lorsqu'il y a trop d'humidité, le feuillage devient trop grand. Il est disproportionné par rapport à l'arbre.

Engrais. Au printemps et en été, donner de l'engrais organique à décomposition lente. Préférer un engrais liquide, mais alterner parfois avec de l'engrais solide.

DIAGNOSTIQUER ET SOIGNER

PARASITES

Araignée jaune (tétranyque tisserand). Voir p. 32.

Pucerons. Voir p. 33.

Cochenilles diaspines et lécanines. Voir p. 33.

Cochenilles farineuses. Voir p. 33.

MALADIES

Pourriture des racines et de la tige. Voir p. 35.

Alternariose des feuilles.
SYMPTÔMES. Les feuilles présentent de petites taches d'aspect huileux, parfois cerclées de rouge. Au niveau des nœuds, les rameaux ont des taches décolorées qui peuvent dessécher la branche. Apparition de points noirs sur les parties malades.
REMÈDES. Tailler les parties malades. Pulvériser des fongicides à base de manèbe.

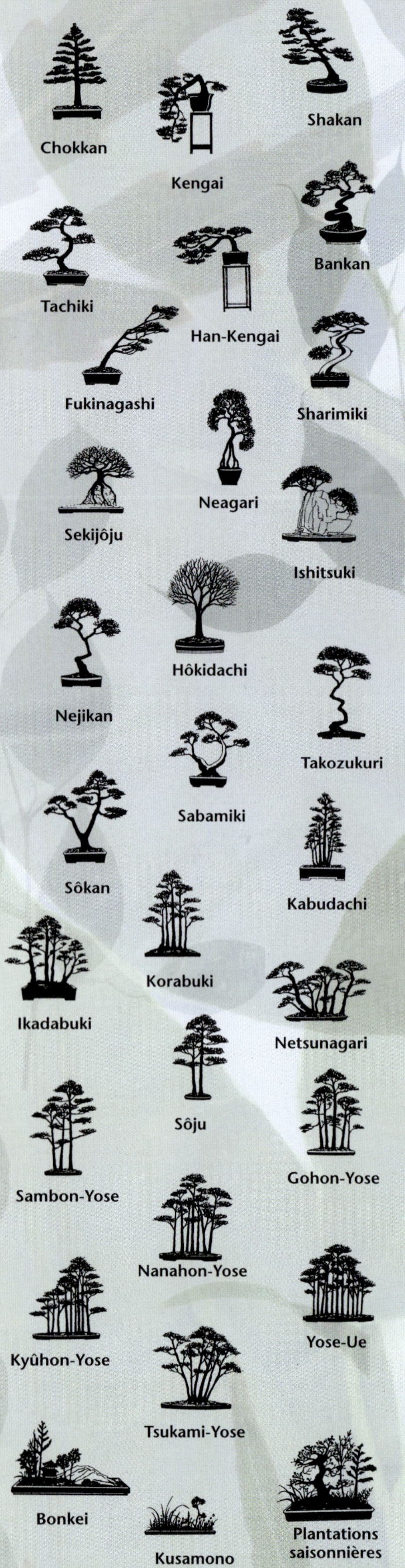

LES STYLES

SERISSA

À fleurs. Famille des Rubiacées. Originaire des Indes, de Chine et du Japon, le Serissa, au feuillage persistant, est un arbuste ramifié, glabre, à l'écorce fétide, aux racines qui exhalent une odeur désagréable, d'où son appellation « *foetida* ».

CRÉER

Le Serissa est un des Bonsaï d'intérieur les plus faciles à multiplier.

Par bouturage. Au printemps, après avoir taillé les jeunes rameaux d'un Serissa, on peut les utiliser pour les bouturer. Ces boutures se font à chaud, c'est-à-dire sur une bâche à multiplication, chauffée. Placer les boutures dans du sable, les mettre sous cloche. Dès que de jeunes pousses apparaissent sur les ramures, la bouture a pris. Il est conseillé de tremper l'extrémité de la bouture dans des hormones d'enracinement avant de la planter dans du sable.

Serissa (Serissa japonica). *Âge = 20 ans. Hauteur = 25 cm. Style « Neagari ». Photo : juin.*

ENTRETENIR

Ensoleillement. Le Serissa vit en intérieur et demande beaucoup de lumière. Cela est particulièrement vrai pour les variétés panachées. Éviter le plein soleil l'été, mais le laisser recevoir le soleil du matin ou de la fin d'après-midi.

Température. Le Serissa supporte une ambiance chaude. En hiver, lui assurer une température plus fraîche, entre 15 et 19 °C. En été, plus chaude : minimum de 18 °C.

Ventilation. Attention aux courants d'air, très nocifs.

Céramique. Le Serissa, notamment quand il est planté en forêt, supporte un pot assez plat. Le pot peut être décoré, à condition que le motif s'harmonise avec le Bonsaï. Le Serissa a beaucoup d'allure dans les pots chinois anciens ou dans les copies d'ancien. Les arbres âgés demandent des pots plus profonds (de 7 à 15 centimètres).

Nettoyage. Si le Serissa a un feuillage persistant, il produit continuellement des feuilles jaunes, qu'il est bon de retirer. Retirer aussi aux ciseaux les branches mortes. Surtout, supprimer les rejets sur le tronc ou ceux qui partent de la base du tronc. On peut les comparer aux gourmands des Rosiers, qui pompent toute la sève.

LES ESPÈCES

Serissa japonica. C'est l'espèce la plus connue, haute d'environ 70 centimètres. On l'appelle « Neige de juin » à cause de ses minuscules fleurs blanches solitaires ou fasciculées, qui éclosent entre mai et septembre. Toutefois, elle peut avoir quelques fleurs toute l'année. Une variété donne des fleurs doubles, ce qui est très rare dans la famille des Rubiacées. Les feuilles ovales sont petites, opposées, souvent fasciculées, sur de courtes ramilles. Une autre variété donne des feuilles bordées de jaune d'or.
***Serissa japonica* 'Variegata'** a un feuillage panaché ivoire-vert. Le tronc gris est rugueux, mince ; il blanchit en vieillissant.

Croissance. Le Serissa connaît un repos de végétation en hiver. Pendant la période de végétation (d'avril à septembre), la croissance est très rapide.

Rempotage. En mars-avril, tous les 2 ans, après avoir taillé la moitié du chevelu des racines. Rempoter avant l'éclosion des fleurs.

Serissa (Serissa japonica). *Âge = 10 ans. Hauteur = 18 cm. Style « Nejikan ». Photo : octobre.*

Terre. Le Serissa prospère dans un mélange de 1/3 de terre végétale argileuse, 1/3 de terre de bruyère et 1/3 de sable.

Taille. Après le rempotage et la taille des racines, on pratique une taille des branches et des rameaux, ce qui dégage une odeur fétide. Il n'y a pas de pinçage.

• *Taille des feuilles.* Inutile, car elles sont déjà toutes petites et par conséquent n'ont pas besoin d'être raccourcies.

• *Taille des branches.* Après un rempotage (entre avril et fin octobre), on rabat les jeunes pousses en ne laissant qu'une ou deux paires de feuilles, dès que les rameaux ont grandi dans tous les sens. Il faut garder le Serissa compact et dru. On ne taille pas pendant la floraison.

Ligaturage. Le bois de Serissa est tendre, et l'arbre se prête à toutes les formes. On ligature aisément du bas vers le haut, avec un fil de cuivre mince, sans serrer, pour ne pas blesser l'écorce. On pose le fil en juin et on le retire en septembre; on recommence tous les ans, jusqu'à ce que la forme désirée soit atteinte. Passer du mastic cicatrisant s'il y a blessure.

Arrosage. L'été, il faut davantage d'eau que l'hiver. Le Serissa est un arbre qui aime l'humidité. Les racines se dessèchent vite. Toutefois, il faut laisser sécher la motte entre deux arrosages.

Vaporisation. Le Serissa, d'origine tropicale, aime une chaleur humide. Vaporiser autour du feuillage en brumisation tous les jours : c'est très important. Toutefois, éviter de vaporiser les fleurs : l'eau les ferait faner. On peut placer le Serissa dans son pot sur un lit de pouzzolane. Le trop-plein d'eau s'écoule dans la roche volcanique, puis s'évapore petit à petit en recréant une atmosphère humide.

Engrais. En bouteille, en poudre ou liquide, du départ de la végétation au repos de la végétation, une fois tous les 15 jours. Pas d'engrais en juillet-août, ni après un rempotage. Diminuer légèrement l'apport d'engrais quand l'arbre est en fleur. En hiver, si le Serissa est situé dans un endroit chaud, on peut lui donner un peu d'engrais.

DIAGNOSTIQUER ET SOIGNER

PARASITES

Araignée rouge. Voir p. 32.

Pucerons. Voir p. 33.

Cochenilles diaspines et lécanines. Voir p. 33.

Escargots.
SYMPTÔMES. Pousses, feuilles mordues. Surface foliaire réduite. Présence d'un voile blanc qui protège les escargots.
REMÈDES. Ramasser les escargots. Éviter un excès d'humidité au niveau de la terre. Utiliser des molluscicides par contact ou ingestion.

Aleurodes.
SYMPTÔMES. Sur la face inférieure du limbe et sur les jeunes pousses, les insectes secrètent un miellat qui développe le champignon de la fumagine. Vol de petites mouches blanches.
REMÈDES.Le support collant jaune (Saverode) peut être suspendu, mais il est inesthétique. Pulvériser des insecticides en les variant dès l'apparition des mouches : organo-phosphorés, pour fumigation, à action aphicide, de contact et d'ingestion.

MALADIES

Pourriture des racines. Voir p. 35.

Pourriture grise ou maladie de la toile.
SYMPTÔMES. Les feuilles présentent des taches gris-brun associées à de la pourriture grise autour du limbe et progressant sur toute la surface. Les feuilles sèchent et tombent, les rameaux se nécrosent, les boutons floraux avortent et les fleurs fanent.
REMÈDES. Bien aérer, éviter l'excès d'eau et les différences de température. Tailler les rameaux malades. Pulvériser des fongicides de synthèse. Attention aux risques de phytotoxicité.

N.B. Le dosage de l'arrosage est très délicat sur le Serissa. Il lui faut un bon drainage, afin que l'eau ne stagne pas, ce qui lui ferait perdre ses feuilles, ses fleurs, et entraînerait sa mort. Une bonne circulation de l'air et une grande luminosité lui sont nécessaires pour éviter tout risque de maladie.

SPIRÉE

À fleurs. Caduc. Famille des Rosacées. Originaire des régions tempérées de l'hémisphère boréal, c'est un arbuste de forme dense et élégante, au feuillage gracieux, caduc, denté ou lobé. Du début du printemps à la fin de l'été, il porte de petites fleurs groupées de couleur blanche ou rose.

CRÉER

Par semis. Cette technique se pratique au printemps, sous verre. La germination est rapide. Mais le semis est rarement employé, car il n'est pas fidèle. Les caractéristiques de la plante ne sont pas, de ce fait, reproduites en totalité.

Par bouturage. Prélever des boutures au début de l'été. Les étêter et les planter dans un mélange sable-tourbe. Les boutures sont très fragiles : surveiller la vaporisation et l'ombrage. Retirer les boutons floraux de la bouture.

Par division de touffes. Au printemps.

Par jeunes plants de pépinière.
/Voir 1re partie./

ENTRETENIR

Ensoleillement. La Spirée a besoin de soleil pour fleurir, mais s'accommode de la mi-ombre.

Température. La Spirée supporte bien la chaleur. Il faut la protéger du gel.

Ventilation. La Spirée supporte le vent. Elle a besoin d'une situation aérée.

Céramique. Choisir une coupe de profondeur moyenne. Toute poterie, émaillée ou non, convient.

Nettoyage. Supprimer les fleurs dès qu'elles sont fanées. Les couper aux ciseaux.

Croissance. Elle est lente lorsque la Spirée est en pot.

Rempotage. Rempoter tous les ans ou tous les 2 ans, au printemps. Tailler un bon tiers du chevelu des racines et remettre dans un pot de dimension supérieure au précédent.

LES ESPÈCES

Spiraea veitchii. Arbuste assez haut, aux rameaux rouges arqués, quand ils sont jeunes, puis verts et glabres. Petites fleurs blanches en juin-juillet. Feuilles oblongues, entières, glabres.
Spiraea thunbergii. Arbuste à floraison très précoce (mars), très gracieux, aux rameaux fins et étalés. Les feuilles d'un beau vert clair sont écarlates ou violettes en automne, et sont dentelées. Les fleurs sont de petites ombelles blanc éclatant.

Spirée (Spiraea japonica).
Âge = 5 ans. Hauteur = 10 cm.
La forme un peu particulière de cet arbre n'appartient à aucun style défini.

Terre. Mélange, à parts égales, de terre végétale et de terreau. La Spirée pousse dans n'importe quelle terre, même pauvre ou sèche. Mais elle préfère les sols frais et fertiles sans humidité stagnante ou sans trop de calcaire.

Taille.
• *Taille des rameaux.* Après la floraison, tailler les rameaux aux ciseaux en ne lais-

LES STYLES

sant qu'un ou deux yeux par rameau. Tôt au début du printemps et à la fin de l'automne, tailler les rameaux en ne laissant que 2 ou 3 yeux. Après la floraison, couper les tiges sèches et les vieux rameaux.

Ligaturage. La Spirée ne se ligature pas.

Arrosage. Abondant. Garder la motte bien fraîche. S'assurer d'un bon drainage dans le pot. Diminuer l'arrosage au moment de la floraison.

Vaporisation. Bassiner le feuillage en été, au moment de l'arrosage. Ne pas vaporiser quand l'arbre est en fleur.

Spirée (Spiraea japonica).
Âge = 7 ans. Hauteur = 15 cm.
Style « Sekijôju ». Photo : octobre.
Les fleurs et les feuilles sont presque pétrifiées. Après avoir profité de ces teintes d'automne, on pourra les rabattre très court.

Engrais. Au printemps, avant la floraison, donner à la Spirée de l'engrais organique à décomposition lente. Pas d'engrais pendant que l'arbre est en fleur, ni en juillet-août. Lui redonner de l'engrais à l'automne, en augmentant légèrement la dose.

DIAGNOSTIQUER ET SOIGNER

PARASITES

Pucerons verts. Voir p. 33.

Tordeuses (chenilles). Voir p. 33.

MALADIES

Oïdium. Voir p. 34.

Rouilles. Voir p. 35.

LILAS

À fleurs. Famille des Oléacées. Originaire d'Asie et du sud-est de l'Europe, cet arbuste ornemental a une longévité de 40 ans environ. Haut de 7 mètres, il a un port dressé, des rameaux rigides terminés par des bourgeons et des fleurs blanches, mauves ou violettes, parfumées.

CRÉER

Par semis. Récolter les graines dès qu'elles sont mûres (novembre-décembre). Les mettre dans des sacs suspendus au chaud et au sec. Elles vont s'égrener toutes seules. Nettoyer alors la semence et la stratifier au sec. Planter au printemps.

Par bouturage. Au printemps, planter les boutures après les avoir écorcées dans un mélange sable-tourbe, et les placer dans un endroit chaud.

Par marcottage simple. Il se pratique à la fin du printemps. Le racinage est rapide. Sevrer en automne, mettre en pot et protéger du gel.

Par jeunes plants de pépinière.
/Voir 1re partie./

LES ESPÈCES

Une trentaine d'espèces sont répertoriées. Toutes peuvent être travaillées en Bonsaï. Mais les plus élégantes et les plus réussies seront celles dont les feuilles et les fleurs possèdent de petites dimensions.

Syringa persica (Lilas de Perse). Originaire de Chine et d'Afghanistan. Arbuste de petite taille aux rameaux grêles et étalés, retombants, aux petites feuilles lancéolées entières ou trilobées, à la floraison tardive (mai) très parfumée, mauve puis blanche en panache.

ENTRETENIR

Ensoleillement. Le Lilas fleurit mieux en plein soleil, mais il supporte la mi-ombre.

Température. Le Lilas ne redoute pas le froid, mais il craint le gel trop fort. Il préfère les situations chaudes.

Ventilation. Le Lilas supporte le vent, à condition qu'il ne soit pas exposé de façon répétée à un vent durable.

Céramique. Choisir un pot de profondeur moyenne, émaillé ou non. La couleur du pot doit s'harmoniser avec celle des fleurs.

Nettoyage. Retirer les fleurs fanées en taillant la tige. Enlever les fruits qui tirent trop de sève et fatiguent l'arbre. Retirer les départs du tronc. Brosser le tronc 2 à 3 fois par an.

Croissance. Lente.

Rempotage. Tous les ans, au printemps, avant la floraison, tailler la moitié des racines et remettre dans un pot de dimension supérieure au précédent.

Terre. Mélange, à parts égales, de terre végétale et de terreau. Un sol moyen, de préférence frais, consistant et argileux, convient. Il peut être neutre, légèrement calcaire. Éviter les sols acides. Pour lutter contre l'acidité, l'enrichir de chaux.

Taille.
- *Taille des rameaux.* Après la floraison, tailler les rameaux avec des ciseaux, en ne laissant qu'un ou deux yeux. Au tout début du printemps et à la fin de l'automne, tailler les rameaux à 2 ou 3 yeux.
- *Taille des branches.* En hiver, tailler les vieilles branches et le branchage qui pousse de façon désordonnée.

Ligaturage. Au printemps et en été. Enrouler les branches avec du fil de cuivre, délicatement, pour ne pas les casser.

Arrosage. Arroser abondamment en été. Plus important avant la floraison que pendant. Conserver la motte légèrement humide.

LES STYLES

Lilas (Syringa speciosa).
Âge = 8 ans. Hauteur = 15 cm.
Photo : avril.
La petite taille des fleurs est caractéristique de la « miniaturisation » de cet arbuste.

Vaporisation. Penser à bassiner le Lilas au moment des arrosages en été. Ne surtout pas vaporiser autour de l'arbre pendant la floraison.

Engrais. Après la floraison et en automne, donner de l'engrais organique à décomposition lente. Le Lilas est gourmand et a besoin d'engrais.

DIAGNOSTIQUER ET SOIGNER

PARASITES

Érinoses.

SYMPTÔMES. Formation d'un duvet épais, beige puis brun, sur les feuilles, qui se déforment. Les bourgeons floraux avortent.

REMÈDES. Pulvériser des insecticides à base de soufre ou des insecticides acaricides.

Charançons.

SYMPTÔMES. L'arbre jaunit et sèche. La croissance est ralentie, les feuilles sont découpées, le limbe est mordu. Dégâts nocturnes. Présence de larves dans les tissus.

REMÈDES. Pulvériser sur la terre des insecticides de contact de mai à juillet.

Teignes.

SYMPTÔMES. Cavités brunes sur les feuilles. Des fils soyeux s'enroulent autour du limbe. Présence de chenilles.

REMÈDES. Pulvériser des insecticides.

Tordeuses (chenilles). Voir p. 33.

MALADIES

Pourriture des bourgeons. Voir p. 35.

Oïdium. Voir p. 34.

Taches foliaires. Voir p. 35.

Bactériose.

SYMPTÔMES. Le limbe présente des taches translucides, puis noires. Les pousses sèchent, puis brunissent.

REMÈDES. Tailler et détruire les boutons floraux. Tailler et détruire les rameaux malades. Pulvériser des fongicides à base de cuivre.

Virose.

SYMPTÔMES. Les feuilles présentent des taches sinueuses. Le limbe est perforé, et le feuillage, déformé.

REMÈDES. Tailler et détruire les rameaux malades. Vérifier l'entretien.

IF

Conifère persistant. Famille des Taxacées. Originaire de l'hémisphère Nord : Europe, Amérique et Asie. Doté d'une très grande longévité, l'If peut être plusieurs fois centenaire, parfois millénaire. En Allemagne, on connaît un If de 2 000 ans. De petite taille, environ 20 mètres, il a une large envergure. Quand il est jeune, son tronc est droit, ses branches sont obliques remontantes et peu fournies. En vieillissant, les branches s'élèvent jusqu'à former parfois un tronc parallèle. Le feuillage aciculaire, brillant, vert foncé sur la face supérieure, vert moyen sur la face inférieure, avec une nervure saillante, ne pique pas, mais il est toxique. Les fruits, dioïques, fleurissent en mars-avril.

CRÉER

Par semis. Les fruits mûrissent entre août et octobre. Les cueillir dès qu'ils sont rouges, les libérer de leur enveloppe sous l'eau, les faire sécher, puis les stratifier jusqu'à l'automne suivant. Utiliser une hormone d'enracinement avant de les planter. La germination a lieu vers le mois de mai. Protéger les pousses du soleil et maintenir humide. Replanter les pousses au printemps suivant.

Par bouturage. Prélever les boutures sur des pousses aoûtées en septembre. Les planter dans des caissettes placées en serre en hiver. Le racinage a lieu au printemps suivant. Pour des arbres de forme pyramidale, choisir une flèche pour bouture ; pour des arbres étalés, des rameaux latéraux.

Par marcottage. Choisir une branche basse et souple. Dégarnir de ses aiguilles la partie à enterrer. Inciser l'écorce. L'enterrer et la maintenir humide. Lorsque de jeunes pousses apparaissent, le racinage est bon. Sevrer la marcotte, la mettre en pot et l'abriter du soleil et du gel.

Par greffage. En mars-avril, utiliser la greffe par placage. Au bout de quelques semaines, étêter légèrement le sujet. Dès que la greffe a pris, sevrer et planter.

Par jeunes plants de pépinière. En fonction du style désiré, choisir un arbre pyramidal ou un arbre étalé au tronc bien formé, aux nombreuses ramifications, aux aiguilles dures et brillantes et au bon enracinement.

ENTRETENIR

Ensoleillement. S'accommode du soleil et supporte bien l'ombre.

Température. Arbre de montagne d'altitude moyenne, il aime les températures de montagne. Ne craint pas la chaleur s'il est placé à la mi-ombre. Résiste au gel.

Ventilation. Arbre utilisé pour les haies, il supporte parfaitement le vent.

Céramique. L'If a tendance à avoir un tronc fort lorsqu'il est âgé. Il lui faut alors un pot de profondeur proportionnelle au diamètre du tronc. Jeune, il lui faut un pot relativement profond pour lui donner une meilleure résistance au vent.

Nettoyage. Bien penser à nettoyer l'intérieur de l'arbre et retirer toutes les parties abîmées ou mortes. Nettoyer aussi la surface de la terre de tout ce qui est mort. En automne, retirer les aiguilles mortes. Brosser régulièrement le tronc et l'écorce des branches, surtout à l'aisselle.

Croissance. Très lente.

LES ESPÈCES

Taxus cuspidata, originaire du Japon et de Corée. Ses feuilles plus larges sont pointues. Le plus connu est le cultivar T.C. 'Nana'. Son écorce est rouge, mince, et s'écaille. Il ressemble beaucoup au *T. baccata.*

LES STYLES

If du Japon (Taxus cuspidata).
Âge = 70 ans. Hauteur = 40 cm.
Style « Fukinagashi ». Photo : mai.

Rempotage. Replanter, au printemps, tous les 3-4 ans, dans un pot de dimension supérieure au précédent. Tailler un tiers des racines, retirer les racines blessées ou mortes. L'If a une reprise capricieuse après un rempotage. Conserver un peu de son ancienne terre.

Terre. 1/3 de terreau, 1/3 de terre végétale et 1/3 de sable de rivière. L'If pousse bien dans tous les sols, mais aime les sols calcaires et s'épanouit dans les sols crayeux.

Taille.
- *Pinçage.* Pincer les jeunes bourgeons des rameaux du printemps à l'automne. Si on désire obtenir des fruits, attendre la floraison pour pincer les bourgeons.
- *Taille des branches.* L'If est un arbre qui se taille facilement au printemps ou à l'automne. Tailler les rameaux qui dépassent de la forme de l'arbre en coupant au-dessus d'une touffe d'aiguilles. Par la taille, on peut déjà bien former ce Bonsaï qui se sculpte aisément.
- *Taille des feuilles.* Ne jamais couper les aiguilles.

Ligaturage. Nécessaire pour former l'arbre en complément de la taille. Ligaturer de septembre à mars. Éviter de ligaturer quand l'arbre a de toutes nouvelles pousses.

Arrosage. Il doit être modéré et régulier, pas trop abondant mais suffisant. Ne pas noyer les racines. Laisser le sol s'assécher en profondeur avant d'arroser abondamment en pluie.

Vaporisation. Nécessaire par temps chaud, surtout si l'arbre est exposé au soleil. Mais ne pas bassiner en plein soleil.

Engrais. Comme la croissance est lente, l'apport d'engrais, au printemps et à l'automne, doit être important. Ne jamais donner d'engrais en juillet-août, ni à un Bonsaï nouvellement rempoté ou en mauvais état. Augmenter la dernière dose automnale.

DIAGNOSTIQUER ET SOIGNER

PARASITES

Galle des bourgeons.
SYMPTÔMES. Les bourgeons brunissent, puis deviennent globuleux et avortent.
REMÈDES. Pulvériser des insecticides.

Charançons.
SYMPTÔMES. Les aiguilles sont rongées, l'écorce des pousses sèche aux extrémités. L'arbre jaunit, sèche et dépérit. Les racines sont attaquées, la croissance s'arrête.
REMÈDES. Pulvériser des insecticides à base de lindane de mai à juillet.

Tordeuses (chenilles). Voir p. 33.

Cochenilles. Voir p. 33.

MALADIES

Pourriture des racines et de la tige.
Voir p. 35.

ORME

Caduc. Famille des Ulmacées. Originaire des régions tempérées de l'hémisphère Nord. On répertorie 18 espèces de cet arbre à feuilles généralement caduques, alternes, dissymétriques à la base, dentées. Ses fleurs sont minuscules, rouges ou jaunes. Ses fruits sont mûrs en mai (samares ailées).

CRÉER

Par semis. Les graines des Ormes sont mûres en juin, celles de l'*Ulmus parvifolia,* en septembre-octobre. Pour les premières, les planter après la récolte. Pour les secondes, les laisser sécher, les mettre dans un endroit sec pendant l'hiver, les stratifier environ 3 semaines au printemps avant de les planter.

Par marcottage aérien. En juin. Voir 1re partie.

Par bouturage. En juin, utiliser une hormone de bouturage, planter dans un mélange composé pour 2/3 de tourbe et pour 1/3 de sable de rivière. Conserver une humidité atmosphérique élevée.

Par jeunes plants de pépinière. On peut trouver des espèces d'Orme qui n'attrapent pas la maladie *(U. carpinifolia, U. parvifolia)* et qui donnent de beaux Bonsaï.

LES ESPÈCES

Ulmus parvifolia. Espèce à toutes petites feuilles luisantes vert foncé, différentes des autres, plus dures, qui peuvent, selon le climat, être persistantes, ou tomber tardivement après avoir pris une couleur d'automne pourpre ou orange.
Cet arbre fleurit très tard (septembre) et a généralement une cime arrondie. Certains Ormes originaires du sud de la Chine et de Taïwan peuvent être considérés comme des Bonsaï d'intérieur en France, notamment dans la moitié Nord et dans les régions montagneuses. Observer néanmoins un certain repos de végétation en hiver.

ENTRETENIR

Ensoleillement. L'Orme aime le plein soleil et a besoin d'une grande luminosité.

Température. Éviter les climats trop froids. Sa résistance au gel est limitée.

Ventilation. L'Orme supporte bien le vent. Il a besoin d'une bonne circulation d'air autour de sa couronne.

Céramique. Choisir une céramique un peu profonde, car les Ormes préfèrent les sols profonds. Les bleus, les céladons, les ivoires vont bien à l'Orme.

Nettoyage. Retirer le feuillage mort à l'automne. Bien tailler nettement les branchettes de la ramure. Brosser le tronc.

Croissance. Rapide.

Rempotage. Entre le début du printemps et l'été, tous les 2 ou 3 ans, dans un pot de dimension supérieure au précédent. Tailler entre la moitié et les 2/3 des racines.

Terre. 2/3 de terre végétale et 1/3 de sable de rivière. L'Orme se développe bien dans des sols frais et humides, profonds et fertiles.

Taille.
• *Taille des pousses.* Tailler, pendant la période de végétation, toutes les nouvelles pousses, en ne gardant qu'une ou deux paires de feuilles.
• *Taille des rameaux.* À chaque insertion foliaire se forment des ramifications. Pincer les bourgeons, puis retailler en ne laissant qu'une paire de feuilles. De cette façon, on favorise la ramification fine de l'Orme.
• *Taille des feuilles.* On peut défolier l'Orme en juin, lorsqu'il est bien raciné et en parfaite santé. Il aura un feuillage dense et petit, une bonne ramification, et passera un bel automne.
• *Taille de structure.* À la fin de l'hiver, quand on a un bon aperçu de la silhouette

LES STYLES

Orme (Ulmus parvifolia).
Âge = 8 à 30 ans. Hauteur = 65 cm.

de l'arbre, retailler assez court les rameaux, et tailler les branches maîtresses qui pourraient déparer l'arbre.

Ligaturage. Fin juin. Retirer le fil de cuivre en octobre. On ligature rarement les Ormes, seulement les branches maîtresses lorsque l'arbre est jeune, la forme étant essentiellement donnée par les tailles successives.

Arrosage. L'Orme aime les sols humides. Arroser abondamment en été, réduire en automne, et diminuer encore en hiver.

Vaporisation. En été, bien bassiner le feuillage pour recréer une bonne hygrométrie. L'Orme a besoin d'un air humide.

Engrais. Donner un engrais organique à décomposition lente au printemps et en automne. Pas d'apport d'engrais en juillet-août, ni pendant 6 semaines après un rempotage, ni à un arbre défolié ou chétif.

DIAGNOSTIQUER ET SOIGNER

PARASITES

Araignée rouge. Voir p. 32.

Scolytes. Voir p. 34.

Érinoses.
SYMPTÔMES. Sur les feuilles, duvet épais qui rougit en été. Apparition de granulations vertes, rouges ou noires. Feuillage déformé.
REMÈDES. Pulvériser du soufre sur les jeunes sujets. En cas d'attaque importante, pulvériser des acaricides.

Galéruques.
SYMPTÔMES. Le limbe est perforé, seules les nervures subsistent. L'arbre peut roussir.
REMÈDES. Pulvériser des insecticides de contact.

Géomètres (chenilles). Voir p. 33

Bombyx (chenilles). Voir p. 33.

Pucerons verts et pucerons galligènes.
Voir p. 33.

MALADIES

Croûtes noires.
SYMPTÔMES. Les croûtes sur les feuilles peuvent entraîner leur chute prématurée.
REMÈDES. Tailler les feuilles malades.

Cloques.
SYMPTÔMES. Des cloques vert-de-gris sur le feuillage entraînent son dessèchement, son noircissement et sa chute.
REMÈDES. Pulvériser des fongicides à base de cuivre.

N.B. À notre connaissance, les *Ulmus parvifolia* n'attrapent pas la graphiose, et nous n'avons jamais rencontré cette maladie sur un *Ulmus* ou un *Zelkova* travaillé en Bonsaï.

ORME DE CHINE

Persistant à subpersistant. Famille des Ulmacées. Originaire du nord et du centre de la Chine, cette espèce se différencie de la vingtaine d'Ormes par son feuillage persistant à subpersistant, légèrement denté, et par son tronc à l'écorce plus lisse et de tonalité plus grise. Arbre de grande dimension à la cime arrondie, à l'abondante ramification, aux petites feuilles vert foncé, brillantes, plus ternes au revers. L'inflorescence est tardive (septembre) et peut donner de petites samares.

CRÉER

Par semis. Sous serre, au printemps, après avoir stratifié les graines 3 semaines dans du sable gravier.

Par marcottage aérien. En juin. /Voir 1re partie./

Par bouturage. À la fin du printemps. Planter dans un mélange composé de 2/3 de terreau et d'1/3 de sable de rivière, après avoir effectué un pralin avec des hormones de bouturage. Placer à la lumière et à la chaleur.

ENTRETENIR

Ensoleillement. Placer l'Orme de Chine devant une fenêtre. Il demande beaucoup de lumière, aime le soleil du matin et de l'après-midi, mais craint le soleil brûlant.

Température. L'Orme de Chine a besoin d'une température élevée en été. Il peut être sorti en saison chaude. L'hiver, la température peut être plus fraîche, entre 4 et 17 ° C. Plus elle est fraîche, moins il a de feuilles. Il peut supporter un gel bref et peu important allant jusqu'à - 3 °C, mais il perdra alors la quasi-totalité de son feuillage.

Ventilation. Éviter les courants d'air et les changements de température brutaux. Choisir un emplacement aéré.

Céramique. Choisir un pot un peu profond pour le bon développement des racines. Les teintes bleues, vertes, céladon, ivoire mettent bien en valeur le feuillage et le tronc.

Nettoyage. Retirer les feuilles jaunes de l'arbre, ainsi que celles sur le sol. Brosser le tronc 1 à 2 fois par an. Gratter la mousse qui grimperait sur le tronc. Retirer les mousses/algues de la terre. Tailler les branchettes mortes.

Croissance. Rapide.

Rempotage. Tous les ans à tous les deux ans, au printemps, entre mars et mai. Tailler 1/3 des racines, supprimer les racines endommagées et remettre dans un pot de dimension supérieure au précédent.

Terre. Mélange composé de 50 % de terre végétale, de 30 % de terreau, de 20 % de sable de rivière.

Taille.
- *Taille des rameaux.* Fin février, rabattre les rameaux très court en conservant ou en redonnant sa forme initiale à l'Orme. Puis retailler les rameaux pendant la période de végétation, lorsqu'ils se sont beaucoup développés. Tailler au-dessus d'une insertion foliaire pour favoriser la ramification.
- *Taille des branches.* En fin d'hiver, supprimer les branches disgracieuses ou abîmées, mastiquer les grosses coupes. Retirer les branches mortes de l'intérieur.
- *Taille des feuilles.* L'Orme portant de petites feuilles, la défoliation est inutile.

Ligaturage. Peut se faire à n'importe quel moment de l'année sur du bois aoûté. Laisser le fil de cuivre de 3 à 4 mois sur l'arbre. Renouveler l'opération chaque année quand c'est nécessaire.

Arrosage. Abondant au moment de l'arrosage. Laisser le sol absorber toute l'humidité avant d'arroser à nouveau. Augmenter la fréquence en été et diminuer en hiver, surtout s'il y a peu de lumière, si la pièce est plus fraîche. Moins l'Orme a de feuilles, moins les arrosages sont fréquents.

LES STYLES

Orme de Chine
(Ulmus parvifolia chinensis).
Âge = 30 ans. Hauteur = 45 cm.
Style « Nejikan ». Photo : octobre.
La très abondante ramification
obtenue par des tailles nombreuses
et régulières, assez courtes, donne de
toutes petites feuilles.

Vaporisation. Vaporisation quotidienne en hiver, autour du feuillage, pour humidifier l'air. Au besoin, placer le Bonsaï sur un plateau garni de pouzzolane maintenue humide.

Engrais. Faire un apport d'engrais organique à décomposition lente, de début mars à fin juin et de début septembre à fin novembre, tous les quinze jours, en alternant l'apport par arrosage du sol et par pulvérisation foliaire. De début décembre à fin février, donner de l'engrais toutes les 6 semaines si l'arbre est gardé en végétation ; arrêter entre novembre et mars s'il est en repos végétatif.

DIAGNOSTIQUER ET SOIGNER

PARASITES

Araignées rouges et jaunes. L'Orme est facilement sujet à ces attaques. Voir p. 32.

Chenilles (géomètres et bombyx). Voir p. 33.

Érinoses.
SYMPTÔMES. Apparition d'un duvet épais sur les feuilles, qui rougit en été, et de granulations vertes, rouges ou noires. Feuillage déformé.
REMÈDES. Pulvériser du soufre sur les jeunes sujets. Lors d'attaques importantes, pulvériser des insecticides.

Galéruques.
SYMPTÔMES. Le limbe est perforé. Seules les nervures subsistent. L'arbre peut roussir.
REMÈDES. Pulvériser des insecticides de contact.

Pucerons verts et pucerons galligènes.
Voir p. 33.

Scolytes. Voir p. 34.

MALADIES

Cloques.
SYMPTÔMES. Des cloques vert-de-gris sur les feuilles entraînent le dessèchement, le noircissement puis la chute des feuilles.
REMÈDES. Pulvériser des fongicides à base de cuivre.

Croûtes noires.
SYMPTÔMES. Des croûtes brunes sur les feuilles peuvent entraîner la chute de ces dernières.
REMÈDES. Tailler et détruire les feuilles atteintes.

N.B. À notre connaissance, les *Ulmus parvifolia chinensis* n'attrapent pas la graphiose. Nous n'avons jamais rencontré cette maladie sur un Orme de Chine ou un Zelkova travaillé en Bonsaï.

GLYCINE

À fleurs. Famille des Léguminosacées. Originaire d'Asie orientale et d'Amérique du Nord. Arbre grimpant, aux rameaux qui peuvent grandir et dépasser les 30 mètres. Le tronc devient noueux avec l'âge. Le feuillage caduc est ovale, acuminé au sommet. Les fleurs sont blanches, mauves ou bleues, et apparaissent au printemps puis en été.

CRÉER

Par semis. Récolter les graines en octobre. Les ouvrir. Au printemps, planter les semis avec une bonne chaleur de fond. Laisser les pousses 2 ans avant de les empoter. Peu de graines arrivent à germination, et la croissance est très lente. Il faudra attendre une dizaine d'années avant que la Glycine ne donne des fleurs.

Par marcottage simple. Choisir de longs rameaux. Les enterrer en ne laissant dépasser que la tête. En automne, le racinage est installé au niveau des yeux. Sevrer et mettre en pot. Protéger en hiver.

Par greffage. C'est la méthode la plus utilisée. Pratiquer la greffe anglaise, ou greffe en incrustation, en février-mars. Choisir des sujets de 4 à 5 ans qui donnent déjà des fleurs. Greffer le plus bas possible, pour atténuer le point de greffe. On peut aussi greffer en automne, après la chute des feuilles.

ENTRETENIR

Ensoleillement. La Glycine aime les situations ensoleillées.

Température. La Glycine aime la chaleur ; elle ne résiste que moyennement au gel. En dessous de – 5 °C, il est indispensable de la protéger.

Ventilation. La Glycine supporte le vent. La placer dans un endroit aéré.

Céramique. Choisir un pot de profondeur moyenne, émaillé ou non. Si la céramique est décorée, l'harmoniser avec les fleurs ou la silhouette de l'arbre.

Nettoyage. Après la floraison, la Glycine émet des « haricots ». C'est assez beau, mais, s'il y en a un trop grand nombre, l'arbre se fatigue. Il faut donc les supprimer dès que possible. En laisser juste quelques-uns.

Croissance. Lente. Lorsque l'enracinement est bien implanté, la Glycine grandit plus vite.

Rempotage. Rempoter tous les ans, juste après la floraison. Tailler les racines abîmées ou âgées. Ne laisser que les racines vigou-

Glycine (Wisteria chinensis *'Daruma'*).
Photo : mai.

Shakan

Kengai

Bankan

Han-Kengai

Sekijôju

LES STYLES

LES ESPÈCES

Wisteria chinensis (Glycine de Chine). Elle peut vivre plus de 100 ans. Elle a de longs rameaux tortueux, des feuilles jaune-vert doré puis vert clair, des fleurs bleu-mauve en grappes, odorantes, qui apparaissent en mai-juin puis en août.

Wisteria floribunda (Glycine du Japon). Plus rustique et plus odorante, elle a des rameaux d'environ 10 mètres, des feuilles ovales, arrondies à la base. Elle fleurit en mai-juin, puis en août-septembre. Les fleurs sont de couleur violette ou bleu-violet, en grappes allongées et grêles.

Pour faire refleurir une Glycine tous les ans, faire tremper le pot, en été, aux deux tiers de sa hauteur.

Glycine (Wisteria chinensis « daruma »). *Âge = 30 ans. Hauteur = 50 cm. Style « Shakan ». Photo : mai.*

reuses. Les regrouper et remettre dans un pot de dimension supérieure au précédent.

Terre. Mélange, à parts égales, de terre végétale et de terreau. Les Glycines aiment les sols substantiels, frais et légers. Un sol trop dur ou imperméable peut être cause de chlorose. Nécessité d'un bon drainage.

Taille.
- *Taille des rameaux.* Après la floraison, et avant que les feuilles ne durcissent, tailler les rameaux avec des ciseaux. Ne pas tailler n'importe comment, car cela met en danger la santé de l'arbre, et empêche la floraison l'année suivante. En automne, après la chute des feuilles, tailler court les rameaux, supprimer quelques sarments.
- *Taille des branches.* Après la floraison, tailler toutes les branches inutiles.

Ligaturage. Ligaturer du printemps à l'automne. Enrouler le fil de cuivre quand les nouveaux bourgeons apparaissent. Pour les sarments, utiliser du raphia quand les feuilles commencent à durcir. Toujours bien ligaturer et orienter dans la même direction, pour éviter que le branchage ne s'emmêle.

Arrosage. Si le pot est bien drainé, arroser abondamment après un rempotage, pour un meilleur développement des racines. L'arrosage doit être juste suffisant pour maintenir la motte humide. Au début de l'été, arroser 1 fois tous les 2 jours, cela renforcera les feuilles et développera les bourgeons. Placer le pot dans une cuvette d'eau et laisser absorber toute l'eau désirée. Recommencer 3 fois à 5 ou 6 jours d'intervalle. Les sarments stopperont leur croissance et les bourgeons donneront des fleurs.

Vaporisation. Lorsque la Glycine est défleurie, on peut la bassiner lors des arrosages.

Engrais. Donner un engrais organique liquide, à la fin de la floraison, en alternance avec de l'engrais en poudre ou solide à décomposition lente. Au besoin, faire un apport de phosphate. En automne, donner d'abord de l'engrais liquide, puis solide, en bonne quantité. La Glycine demande 2 ou 3 fois plus d'engrais que les autres Bonsaï.

DIAGNOSTIQUER ET SOIGNER

PARASITES

Cochenilles. Voir p. 33.

MALADIES

Virus de la mosaïque.

SYMPTÔMES. Le limbe est strié de jaune. Des taches plus claires partent des nervures et s'étendent. Le limbe peut se déformer, et les feuilles tomber.

REMÈDES. Tailler les rameaux malades.

ZELKOVA

Caduc. Famille des Ulmacées. Le Zelkova ressemble au Micocoulier et à l'Orme. On retrouve des fossiles de cet arbre aux États-Unis comme en Espagne. Son aire était très vaste avant les glaciations. Ce genre comprend cinq espèces d'arbres à feuilles caduques de haute taille, dont le bois d'excellente qualité est très exploité. Ses fruits globuleux ont du mal à mûrir sous nos climats. Les fleurs, verdâtres, sont réunies sur les entre-nœuds des rameaux de l'année.

Orme du Japon (Zelkova serrata « makino »).
Âge = 70 ans. Hauteur = 45 cm.
Style « Hôkidachi ».
Photo : août.

CRÉER

Par semis. Semer la graine dans le cours de l'été où elle a été récoltée. Humidifier le semis, le protéger du gel de l'hiver, et empoter au printemps. Si l'on n'a pas semé en été, stratifier les graines et les planter au printemps. Empoter l'année suivante.

Par bouturage. En juin. Écorcer légèrement la bouture. La tremper dans une hormone d'enracinement, l'étêter et la planter dans un mélange sable-tourbe.

Par marcottage aérien. On utilise cette méthode lorsqu'on ne peut obtenir le Zelkova par semis ou bouture. Pratiquer le marcottage au mois de juin.

Par jeunes plants de pépinière. Le *Zelkova serrata* ne se trouve pas facilement en France.

ENTRETENIR

Ensoleillement. Plein soleil. En été, placer le Zelkova à la mi-ombre.

Température. Le Zelkova a besoin de situations chaudes. Protéger du gel les arbres plantés dans des céramiques plates.

LES STYLES

LES ESPÈCES

Zelkova cretica. Originaire de Crète.
Zelkova crenata. Originaire du Caucase.
Zelkova sinica. Originaire de Chine.
Zelkova acuminata ou ***serrata.*** Originaire du Japon. Arbre à feuilles caduques acuminées au sommet, dentées, vertes, oranges à l'automne, qui peut dépasser 30 mètres. Tronc divisé en longues tiges érigées et comprenant un grand nombre de branches dressées et ramifiées. Cime ovale.
Zelkova siberia. Originaire de Sibérie.

Ventilation. Le Zelkova supporte très bien le vent. Il a besoin d'une circulation d'air autour du feuillage.

Céramique. La plupart des Zelkovas sont travaillés en forme de balai, dans des coupes extraplates, émaillées extérieurement dans les tons bleus, de céladon, de beige, ou dans des coupes non émaillées couleur de terre.

Nettoyage. Bien tailler l'intérieur de la couronne, pour lui permettre de recevoir air et soleil. Retirer les feuilles et les brindilles mortes du sol et de l'arbre.

Croissance. Rapide, surtout dans de bonnes conditions de sol et de luminosité.

Rempotage. Tous les deux ou trois ans, au début du printemps. Tailler la moitié des racines et rempoter dans un pot de dimension supérieure. Préparer un bon drainage.

Terre. 2/3 de terre végétale et 1/3 de sable de rivière. Les Zelkovas préfèrent des sols forts, avec de l'argile tendre, ou des sols argilo-siliceux frais.

Taille.
• *Taille des pousses.* Du printemps à l'automne, tailler pour ne garder que 2 ou 3 feuilles par rameau. Retirer les nouvelles pousses.
• *Taille des rameaux.* Retailler après chaque ramification les nouveaux rameaux, en ne laissant qu'une ou deux paires de feuilles, pour obtenir une bonne ramification.
• *Taille des feuilles.* En juin, on peut défolier un Zelkova bien raciné et en bonne santé.
• *Taille de structure.* En hiver, tailler les branches maîtresses qui dénaturent l'arbre, et égaliser les rameaux.

Ligaturage. Il est rare de ligaturer les Zelkovas. Toutefois, cette technique est possible après que les bourgeons se sont ouverts, jusqu'en octobre. Ligaturer les branches et les diriger à la main. La forme du Zelkova est surtout donnée par la taille.

Arrosage. Plus abondant en été. Laisser sécher entre deux arrosages. Réduire l'arrosage au printemps et en automne. En hiver, donner peu d'eau au Zelkova.

Vaporisation. Bassiner le feuillage en été, pour le nettoyer des traces laissées par la pollution et pour lui éviter d'éventuels parasites ou maladies.

Engrais. Au printemps et en automne, donner de l'engrais organique à décomposition lente. Attendre 6 semaines après un rempotage. Ne pas donner d'engrais en juillet-août, ni à un arbre chétif.

Ce Zelkova serrata a besoin d'être taillé, sa végétation devenant exubérante.

La taille est effectuée méthodiquement, avec des ciseaux.

Une fois taillé, l'arbre a retrouvé ses proportions harmonieuses. L'opération pourra être entreprise plusieurs fois pendant la période de végétation.

Comment réaliser une forme en balai à partir d'un jeune plant.
1 - Jeune plant issu de graines ou de bouture. 2 - Quand le tronc a atteint une taille suffisante, tailler la racine principale. 3 - Élaguer le tronc. 4 - Couper les branches 5 - Tailler les racines. 6 - Tailler les rameaux. 7 - Un ou deux mois avant la montée de la sève, attacher les branches en forme de balai, à l'aide de raphia.

DIAGNOSTIQUER ET SOIGNER

Mêmes parasites et mêmes maladies que l'*Ulmus*. Voir p. 180.

AGENDA DES SOINS

BONSAÏ D'EXTÉRIEUR CONIFÈRES

ESPÈCES	REMPOTAGE tous les 3 ou 5 ans	TAILLE	LIGATURAGE	ARROSAGE / VAPORISATION	ENGRAIS
Cedrus	mars/avril	**pousses** : printemps/été **branches** : printemps/automne	fin de l'automne pendant ± 10 mois	abondant : printemps/été ; diminuer en automne	après la pousse jusqu'en oct.
Chamaecyparis	mars/avril	**pousses** : période végétation **rameaux** : mars-avr. sept.-oct.	fin de l'automne pendant ± 10 mois	abondant surtout en été	avr. à oct.
Cryptomeria	avril	**pousses** : printemps à l'automne **rameaux** : printemps	de la fin du printemps à l'été	fréquent du printemps à l'automne ; abondant	avr. à oct.
Ginkgo biloba	mars	**pousses** : printemps **branches** : mars ; **structure** : févr.	de l'automne à la fin de l'été	abondant ; laisser sécher entre 2 arrosages	avr. à oct.
Juniperus chinensis	mars	**pousses** : printemps à automne **rameaux** : mars-avr. sept.-oct.	automne pendant environ 8 mois	abondant ; laisser sécher entre 2 arrosages	printemps et automne
Juniperus rigida	début avril	**pousses** : printemps à automne **rameaux** : mars	automne pendant 8 à 10 mois	abondant ; laisser sécher entre 2 arrosages	printemps et automne
Larix	avril/ mars	**pousses** : période végétation ; **rameaux** : avr. ; structure : janv.-févr.	du début de l'été à l'automne	abondant et fréquent	printemps et automne
Picea	avril	**pousses** : avr. **rameaux** : printemps à début automne	fin de l'automne pendant 9 à 10 mois	abondant ; laisser sécher entre 2 arrosages	printemps et automne
Pinus	avril	**pousses** : avril **branches** : oct.	automne et hiver	régulier et abondant ; préfère l'air sec	printemps et automne
Pinus pentaphylla	mars/avril	**pousses** : avril **branches** : oct.	d'oct. à mars	régulier et modéré ; vaporiser en été	printemps et automne
Taxus	mars	**pousses** : printemps à automne **branches** : printemps ou automne	de sept. à mars	régulier et modéré	printemps et automne

BONSAÏ D'EXTÉRIEUR CADUCS

ESPÈCES	REMPOTAGE tous les 2 ou 3 ans	TAILLE	LIGATURAGE	ARROSAGE / VAPORISATION	ENGRAIS sauf juill. et août
Acer palmatum	mars/avril	**feuilles** : juin ; **pousses** : mars à sept. ; **branches** : pér. végét. ; **structure** : janv./févr.	fin du printemps ; pendant 6 mois ; protéger avec raphia	modéré ; laisser sécher entre 2 arrosages ; vaporisation fréquente	printemps et automne
Acer trifidum	mars/avril	**pousses** : période végétation ; **branches** : pér. végét. ; **structure** : févr.	rare : juin, juillet, août ; protéger avec du raphia	abondant du printemps à l'automne ; diminuer en hiver	printemps et automne
Betula	mars	**pousses** : mars à nov. **branches** : période végétation	printemps à été ; protéger avec du raphia	léger et fréquent ; air sec	printemps et automne
Carpinus	mars	**pousses** : printemps, **branches** : pér. végét. ; **structure** : févr.	rare printemps-été	abondant ; diminuer en hiver ; vaporiser en été	printemps et automne
Celtis	mars	**pousses** : printemps à fin été ; **rameaux** : pér. végétation ; **branches** : mars/avril	printemps à automne ; protéger avec du raphia	abondant en période chaude ; laisser sécher entre 2 arrosages	printemps et automne
Euonymus	départ de la végétation	**pousses** : départ de la végétation ; **rameaux** : période végétative ; **branches** : fin d'hiver ; **feuilles** : juin tous les 2 à 3 ans	printemps, pendant 6 mois	abondant du printemps à l'été, modéré de l'automne à l'hiver	printemps et automne
Fagus	mars	**pousses** : fin printemps ; **feuilles** : juin, tous les 2 ans ; **branches** : après rempotage ; **structure** : févr.	entre printemps et automne pendant 3 mois	abondant ; diminuer en hiver ; vaporiser fréquemment	printemps et automne
Liquidambar	avril	**pousses** : départ de la végétation ; **rameaux** : période végétative ; **branches** : février ; **feuilles** : juin tous les 3 ans	rare ; juin à septembre	abondant du printemps à l'été, modéré de l'automne à l'hiver ; vaporisation fréquente	printemps et automne
Quercus	mars/avril	**pousses** : début été, **rameaux** : pér. végét. ; **structure** : fin févr.	printemps à automne façonner de préférence par taille	abondant printemps/été ; laisser sécher entre 2 arrosages	printemps et automne
Salix	2 fois l'an, début printemps, début été	**pousses** : début printemps ; **rameaux** : après rempotage et fin automne	printemps et été ; protéger avec du raphia	abondant ; garder légèrement humide ; vaporisation fréquente	printemps et automne
Ulmus	entre début printemps et été	**pousses** : pér. végét. ; **rameaux** : pér. végét. ; **feuilles** : juin ; **structure** : févr.	rare ; fin juin à oct.	abondant en été ; diminuer mi-automne et hiver ; vaporisation : printemps et été	printemps et automne
Zelkova	mars	**pousses** : printemps à automne ; **rameaux** : pér. végétation ; **feuilles** : juin ; **structure** : févr.	rare ; du débourrement des bourgeons à oct.	abondant été, sinon modéré ; laisser sécher entre 2 arrosages ; vaporisation : été	printemps et automne

BONSAÏ D'EXTÉRIEUR À FLEURS ET À FRUITS

ESPÈCES	REMPOTAGE tous les 1 ou 2 ans selon espèce et âge	TAILLE	LIGATURAGE	ARROSAGE / VAPORISATION	ENGRAIS sauf juill. et août
Berberis	mars/avril	**rameaux :** après floraison ; **pousses :** après floraison à sept. ; **branches :** pér. végétation	possible toute l'année sur branches aoûtées ; fil posé 4 à 6 mois	abondant par temps chaud ; bien laisser sécher, craint l'humidité ; vaporiser en été	après floraison - octobre/novembre
Camellia	mai/juin	**rameaux :** dès les fleurs fanées	fin du printemps à fin de l'hiver ; protéger avec raphia ; 3 à 4 mois	abondant en été, diminuer en sept. ; laisser faner avant floraison ; vaporiser hors floraison	après floraison et en automne
Chaenomeles	octobre ou après la floraison	**rameaux :** après floraison **branches :** juin à sept.	du printemps à la fin de l'été pendant 4 mois	régulier ; modéré avant floraison ; vaporiser en été	après floraison à fin septembre ; parcimonieux
Cotoneaster	mars	**pousses :** juin ; **rameaux :** sept. ; **branches :** mars ; **structure :** févr.	avant débourrement protéger avec raphia	peu fréquent ; bien mouiller et bien laisser sécher ; vaporisation nécessaire	printemps et automne
Crataegus	début printemps à début automne	**pousses :** quand elles durcissent ; **rameaux :** juin-juill. ; **branches :** avant floraison ou après fructification	du printemps à l'automne ; protéger avec raphia	abondant et fréquent ; vaporiser par temps chaud et sec	après la pousse printanière et en automne
Enkianthus	mars	**rameaux :** après floraison, avant que les nouvelles pousses ne durcissent ; **branches :** sept.	du printemps à l'automne	abondant, de l'apparition des feuilles à l'automne	printemps et automne
Ilex	mars	**pousses :** période de végétation ; **rameaux :** pér. végétation ; **branches :** mars ; structure : févr.	du printemps à l'été protéger avec raphia	abondant de l'éclosion des fleurs à apparition des fruits, sinon modéré ; laisser sécher la terre ; vaporiser fréquemment	printemps et automne
Jasminum	février avant la floraison ou après chute des feuilles	**pousses :** printemps et juillet ; **rameaux :** après floraison ; **structure** : janv.	du printemps à l'été protéger avec raphia	abondant ; laisser sécher entre 2 arrosages	après la floraison et en automne
Lespedeza	mars/avril	**rameaux :** mai à sept. ; **structure :** févr.	du printemps à fin été ; protéger jeunes rameaux avec raphia	plus abondant à formation bourgeons floraux, sinon modéré	davantage d'engrais au printemps qu'à l'automne
Malus	mars/avril	**pousses :** après croissance ; **rameaux :** après floraison, autour juill. ; **branches :** mars/avr.	du printemps à automne protéger avec raphia	modéré ; plus abondant à formation bourgeons floraux ; bassiner hors floraison	après floraison printemps et automne
Milletia reticulata	mars	**rameaux :** après floraison, avant apparition pousses ; **branches :** à l'automne	du printemps à l'été	abondant ; peut être trempé ; vaporiser régulièrement	davantage d'engrais au printemps qu'à l'automne
Morus	avril	**pousses :** printemps-automne ; **rameaux :** après floraison ; **banches :** avant débourrement	du printemps à l'été protéger avec raphia	très abondant mais laisser sécher entre 2 arrosages ; vaporiser hors floraison	davantage d'engrais au printemps qu'à l'automne
Parthenocissus	mars	**rameaux :** après feuillaison ; **feuilles :** juin	printemps et été	abondant ; vaporiser hors floraison	printemps-automne
Prunus	après floraison	**pousses :** avant floraison ; **rameaux :** après floraison ; **branches :** après floraison	avril à octobre	abondant en bourgeons et en été, diminué en floraison	après floraison et automne (avec phosphate)
Prunus amygdalus	début printemps ou après la floraison	**rameaux :** après floraison ; **branches :** fin été et oct.	printemps et été	plus abondant avant floraison ; vaporiser après floraison	printemps et automne hors floraison
Prunus mume	après la floraison	**rameaux :** après floraison ; **branches :** 1 mois après floraison	de fin du printemps à automne	abondant avant et après floraison	après la floraison ; printemps et automne
Pyracantha	mars/avril	**rameaux :** après floraison et en automne ; **branches :** févr.	toute l'année ; pas plus de 6 mois sur l'arbre	abondant l'été ; léger l'hiver ; vaporiser hors floraison	printemps et automne
Rhododendron	après la floraison	**rameaux :** après floraison ; **branches :** lors du rempotage	du printemps à l'automne	fréquent ; maintenir légèrement humide ; vaporisation nécessaire	hors floraison ; léger ; printemps et automne
Spiraea	mars/avril	**rameaux :** après floraison	pas de ligature	abondant	hors floraison ; printemps et automne
Syringa	avant la floraison	**rameaux :** après floraison ; début printemps et fin automne ; **branches :** févr.	printemps/été	abondant en été, diminuer pendant floraison ; vaporiser en été	beaucoup ; après floraison ; automne
Wisteria	juste après la floraison	**rameaux :** après floraison et automne ; **branches :** après floraison	du printemps à l'automne	abondant ; vaporiser après floraison, peut être trempé	beaucoup, printemps et automne

BONSAÏ D'INTÉRIEUR

ESPÈCES	REMPOTAGE tous les 2 ou 3 ans selon espèce et âge	TAILLE retirer les feuilles jaunes et les fleurs fanées	LIGATURAGE	ARROSAGE / VAPORISATION vaporisation quotidienne	ENGRAIS tous les 15 jours : alterner engrais liquide et solide pour la plupart des espèces
Aralia	avril	**rameaux :** du printemps à l'automne ; **branches :** printemps	rare : possible toute l'année ; de préférence lors des fortes chaleurs	abondant	printemps-automne une fois en hiver
Araucaria	avril/mai	**pousses :** avril/mai ; **branches :** départ de végétation	toute l'année ; fil maximum 4 mois	régulier ; laisser sécher entre 2 arrosages	printemps et automne
Bambusa	entre mai et sept.	**rejets :** printemps ; **clones :** avant déroulement	à la formation, sinon pas de ligature	abondant et fréquent	printemps et automne engrais style gazon
Carmona	avril	**rameaux :** du printemps à l'automne ; **branches :** févr.	rare ; 8 sem. à 3 mois sur les branches aoûtées	abondant ; laisser sécher entre 2 arrosages	mars à juin et sept.
Cycas	avril	tailler les palmes fanées	pas de ligature	peu d'eau en hiver, modéré en été ; vaporisation. plus importante été qu'hiver	printemps et automne
Eugenia	de mars à mai	**rameaux :** de mars à octobre ; **branches :** mars à avril	possible toute l'année ; fil maximum 3 mois	abondant été et hiver ; modéré printemps et automne ; vaporisation quotidienne en hiver	printemps et automne ; une fois en hiver
Ficus	avril/mai	**rameaux :** période végétation ; **branches :** févr. ; **feuilles :** juin	sur rameaux aoûtés. fil maximum 2 mois.	modéré ; davantage l'été que l'hiver	printemps et automne ; une fois en hiver
Murraya	avril/début mai	**rameaux :** période végétation ; **branches :** printemps	possible toute l'année. fil maximum 10 semaines	sol humide ; régulier	printemps et automne ; une fois en hiver
Podocarpus	fin du printemps	**pousses :** période végétation ; **rameaux :** après forte croissance	sur rameaux aoûtés ; 8 à 10 semaines	régulier ; modéré	printemps et automne ; une fois en hiver
Portulacaria	avril/mai	**pousses :** période végétation ; **rameaux :** période végétation ; **branches :** entre avril et octobre	rare ; 6 semaines sur branches aoûtées	peu d'eau en hiver, modéré en été, vaporisation peu nécessaire	mai, juin et septembre
Rhapis	mars/avril	tige principale si présence de rejets latéraux, sinon pas de taille	ne se ligature pas	peu d'eau	printemps et automne
Sageretia	avril/mai	**rameaux :** période végétation ; **branches :** début printemps	sur rameaux aoûtés ; 6 à 8 semaines	plus abondant l'été que l'hiver ; régulier	printemps-automne
Schefflera	mars	**rameaux :** printemps ; **branches :** printemps	très rare	peu d'eau ; vaporisez de temps en temps	printemps-automne
Serissa	mars/avril	**rameaux :** avril et fin oct. sauf pér. floraison ; **structure :** tous les 3 ans en févr.	juin à septembre	plus abondant été qu'hiver ; laisser sécher entre 2 arrosages	printemps et automne ; diminuer en pleine floraison

BONSAÏ D'ORANGERIE

ESPÈCES	REMPOTAGE tous les ans ou tous les 2 ans	TAILLE	LIGATURAGE sauf juill. et août	ARROSAGE VAPORISATION	ENGRAIS
Ampelopsis	avril	**rameaux :** après la sortie des feuilles et la repousse ; **feuilles :** été ; **structure :** janv.	du printemps à l'été	peu, quand les feuilles sont tombées ; régulier ; laisser sécher	printemps-automne
Bougainvillea	avril/mai	**pousses :** après floraison ; **rameaux :** apr. floraison ; **branches :** janv./févr.	quand branches lignifiées ; de 3 à 5 mois	fréquent, régulier et modéré; tous les jours en été	après floraison et en automne
Buxus	avril/mai	**rameaux :** pendant période de végétation	sur rameaux aoûtés ; fil max. 2 mois	abondant ; laisser sécher entre 2 arrosages	printemps et automne ; une fois en hiver
Caragana	avril	**rameaux :** après floraison et tout au long de la période de végétation	sur branches aoûtées ; durée : 6 semaines	modéré ; supporte la sécheresse	printemps et automne
Gardenia	fin du printemps	**rameaux :** après floraison - sept.	quand rameaux aoûtés ; protéger avec raphia	peu d'eau en hiver, modéré en été ; augmenter avant floraison	après floraison et en automne
Lagerstroemia	mars/avril	**pousses :** après floraison ; **rameaux :** février	printemps, pendant 6 mois	abondant du printemps à l'été, modéré en automne, restreint en hiver ; vap. fréquente	printemps et automne
Ligustrum	mars à fin avril	**rameaux :** période végétative ; **branches :** fin février	possible toute l'année ; fil max. 3 mois	arrosage fréquent été et hiver, sinon modéré-vaporisation hiver	printemps et automne, une fois en hiver
Nandina	avril	**rameaux :** période végétation	rare printemps-été	modéré - régulier	printemps et automne
Olea europaea	avril	**rameaux :** mars à novembre ; **branches :** mars-avril	toute l'année, fil max. 3 mois	modéré au printemps et automne, diminué été et hiver ; vaporisation par temps sec	printemps et automne, une fois en hiver
Pistacia	avril	**pousses :** départ de la végétation ; **rameaux :** mars à novembre ; **branches :** mars-avril	toute l'année ; fil max. 3 mois	modéré au printemps et automne, diminué été et hiver ; vaporisation par temps sec	printemps et automne
Punica granatum	quand le feuillage s'ouvre	**pousses :** début printemps et fin automne ; **rameaux :** après floraison à automne	de fin du printemps à été	abondant été, léger hiver, vap. hors floraison	printemps-automne hors floraison
Quercus	avril	**pousses :** mars ; **rameaux :** mars à novembre ; **branches :** fin d'hiver	possible toute l'année, pas plus de 3 mois	modéré au printemps et automne, diminué été et hiver ; vaporisation par temps sec	printemps et automne
Ulmus parvifolia chinensis	mars à mai	**rameaux :** fin février ; **branches :** fin d'hiver	toute l'année ; fil max. 4 mois	abondant en été, modéré en hiver. Vaporisation fréquente en hiver	printemps et automne, une fois en hiver (arbre rentré)

TABLE
des noms communs
et des noms latins

Glossaire

Aciculaire : En forme d'aiguille (feuilles du Pin).
Acuminé : Se dit d'un organe qui se termine en pointe (feuilles, fruit).
Aisselle : Angle aigu formé par une branche latérale avec une tige, ou par une feuille avec une branche.
Akène : Fruit sec qui ne s'ouvre pas.
Alterne : Se dit des feuilles ou des branches disposées en quinconce sur la tige.
Anthère : Sommet de l'étamine renfermant le pollen.
Aoûté : Se dit d'un rameau qui commence à durcir et à brunir, avec des yeux formés.
Aubier : Couches externes du bois sises entre l'écorce et le cœur de l'arbre qui assurent la circulation de la sève.
Auriculé : Se dit principalement des feuilles munies à la base d'expansion foliacées, arrondies, qui se prolongent sous la naissance du limbe. (Auricule : lobe ou bout d'oreille).
Axillaire : À l'aisselle d'une feuille, sur le côté d'une tige.
Baie : Fruit charnu qui ne s'ouvre pas.
Bassinage : Action d'arroser en pluie fine l'ensemble de la terre et du feuillage d'un végétal.
Bassiner : Action de mouiller avec une pomme d'arrosage. Ne signifie en aucun cas tremper dans une bassine.
Bilobé : Partagé en deux lobes au sommet.
Bractée : Petite feuille située près d'une fleur au niveau du pédoncule, différente des autres feuilles par la forme et la couleur.
Cambium : Zone circulaire génératrice de nouveaux tissus qui assure l'épaississement des arbres. Il existe une couche (ou assise) dans l'écorce et une autre en profondeur de l'arbre.
Capsule : Fruit sec qui ne s'ouvre pas, formé d'organes femelles constituant le pistil.
Chaton : Épi mince de fleurs unisexuées dont les organes reproducteurs sont réduits à des écailles.
Chaton : Inflorescence allongée et recourbée.
Chaume : Tige souvent creuse des graminées.
Chevelu : Ensemble des racines jeunes et fines qui favorise la transplantation des végétaux.
Collet : Partie de l'axe principal du tronc, située au ras du sol et comprise entre les racines et le tronc.
Cuprique : Se dit d'un produit à base de cuivre.
Cupule : Ensemble de bractées en forme de coupe, formées par les enveloppes florales durcies, entourant le fruit.
Dioïque : Se dit des plantes ou d'arbres unisexués, qui portent des fleurs mâles et des fleurs femelles sur des pieds différents, séparés.
Drupe : Fruit charnu qui ne s'ouvre pas et dont le noyau est ligneux.
Duramen : Partie centrale de l'arbre, composée de bois mort maintenant l'arbre debout.
Entre-nœud : Partie d'une tige ou d'un rameau située entre deux nœuds consécutifs.
Fasciculé : Réuni en faisceau. Se dit de fleurs ou de feuilles réunies en forme de bouquets.
Fertilisation : Action de rendre fertile un sol par l'adjonction de fertilisant ou d'engrais.
Frutescent : Arbuste aux ramifications herbacées devenant ligneuses en fin d'été afin de résister au froid en hiver et d'émettre de nouvelles pousses au printemps suivant.
Inflorescence : Disposition de fleurs groupées sur une tige, au contraire des fleurs solitaires et séparées par des feuilles.
Lancéolé : En forme de fer de lance (épi, feuille ou pétale).
Liber : Partie vivante interne de l'écorce constituant un des éléments du système vasculaire des végétaux et portant la sève descendante. Il est séparé du bois par le cambium.
Ligneux : De la consistance du bois.
Lignifié : Tissu imprégné de substance organique (la lignine) imprégnant les cellules et les fibres des végétaux et leur donnant leur caractère ligneux, qui possède les caractéristiques du bois.
Marcescent : Qui se flétrit. Les feuilles marcescentes sèchent à l'automne, restent sur l'arbre en hiver et tombent au printemps avec le débourrement des nouveaux bourgeons.
Marginé : Feuilles dont les bords sont marqués d'une bande de couleur différente.
Mucron : Petite pointe épaisse et aiguë au sommet des feuilles.
Mycélium : Appareil végétatif des champignons formés de filaments souvent blancs et ramifiés.
Mycorhizes : Parasites symbiotiques entre les racines de nombreuses espèces et des champignons.
Nœud : Point d'attache des feuilles sur la tige.
Obovoïde ou oboval : En forme d'œuf renversé, plus large dans le haut que dans le bas.
Œil : Mot désignant les jeunes bourgeons des arbres et arbustes.
Phloème : Synonyme de liber, mais réservé au liber primaire.
Photosynthèse : Synthèse de substances organiques réalisée à l'aide de l'énergie lumineuse par des végétaux. Appelée aussi assimilation chlorophyllienne, il permet de fixer le gaz carbonique de l'air en le décomposant, de le transformer en matière organique. Grâce à la photosynthèse, le végétal peut se nourrir d'éléments exclusivement minéraux.
Pistil : Organe femelle de la fleur.
Pollinisation : Transport des grains de pollen de l'anthère sur les stigmates ou sur les ovules des fleurs, pour apporter une fructification. L'apport d'éléments extérieurs comme l'eau, le vent, les insectes ou la main de l'homme est souvent nécessaire.
Pousse : Rameau en cours de croissance, portant tige et feuilles.
Pubescent : Garni de poils très fins, comme un duvet (tige, feuille pubescentes).
Radicelles : Ramifications de la racine.
Rejet : Pousse croissant à la base d'une tige.
Ressuyer : Laisser la terre de la plante sécher.
Réticulé : Marqué de nervures formant un réseau. Organes couverts de lignes fines et entrecroisées comme un filet.
Samare : Fruit sec, aplati, prolongé aux bords et au sommet par une aile membraneuse, comme celui de l'akène ailé.
Sessile : Qui est sans pédoncule (Camélia) ou sans pétiole (Buis).
Spinescent : Qui porte des épines faibles et peu piquantes.
Stigmate : Marque laissée par une plaie. *Bot.* Partie supérieure du pistil.
Stomate : Ouverture microscopique dans l'épiderme des parties vertes d'un arbre ou d'une plante, à travers laquelle se réalisent les échanges gazeux avec l'atmosphère.
Systémique (produit) : Produit curatif qui sera véhiculé par la sève de l'arbre : le parasite s'empoisonnera en se nourrissant de son " hôte ".
Tomenteux : Recouvert de laine ou de poil dense et fin.
Vaisseaux ligneux : Tubes de cellules mortes du bois, à membrane lignifiée, de longueur variable, s'étendant à tout l'organisme végétal et servant à la conduction de la sève brute ou ascendante.
Xylème : Le bois primaire constitué de vaisseaux ligneux.

Crédits photographiques

1re de couverture :
En haut, à gauche : Fusain *(Euonymus alata)*. Âge : 40 ans. Photo © Isabelle Samson.
Au centre : Pin à 5 aiguilles *(Pinus pentaphylla)*. Âge : 150 ans. Photo © Isabelle Samson.
En bas, à droite : l'auteur et son arbre fétiche, un Pin à 5 *aiguilles (Pinus pentaphylla)* âgé de 200 ans, haut de 70 cm, appelé " Main de Bouddha ". Photo © Daniel Lévy.

4e de couverture : Rémy Samson avec un de ses maîtres en Bonsaï : Noboyuki Aoki-san, à côté d'un Charme *(Carpinus laxiflora)* âgé de 120 ans. Photo © Isabelle Samson.

Photos © Alain Draeger : pages 6, 25, 26, 30, 39, 43 (grande), 45, 47, 48, 51, 59, 63, 65, 69, 73, 75, 76, 81, 85, 91, 92 (droite), 93, 95, 97, 99, 107, 111, 118, 119, 120, 121, 129, 133, 137, 139, 153, 155, 157, 163, 164, 166, 171, 172, 173, 174, 175, 177, 179, 184, 185, 187.

Photos © Isabelle Samson : pages 4-5, 6 (haut, droite), 8, 9, 10, 14, 15, 16, 28, 31, 36-37, 49, 53, 55, 57, 61, 67, 71, 77, 79, 82, 83, 87, 89, 100-101, 103, 105, 109 , 113, 115, 117, 123, 125, 127, 131, 132, 135, 143, 145, 147, 149, 151, 156, 159, 161, 169, 183, 186.

Photos © Christian Pessey : pages 7 (bas), 17, 18, 19, 21, 23, 40, 41, 43 (petite), 92, 140, 141, 186, 187.

Photo Jeanbor © Photeb : page 7 (haut, droite).

Photo © Daniel Lévy : page 24.

Photo © MAP/N. et P. Mioulane : page 181.

Ouvrage imprimé et relié chez Canale, en Italie, février 2001
N° Editeur 10083703 (IV) - 7 - CSBTS 135°